21 世纪经管核心课程规划教材

进出口商品报检实务

(第二版)

张炳达　顾　涛　编著

上海财经大学出版社

图书在版编目(CIP)数据

进出口商品报检实务/张炳达,顾涛编著. —2版. —上海:上海财经大学出版社,2018.1
(21世纪经管核心课程规划教材)
ISBN 978-7-5642-2926-9/F·2926

Ⅰ.①进… Ⅱ.①张… ②顾… Ⅲ.①进出口贸易-商品检验-高等职业教育-教材 Ⅳ.①F740.43

中国版本图书馆 CIP 数据核字(2018)第 015176 号

□ 责任编辑　温　涌
□ 封面设计　张克瑶

JINCHUKOU SHANGPIN BAOJIAN SHIWU
进 出 口 商 品 报 检 实 务
(第二版)

张炳达　顾　涛　编著

上海财经大学出版社出版发行
(上海市中山北一路 369 号　邮编 200083)
网　　址:http://www.sufep.com
电子邮箱:webmaster @ sufep.com
全国新华书店经销
上海景条印刷有限公司印刷装订
2018 年 1 月第 2 版　2018 年 1 月第 1 次印刷

787mm×1092mm　1/16　11.25 印张　288 千字
印数:0 001—4 000　定价:33.00 元

第二版前言

党的十八届三中全会以来,国家质检总局陆续出台了一些新的规章、条例,对之前的出入境检验检疫制度实施了较大的改革。为了使教学内容跟上改革步伐,我们通过资料搜集整理并走访咨询了一些国际货代企业,对上一版教材中多数章节的内容进行了适时的增加和删改,并补充了一些近年的案例。相比第一版,改动较大的内容主要包括检验检疫机构对报检人员的管理、出入境检验检疫的流程、关检合作"三个一"通关模式和检验检疫"三通"改革、部分工业产品的进出口报检、自由贸易试验区检验检疫试点改革、电子申报软件的录入等。

报检人员职业准入制度改革后,企业可以自主聘用符合企业要求的人员担任本企业的报检人员,这些人员可不必参加报检考试,但这绝非意味着缺乏专业知识素养的报检人员能够胜任工作。一方面,我国对外贸易持续快速发展,进出口商品品种日益呈现多样性特点,境外国家和地区的检验检疫要求也不断发生着变化,报检人员在从业过程中所遇到的问题呈现多元化、复杂化的趋势,在已经发生的众多案例中,由于报检人员失职和弄虚作假而引起的贸易纠纷、企业利益受损或被行政处罚的案例为数不少。其中,对出口相应种类货物的检验检疫如果因为报检的错误而把关失职,可能会导致境外国家或地区对我国产品树立非关税贸易壁垒的严重后果。另一方面,随着改革的推进,质检总局加快建立主要基于风险防控的质量监管新模式,实现由管产品向管企业、管行业和管质量的根本性转变,把原来对最终出口产品的批批检验,变为对生产源头、生产过程的监控和对最终产品的抽查。

新的时代对于报检人员的工作内容与要求,不再仅仅是网上录入和现场交单,还应包括对于本企业所生产或经营的特定进出口商品的检验检疫风险控制知识的掌握,以及对于诸如检疫审批、事前备案等报检前准备工作流程的熟悉。现实中,这些工作不可能都交给代理报检的国际物流公司去做,货物的生产或经营企业自身必须有具备报检专业知识和职业技能的人员负责处理相关事务。

本书修订过程中,得到了上海远恒电子工程有限公司、上海汇智达国际物流有限公司等单位以及张叶全先生、王涛女士等人士的热情参与和协助,在此表示感谢。

本书可供高等院校及中等职业学校专业课程教学使用,也可作为社会上相关企业外贸和国际物流工作人员的参考书。由于时间仓促和编者水平有限,书中难免存在不足以及与最新政策法规不一致之处,望读者能不吝指正。

编　者
2017 年 11 月

目 录

第二版前言 ……………………………………………………………………………（1）

第一章　我国出入境检验检疫制度简介 ……………………………………………（1）
　第一节　我国检验检疫历史概述 ……………………………………………………（1）
　第二节　我国当代的出入境检验检疫制度 …………………………………………（2）
　第三节　出入境检验检疫机构的监管权力 …………………………………………（8）
　第四节　有关企业在检验检疫机构备案和登记注册制度简介 ……………………（10）
　　复习题 …………………………………………………………………………………（12）

第二章　检验检疫机构实施检验检疫的货物范围 …………………………………（13）
　第一节　报检货物范围简述 …………………………………………………………（13）
　第二节　《法检目录》内容与类别代码 ………………………………………………（15）
　　复习题 …………………………………………………………………………………（17）

第三章　报检企业和报检人员 ………………………………………………………（18）
　第一节　自理报检企业 ………………………………………………………………（18）
　第二节　代理报检企业 ………………………………………………………………（20）
　第三节　对报检人员的管理 …………………………………………………………（22）
　第四节　出入境检验检疫企业信用管理 ……………………………………………（24）
　　复习题 …………………………………………………………………………………（26）

第四章　出入境货物检验检疫流程 …………………………………………………（28）
　第一节　出入境报检程序基本规定 …………………………………………………（28）
　第二节　更改、撤销和重新报检 ……………………………………………………（29）
　第三节　出入境货物检验检疫的报检流程 …………………………………………（30）
　第四节　关检合作"三个一"通关模式 ………………………………………………（34）
　第五节　进出口商品的复验申请 ……………………………………………………（35）
　第六节　检验检疫机构签发的证单 …………………………………………………（36）
　　复习题 …………………………………………………………………………………（41）

第五章 部分工业产品的进出口报检 (42)
 第一节 出口工业产品企业分类管理和产品风险等级 (42)
 第二节 入境石材、涂料的报检 (43)
 第三节 强制性认证产品的认证和报检 (45)
 第四节 进出口电池产品的报检 (50)
 第五节 进出口玩具的报检 (52)
 第六节 进出口电器电子产品的报检 (54)
 第七节 入境旧机电产品的报检 (56)
 第八节 进口汽车的报检 (58)
 第九节 进出口化妆品的报检 (59)
 第十节 进出口食品的报检 (64)
 第十一节 出境木制品及木制家具的报检 (70)
 第十二节 出口打火机、点火枪类商品的报检 (71)
 第十三节 出口至部分国家的产品装运前检验 (72)
 复习题 (73)

第六章 动物及动物产品的出入境报检 (75)
 第一节 入境动物及动物产品的报检 (76)
 第二节 出境动物及动物产品的报检 (86)
 复习题 (90)

第七章 植物及植物产品的出入境报检 (92)
 第一节 入境植物及植物产品的报检 (92)
 第二节 出境植物及植物产品的报检 (100)
 复习题 (105)

第八章 部分海关监管货物的报检 (106)
 第一节 入境展览品的报检 (106)
 第二节 进出保税区货物的报检 (107)
 第三节 进出出口加工区货物的报检 (109)
 第四节 自由贸易试验区检验检疫创新改革措施 (110)
 复习题 (112)

第九章 出入境包装与集装箱的报检 (114)
 第一节 入境木质包装检疫的报检 (114)
 第二节 出境木质包装检疫的报检 (116)
 第三节 出境货物运输包装的报检 (118)
 第四节 出口食品包装的报检 (122)

第五节　进出境集装箱的检验检疫 …………………………………………………… (123)
　　　　复习题 ……………………………………………………………………………… (125)

第十章　报检单的填制 ……………………………………………………………………… (126)
　　第一节　"入境货物报检单"填制要求 …………………………………………………… (126)
　　第二节　"出境货物报检单"填制要求 …………………………………………………… (131)
　　　　复习题 ……………………………………………………………………………… (134)

第十一章　电子检验检疫 …………………………………………………………………… (136)
　　第一节　电子申报 ………………………………………………………………………… (136)
　　第二节　电子申报的填录要求 …………………………………………………………… (138)
　　第三节　电子监管 ………………………………………………………………………… (147)
　　第四节　电子放行 ………………………………………………………………………… (149)
　　　　复习题 ……………………………………………………………………………… (152)

附录 …………………………………………………………………………………………… (154)
　　附录一　报检企业登记证书实样 ………………………………………………………… (154)
　　附录二　报检员记分方法 ………………………………………………………………… (155)
　　附录三　"出/入境货物通关单"实样 …………………………………………………… (157)
　　附录四　"出境货物换证凭单"实样 ……………………………………………………… (159)
　　附录五　"入境货物检验检疫证明"实样 ………………………………………………… (160)
　　附录六　出口货物"检验证书——装运前检验"实样 …………………………………… (161)
　　附录七　"熏蒸/消毒证书"实样 ………………………………………………………… (162)
　　附录八　我国签发的普惠制原产地证书(FORM A)空白实样 ………………………… (163)
　　附录九　"强制性产品认证证书"实样 …………………………………………………… (164)
　　附录十　"出口食品生产企业备案证明"实样 …………………………………………… (165)
　　附录十一　"进口非特殊用途化妆品备案凭证"实样 …………………………………… (166)
　　附录十二　"出境水果果园注册登记证书"实样 ………………………………………… (167)
　　附录十三　外国官方机构签发的植物检疫证书实样 …………………………………… (168)
　　附录十四　"出境货物运输包装性能检验结果单"实样 ………………………………… (169)
　　附录十五　九城电子报检申报系统界面示例 …………………………………………… (170)
　　附录十六　"出境货物木质包装除害处理标识加施资格证书"实样 …………………… (171)

参考文献 ……………………………………………………………………………………… (172)

第一章 我国出入境检验检疫制度简介

我国的出入境检验检疫主要由进出口商品检验、进出境动植物检疫和国境卫生检疫以及与之相关联和配套的其他业务和行政职能有机组成。目前由国务院直接领导的我国关境范围内出入境检验检疫事务主管机关是国家质量监督检验检疫总局。

第一节 我国检验检疫历史概述

早在古代,我们的祖先对于检验检疫重要性的认识已经达到了当时世界相对领先的高度。1975年12月,我国考古工作者在湖北云梦地区某古墓发现保存较为完好的秦简1 155枚,后来这批竹简被称为"睡虎地秦墓竹简",上面就清楚记载了战国时期秦国法律规定,对于过境马车,必须用火焚燎其车身,以防止疫病传入。

当时秦国还设有"疠迁所",由专门的医务人员在其中收容和隔离麻风病人,并对其进行治疗。在南北朝时期的南齐,太子萧长懋等人设立了专门的病人隔离机构"六疾馆",以隔离收治患病之人。

盛唐时期,往返于中国和中亚地区的商旅驼队在丝绸之路上进行接力式运输。每到边关,驼队间货物的交接便会有一次质量评估与数量审核的过程,这是跨国贸易商业检验鉴定工作的雏形。

到了明代,朝廷专门设立"市舶牙行"来负责进出口商品检验工作。明代牙行代表政府进行市场管理,担负着"权贵贱,别精粗,衡轻重,革伪妄"的职责。明末,占据我国台湾地区的荷兰东印度拓殖公司在安平设立检疫站,对来往船只和人员进行检疫,以防止鼠疫传播,标志着国境卫生检疫制度第一次传入我国。

鸦片战争以后,外国公证检验机构陆续进入,海港检疫主权更是纷纷被外国殖民当局夺占,检验检疫主权旁落。然而,客观上这也为我国学习吸收国外较先进的检验检疫制度和技术打开了一个窗口。1932年,当时的国民政府行政院通过了《商品检验法》,明确规定"应施检验之商品,非经检验领有证书不得输入输出",这是中国对进出口商品实施法定检验的初步成形制度。

但是,民国时期的上海商检局出具的出口商品检验合格证单,仅能作为当时中国海关审核放行出口的证件,未能在国际贸易中发挥作用。主要原因是,当时对外贸易合同和信用证上一般限定,必须经"外商开办的公证行"检验鉴定出证才有效,而且当时的上海商检局技术力量也十分有限,对于部分常见商品还不具备相应的检验设备和技术。

1949年中华人民共和国成立,我国的检验检疫事业迎来了新生,商检工作也彻底摆脱了外国人的整体控制,走向稳步发展的轨道。

资料卡 1—1　有关出入境检验检疫标志图案的小知识

　　出入境检验检疫徽标由国徽、蛇杖、天平、长城及环绕的橄榄叶组成,整体形状为圆形,天蓝底色。除国徽以外,其他部分均为金黄色。国徽是国家权力的象征,表示出入境检验检疫部门依照国家的法律、法规行使职权,维护国家利益;蛇杖由交缠在橄榄枝上的两条蛇和伸展的双翼组成,为国际通用标识,代表国际贸易;天平代表出入境检验检疫工作的公正性与准确性;长城表示出入境检验检疫部门的执法把关职能;天蓝色象征着我国出入境检验检疫事业海阔天空、前途远大;环绕的橄榄叶表示出入境检验检疫事业枝繁叶茂、生机盎然。

　　中国出入境检验检疫机构名称的文字及图案由英文字母 CIQ 和环绕的双箭头组成。CIQ 是 China Inspection and Quarantine 的缩写,环绕的双箭头表示出入境检验检疫事业将在改革开放的基本国策指引下生生不息、持续发展。

　　CIQ 及双箭头的图案通常出现在国内外以中国出入境检验检疫局名义签发的各种证书、证单上,以及出入境检验检疫封识材料上。

第二节　我国当代的出入境检验检疫制度

　　自 1960 年开始,我国各地检验检疫机构陆续下放,实行以地方领导为主的双重领导体制,成为各级外贸和卫生主管部门的组成部分。改革开放以后,为了适应形势的需要,各级检验检疫机构又陆续划归中央垂直领导,逐渐形成了由中国进出口商品检验局、中国动植物检疫局和中国卫生检疫局分别领导下的"三检"共同把关、各负其责的检验检疫体制。

资料卡 1—2　"三检"分立的一些弊端

　　历史上,国境卫生检疫、进口食品卫生监督检验的工作一度由卫生部负责管理,进出境动植物检疫的职能也一度由农业部动植物检疫局及其下属机关承担,1998 年之前的国家进出口商品检验局是归外经贸部管理的。

　　早期"三检"的形成对于我国外贸事业的顺利进展曾起到积极的推动作用,但是也出现了职能和检验项目局部重叠、延缓进出口办事效率、设备闲置浪费等诸多弊端。例如,按规定某出口商品要参加商品质量检验与植物检疫,那么出口企业就至少要跑两个机关部门申请检验,两个部门分别实施检验,至少出两张证单,给企业带来诸多不便;如遇到时间紧、口岸进出口业务量大的时节,弊端更为明显。

　　1998 年 3 月,根据国务院机构改革方案,中国进出口商品检验局(商检)、中国动植物检疫局(动植检)、中国卫生检疫局(卫检)"三检"合并,成立了中国国家出入境检验检疫局。其主要工作是负责进出口商品、出入境动植物及动植物产品、出入境人员、运输工具的健康、安全、卫生、环保。

2001年4月30日,为了进一步完善社会主义市场经济,适应中国加入WTO有关协议的精神,国务院决定将国家质量技术监督局、国家出入境检验检疫局合并,组建中华人民共和国国家质量监督检验检疫总局,原"国家出入境检验检疫局"名称取消。国家质量监督检验检疫总局是国务院主管全国质量、计量、出入境商品检验、出入境卫生检疫、出入境动植物检疫、进出口食品安全和认证认可、标准化等工作并行使行政执法职能的正部级国务院直属机构。

一、出入境检验检疫机构的领导体制

国家质检总局是国家质量监督检验检疫总局的日常简称,质检总局的领导体制有不同于其他行政机构的特殊之处。在我国,国家质检总局主要领导两套部门系统的工作,即各地的质量技术监督系统和出入境检验检疫系统。以上海市为例的检验检疫机构隶属关系如图1—1所示。

```
            国家质检总局
           /           \
   上海市质量技术监督局    中华人民共和国
                        上海出入境检验检疫局
```

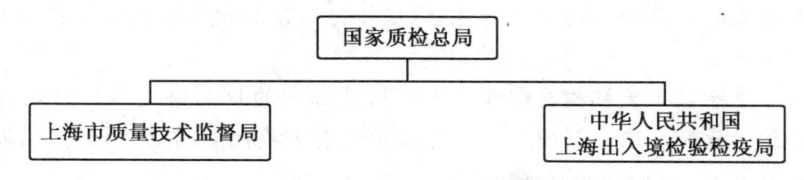

图1—1 以上海市为例的检验检疫机构隶属关系

另外,国务院授权,将认证认可和标准化行政管理职能分别交给国家质检总局管理的中国国家认证认可监督管理委员会(中华人民共和国国家认证认可监督管理局)和中国国家标准化管理委员会(中华人民共和国国家标准化管理局)承担。

地方的质量技术监督系统并不属于本教材讲述重点。我国省(自治区、直辖市)以下设置质量技术监督局,省局对各市县区质量技术监督局实行省以下垂直管理。质量技术监督系统公务员招考属于省级公务员招考录用范围。地方的质量技术监督系统主管国内贸易流通的商品质量、计量、商品条码以及电梯等设备的安全检测等一系列工作。

出入境检验检疫系统和海关系统类似,实行国家垂直管理,不受地方政府管辖,各地出入境检验检疫系统公务员在中央国家机关公务员考试中招考。由于属于垂直管理,所以机构命名一般采用"地名+出入境检验检疫局",不带"省"、"市"字样。

各地出入境检验检疫机构分为直属局和分支局,是负责所辖区域出入境卫生检疫、动植物检疫和进出口商品检验的行政执法单位,即直属局由国家出入境检验检疫局直接领导,分支局隶属于所在区域的直属局。例如,上海洋山检验检疫局是分支局,由上海出入境检验检疫局直接领导。

资料卡1—3 直属局和分支局两级出入境检验检疫机构的职责

我国各出入境检验检疫直属局的主要职责包括:

1. 贯彻执行出入境卫生检疫、动植物检疫和进出口商品检验的法律、法规和政策规定及工作规程,负责所辖区域的出入境检验检疫、鉴定和监管工作。
2. 实施出入境卫生检疫、传染病监测和卫生监督。
3. 实施出入境动植物检验检疫和监督管理。

4. 实施进出口商品的法定检验和监督管理,负责进出口商品鉴定管理工作,实施外商投资财产鉴定,办理进出口商品复验。

5. 实施对进出口食品及其生产单位的卫生注册登记和对外注册管理,实施进口安全质量许可和出口质量许可以及与进出口有关的质量认证认可工作。

6. 实施国家实行进口许可制度的民用商品入境验证管理工作,按规定承担技术性贸易壁垒和检疫协议的实施工作。

7. 管理出入境检验检疫证单、标志及签证、标识、封识,负责出口商品普惠制原产地证书和一般原产地证书的签证工作。

8. 负责所辖区域出入境检验检疫业务的统计工作,收集国外传染病疫情、动植物疫情,分析、整理、提供有关信息。

9. 依法对所辖区域涉外检验检疫、鉴定机构(包括中外合资、合作机构)以及卫生、除害处理机构实施监督管理。

而各出入境检验检疫分支局的职责是,依法履行具体的出入境检验检疫职能,执行直属局赋予的其他任务。

各地的出入境检验检疫机构应配合有关部门建立新的口岸通关协调机制,切实提高口岸行政执法的整体效能。在口岸通关作业过程中遇有重要问题需要协调时,由海关牵头。

出入境检验检疫系统的管理范围划分有些类似于海关,不一定和一般行政管理体制地理区域划分完全一致。例如,厦门出入境检验检疫局和福建出入境检验检疫局都是正厅级的直属局,广东出入境检验检疫局、深圳出入境检验检疫局和珠海出入境检验检疫局也都是直属局。

二、出入境检验检疫机构的业务分类

(一)进出境商品的法定检验检疫

进出口商品法定检验是国家出入境检验检疫部门根据国家法律法规规定,对规定的进出口商品或有关的检验检疫事项实施强制性的检验检疫,未经检验检疫或经检验检疫不符合法律法规规定要求的,不准输入输出。

法定检验检疫的目的是为了保证进出口商品、动植物(或其产品)及其运输设备的安全、卫生符合国家有关法律法规规定和国际上的有关规定;防止次劣有害的商品、动植物(或其产品)以及危害人类和环境的病虫害、传染病源及放射性物质输入或输出,保障生产建设安全和人类健康。

案例 1-1　质检总局要求做好口岸核与辐射物质监测工作

2011年3月11日,日本东北地区发生里氏9级地震后,国家质检总局深为关切。鉴于福岛核电站事故的严重性和不确定性,质检总局已要求各地检验检疫机构加强对放射性物质入境的风险分析,切实做好口岸核与辐射物质监测工作。

(附注:我国目前防止放射性超标物质入境的重点高风险监管对象包括进口的废金属、石材、旧机电设备以及来自日本的所有货物等。)

——主要内容摘自国家质检总局网站 2011 年 3 月消息

1. 范围

国家出入境检验检疫部门对进出口商品实施法定检验检疫的范围包括：

(1) 列入国家出入境检验检疫部门实施法定检验种类表内的进出口商品（简称种类表商品）；

(2)《中华人民共和国食品卫生法》规定应实施卫生检验检疫的进出口食品；

(3) 危险货物的包装容器、危险货物运输设备和工具的安全技术条件的性能检验和使用鉴定；

(4) 装运易腐烂变质食品的船舱、货仓、车厢和集装箱；

(5) 国家其他有关法律、法规规定须经出入境检验检疫机构检验检疫的进出口商品、物品、动植物等。

资料卡 1—4　法定检验的合格标准

商品品质的合格与否，有时与检验参照尺度、标准也有很大关系。我国的出口商品检验标准并不是一成不变，而是要根据具体情况而定。以纺织品等大多数出口商品为例，一般而言，如果我国强制性技术规范高于合同、信用证或协议约定检验检疫标准或技术条件的（包括贸易关系人双方确定的成交样品，下同），应按照我国强制性技术规范（如 GB 国标系列）进行检验。除转口贸易外，如合同、信用证约定的检验检疫标准或技术条件高于国内和国际标准的，应按照合同、信用证规定标准执行；如合同、信用证约定的检验检疫标准或技术条件低于国内和国际标准的，原则上应按照进口国规定执行。合同、信用证或其他技术条款对出口货物质量的约定存在不一致时，原则上按信用证条款执行。

因此，在出境货物报检单上"输往国家（地区）"一栏中填写的内容非常重要。例如，关于电器产品的欧盟规范中，有些内容要求会略高于我国的电器标准。如果我国的小家电出口到非洲大部分国家，原则上通常应当按照我国的国家标准实施检验；但如果出口到比利时等国，则应当参照欧盟标准规范检验。

2. 管理实现手段

法定检验有关管理手段可大致表述如下：

(1) 制定有关法定检验的进出口商品具体目录，并借助网络、出版物向全社会公布，以使各地海关和进出口企业知晓；

(2) 规定范围内的商品进出境必须向海关出示"出/入境货物通关单"，海关方予放行；

(3) 经检验检疫合格的进出境商品，由接受报检的出入境检验检疫局签发"入境货物检验检疫证明"或"出境货物通关单"/"换证凭条"给报检方。

案例 1-2　报检员买卖、使用伪造通关单获刑

2007 年 10 月，原宁波某国际货运有限公司报检员郇某通过网上交易，购买了一份伪造的出境货物通关单（编号为 380000207255357），并以人民币 2 300 元的价格转卖给温州某国际货运代理有限公司王某，用于报关出口一批未报经检验的法检商品。

11 月底，在申报通关时，该份通关单被发现存在异常情况，通关单上所盖签发机构检验检疫专用章存在明显伪造痕迹，经比对鉴定其上所记载的发货人、货物名称、申报总值等有关信息，与同一检验检疫机构签发的同一编号的出境货物通关单完全不符。事实上，这是一宗冒用真实存在的通关单编号、私刻检验检疫专用章、伪造国家机关出境货物通关单，并对

其非法买卖和使用以逃避商检的涉嫌犯罪的案件。

案发后,查获局暨北仑检验检疫局按照宁波检验检疫局要求,在第一时间将案件移送当地警方,宁波检验检疫局在不违背"先刑事,后行政"原则的前提下,根据《中华人民共和国进出口商品检验法实施条例》(下简称《商检法实施条例》)第58条和《出入境检验检疫报检员管理规定》第23条规定,及时撤销邬某报检从业注册,吊销其"报检员证"。警方追查之后,邬某因涉嫌犯罪被检察机关提起公诉。当地法院经审理认为,邬某为获取非法利益而买卖国家机关公文,其行为已构成伪造、买卖国家机关公文罪,依法判处邬某有期徒刑1年6个月,并根据其认罪态度和悔罪表现,决定适用缓刑2年。

(二)进出境商品的鉴定业务

进出口商品鉴定业务原称对外贸易公证鉴定业务,它的范围和内容十分广泛。凡是以第三者身份,本着公正科学的态度,运用各种技术手段和工作经验,检验、鉴定各种进出口商品的品质、规格、包装、数量、重量、残损等实际情况与使用价值,以及运载工具、装运技术、装运条件等事实状态,是否符合合同(契约)标准和国际条约的规定、国际惯例的要求,通过独立的检验、鉴定和分析判断,作出正确、公正的检验、鉴定结果和结论,或提供有关数据,签发检验、鉴定证书或其他有关证明的,都属于进出口商品鉴定业务范围。

与法定检验不同,鉴定业务一般是检验机构应当事人(如买方、卖方、保险公司、境外银行等)的要求,针对特定范围内的检验项目进行的检验,如包装、数量、重量鉴定,海损鉴定,车辆、船舱、集装箱等运输工具的清洁、密固、冷藏效能等装运技术条件检验等;非法检项目的检验结果通常不影响在我国的通关。无论鉴定业务范围内的检验结果如何,检验机构都将缮制并出具证书(在证书内容中显示检验结果),供有关方面作为办理进出口商品交接、结算、计费、(境外)通关、计税、索赔、仲裁等的有效凭证。常见的证书有重量证书、卫生证书、熏蒸消毒证书等。

为适应实际需要,我国相关机构签发的这类证书,内容大多采用中英文(包括繁体中文)合璧打印或单独英文打印。针对境内索赔以及针对我国港、澳、台地区索赔等事务,也有少数证书是单独中文打印的。

《商检法实施条例》第62条规定:"出入境检验检疫机构实施法定检验、经许可的检验机构办理检验鉴定业务,按照国家有关规定收取费用。"我国各地出入境检验检疫局根据对外贸易关系人的申请、外国检验机构的委托、仲裁司法机构的指定,可依法办理进出口商品检验鉴定业务。

另外,中国检验认证集团和国家质检总局许可的一些国际上知名的商业性检验公司,如日本海事检定协会(NKKK)等,也可接受委托在我国关境内办理相关鉴定业务。以残损鉴定为例,如果发生残损的进口商品在法定检验范围内的,收货人应当向到货口岸出入境检验检疫局申请残损检验鉴定;如果发生残损的进口商品在法定检验范围以外的,收货人既可以委托检验检疫局,也可以选择委托国家质检总局许可的商业性检验公司申请残损检验鉴定。

案例1-3 南昆铁路钢轨瑕疵案

我国的南昆铁路要穿越很多崇山峻岭,在险工险段一般都要求使用进口的优质合金钢轨(重轨)。但是在1995年,部分钢轨经广东商检局(现称检验检疫局)人员使用金相显微镜检测,在轨腰截面部分发现存在大量马氏体组织。马氏体组织因为含碳量高,属于脆性组织,钢轨中马氏体组织含量如果过高,在恶劣条件下受力容易出现脆断。于是当时的铁道部紧急下令,到货的钢轨一律停止使用。

工程的风险避免了,但索赔的谈判却异常艰苦,甚至动用了国际仲裁庭。外方请来了六位国际知名律师,广东出入境检验检疫局副局长黎庆翔同志带领的队伍在仲裁中据理力争,围绕合同文本和物理化学知识的较量持续了整整一年。由于中方立论依据充分、索赔要求合理,终于赢得了这5万吨钢轨索赔的胜利。

——根据CCTV"国门蓝盾"纪录片视频资料整理

案例1-4 山西检验检疫部门为企业挽回经济损失

2016年12月3日,山西出入境检验检疫局工作人员在进口设备检验中,发现一台进口设备零部件严重短缺,但内外包装完好无损。这批不合格进口设备为大同某企业从德国进口的刮板运输机,价值1 177.54万美元。经与国外供应商核实,判定短缺零部件系外方漏发。依据相关规定,检验检疫人员及时出具检验证书,协助企业与国外供货商进行交涉,外方对少发的零部件确认并予补发,为企业挽回经济损失108.5万美元。

——根据《山西日报》2016年12月12日有关资料整理

(三)出入境国境卫生检疫工作

国境卫生检疫工作是指出入境检验检疫机构根据《国境卫生检疫法》及其实施细则,通过对出入境的人员、交通工具、运输设备以及可能传播检疫传染病的行李、货物、邮包等物品实施国境卫生检疫,防止传染病由国外传入或由国内传出,保护人体健康。出入境检疫对象都应当接受检疫,经出入境检验检疫机构许可方准入境或出境。

案例1-5 宁波检验检疫局提醒:前往非洲需做好预防工作

每年的7~8月是东非动物大迁徙的时间,很多家庭选择带着小孩前往肯尼亚观看动物大迁徙。宁波出入境检验检疫局提醒,出境人员在计划前往肯尼亚领略动物大迁徙的惊心动魄的同时,还应提前了解我国及肯尼亚的卫生检疫法规政策、旅行卫生保健知识等,做好相关预防防护措施。譬如,肯尼亚是黄热病的高发国之一;肯尼亚和坦桑尼亚还存在登革热、霍乱、艾滋病以及埃博拉等流行疾病。因此,赴肯尼亚观看动物大迁徙的游客要接种相关疫苗。接种黄热病疫苗是预防黄热病的有效途径,且在肯尼亚入境时须检查该疫苗接种证书。该疫苗要在接种10天后才能产生保护性抗体,因此建议最好在距出发日期2周前接种该疫苗。另外,口服霍乱疫苗、甲肝疫苗、伤寒疫苗等是预防霍乱、甲型肝炎和伤寒等消化道传染病的有效措施。旅客可以到当地国际旅行卫生保健中心进行健康咨询和疫苗接种,领取疫苗接种或预防措施国际证书携带出境。此外,还须注意防蚊和做好个人防护措施,要注意个人卫生。

——根据"央广网"2017年8月13日讯整理,记者杜金明

根据2016年7月起施行的《国境口岸卫生许可管理办法》规定,国境口岸从事食品生产(含航空配餐)、食品销售(含出/入境交通工具食品供应)、餐饮服务(食品摊贩除外)、饮用水供应、公共场所经营的单位或者个人,应当向所在地检验检疫部门申请国境口岸卫生许可,取得国境口岸卫生许可证后方可从事相关经营或者服务活动,并依法接受检验检疫部门监督。

（四）签发原产地证书

各地出入境检验检疫局可以签发普惠制原产地证书(FORM A)和一般原产地证书(CO)。另外，我国检验检疫机构针对我国出口货物可以签发的优惠贸易协定项下的原产地证书包括（部分列举）：

1. 《亚太贸易协定》原产地证书(FORM B)；
2. 中国—东盟自由贸易区优惠原产地证书(FORM E)；
3. 中国—智利自由贸易区优惠原产地证书(FORM F)；
4. 《中国—秘鲁共和国政府自由贸易协定》原产地证书(FORM R)；
5. 《中国—哥斯达黎加自由贸易协定》原产地证书(FORM L)；
6. 中国—巴基斯坦自由贸易区优惠原产地证书(FORM P)；
7. 中国—瑞士自由贸易区原产地证书(FORM S)；
8. 《中国—新西兰自由贸易协定》关税优惠原产地证书(FORM N)；
9. 中国—冰岛自由贸易区原产地证书(FORM I)。

当他国（地区）原产的货物经由我国转口时，我国检验检疫机构可以受理申请为货物签发转口证明书(Certificate of Re-export)。

国际贸易中，通常是进口商要求出口商提供原产地证书，而原产地证书的作用除了可以使进口商在进口报关时获得关税减免优惠等之外，还可以方便进口国（地区）的官方检疫机构识别货物原产地，甄别检疫风险。

案例 1-6　吉林检验检疫局签发首份中国—冰岛自贸区原产地证书

2015 年 7 月，吉林检验检疫局为吉林省某贸易有限公司签发了一份中国—冰岛自贸区原产地证书，这是吉林检验检疫局为吉林省签发的首份中国—冰岛自贸区原产地证书，实现了零的突破。

该证书涉及货物为木制饰品，商品总值约为 21 317 美元。工作人员通过核查确认该批产品符合中冰自贸区原产地规则后，为企业签发了该份原产地证书。企业凭该证书可享受冰方对该批货物的零关税优惠，可节约大约 2 000 美元关税税款。

——根据"吉林新闻网"长春 2015 年 7 月 16 日讯整理

第三节　出入境检验检疫机构的监管权力

为保障我国出入境检验检疫机构工作的顺利进行，法律法规赋予出入境检验检疫机构及其工作人员依法行政的一定职权。

一、查阅复制权

2005 年 12 月 1 日起施行的《中华人民共和国进出口商品检验法实施条例》第 41 条规定：国家质检总局、出入境检验检疫机构实施监督管理或者对涉嫌违反进出口商品检验法律、行政法规的行为进行调查，有权查阅、复制当事人的有关合同、发票、账簿以及其他有关资料。出入境检验检疫机构对有根据认为涉及人身财产安全、健康、环境保护项目不合格的进出口商品，经本机构负责人批准，可以查封或者扣押，但海关监管货物除外。

二、查封扣押权

(一)查封扣押范围

有下列情形之一的,检验检疫机构可以实施查封、扣押:

1. 法定检验的进出口商品经书面审查、现场查验、感官检查或者初步检测后,有证据证明涉及人身财产安全、健康、环境保护项目不合格的;

2. 非法定检验的进出口商品经抽查检验涉及人身财产安全、健康、环境保护项目不合格的;

3. 不符合法定要求的进出口食品、食用农产品等与人体健康和生命安全有关的产品,违法使用的原料、辅料、添加剂、农业投入品以及用于违法生产的工具、设备;

4. 进出口食品、食用农产品等与人体健康和生命安全有关的产品的生产经营场所,存在危害人体健康和生命安全重大隐患的;

5. 在涉及进出口食品、食用农产品等与人体健康和生命安全有关的产品的违法行为中,存在与违法行为有关的合同、票据、账簿以及其他有关资料的。

检验检疫机构认为应当实施查封、扣押,但属于海关监管的或者已被其他行政机关查封、扣押的,检验检疫机构暂不实施查封、扣押,并应当及时书面告知海关或者实施查封、扣押的其他机关予以必要的协助。

(二)实施程序

国家质检总局负责全国出入境检验检疫查封、扣押的管理和监督检查工作,质检总局设在各地的检验检疫机构负责查封、扣押的实施。

检验检疫机构实施查封、扣押,应经检验检疫机构负责人批准后实施。但遇紧急情况或者不实施查封、扣押可能导致严重后果的,检验检疫机构可以按照合法、及时、适当、简便和不加重当事人负担的原则,当场作出查封、扣押决定,并组织实施或者监督实施。

实施查封、扣押应当制作"查封、扣押决定书",载明查封、扣押措施的事实、理由和依据以及查封、扣押物品的名称、数量等内容,并及时送交当事人签收,由当事人在"送达回证"上签名或盖章,并注明送达日期。

公民、法人或者其他组织对检验检疫机构实施的查封、扣押享有陈述权、申辩权;对检验检疫机构实施的查封、扣押不服的,有权依法申请行政复议,或者依法提起行政诉讼;对检验检疫机构违法实施查封、扣押造成损害的,有权依法要求赔偿。

检验检疫机构在30日内依法对查封、扣押的进出口商品或者其他物品(场所)作出处理决定。对于保质期较短的商品或者其他物品,应在7日内作出处理决定。

需要进行检验或者技术鉴定的,检验或者技术鉴定的时间不计入查封、扣押期限。检验或者技术鉴定的期间应当明确,并告知当事人。检验或者技术鉴定的费用由检验检疫机构承担。

对经查实不涉及人身财产安全、健康、环境保护项目不合格的进出口商品和其他不再需要实施查封、扣押的物品(场所),检验检疫机构应当立即解除查封、扣押,并制作"解除查封、扣押决定书"和"解除查封、扣押物品清单"送达当事人。

案例1-7 山东出入境检验检疫局扣押25吨进口草莓

2007年4月,山东检验检疫局的执法人员检验一批进口的冷冻草莓时,竟然发现了剧毒超标农药甲胺磷。甲胺磷是一种剧毒农药，一旦被人误服后，将会导致死亡。检验检疫局立即将这批草莓全部扣押，同时按照有关规定，将这批冷冻草莓全部退回。

"这批草莓全部是从智利进口的。"山东检验检疫局的执法人员向记者介绍说，冷冻草莓总重25吨，货值4万多美元，从黄岛口岸入境。执法人员在对这批冷冻草莓做检查时，吃惊地发现草莓中的甲胺磷含量远远高于我国规定的标准，这是我国首次从智利进口水果中检出甲胺磷农药残留。

——根据"食品商务网"2007年4月资料整理

三、行政处罚权

国家质检总局及其下属的检验检疫机构有权依法对违反相关商检、动植物检疫、国境卫生法律法规的单位和个人给予行政处罚。例如，《中华人民共和国进出口商品检验法》第33条规定，"违反本法规定，将必须经商检机构检验的进口商品未报经检验而擅自销售或者使用的，或者将必须经商检机构检验的出口商品未报经检验合格而擅自出口的，由商检机构没收违法所得，并处货值金额5%以上20%以下的罚款……"；第35条规定，"进口或者出口属于掺杂掺假、以假充真、以次充好的商品或者以不合格进出口商品冒充合格进出口商品的，由商检机构责令停止进口或者出口，没收违法所得，并处货值金额50%以上3倍以下的罚款……"。

案例1-8　上海浦东检验检疫局对破坏数重量检验现场条件案作出处罚

2017年3月，上海浦东出入境检验检疫局鉴定人员赴龙吴码头对一批进口铜矿砂及其精矿进行末次水尺计重时，发现计重结果严重失常。执法人员立即对船方操作情况进行排查，发现在鉴定人员观测船舶吃水和测量压载水时，船方擅自移动船舶吊杆并且将部分压载水排出，导致计重偏差逾400吨，遂当场责令改正并随后予以立案。

6月21日，上海浦东检验检疫局发出行政处罚决定书，对该英籍货轮破坏数重量检验现场条件案给予处罚，并处以人民币1万元罚款。

——根据国家质检总局网站相关资讯整理，记者周银漪、袁伟宏

第四节　有关企业在检验检疫机构备案和登记注册制度简介

在长期的业务工作中，检验检疫机构发现，进出境货物的质量、卫生水平以及病虫害风险指数等，主要与货物的生产、种植、养殖，加工单位的守法自律程度、质量控制管理水平、卫生状况、地理位置，以及企业的技术力量、工艺特点等因素有着直接的联系。所以，规定对这些单位进行直接有效的资质审查和监管，可以对相关进出口货物检验检疫的实施起到重要的保障作用。

目前我国检验检疫机构主要是对相关的境内外企业实行备案登记、注册登记和相关的认证、许可制度，具体包括以下几种情形：

1. 进口属于强制性产品认证商品的境外生产商的认证工作〔中国国家认证认可监督管理委员会（下简称"国家认监委"）主管〕；
2. 境内生产属于强制性产品认证商品的生产商的认证工作（国家认监委主管）；
3. 向我国出口化妆品的境外生产企业卫生注册登记管理；

4. 向我国出口食品的境外食品生产企业的注册登记管理；
5. 出口食品生产企业备案管理；
6. 盛装出口危险货物的运输包装容器生产单位的质量许可制度；
7. 出境竹木草制品生产企业注册登记；
8. 出口烟花爆竹、打火机、点火枪类生产企业登记管理制度；
9. 出境水果的果园、包装厂注册登记；
10. 进口涂料的生产商、进口商或进口代理商的检验登记备案；
11. 出口电池产品生产企业（电池汞含量）的备案；
12. 进境可再回收利用的废物原料境外供货商及境内收货人注册登记；
13. 进出口动植物在境内的中转、隔离等场所的注册登记；
14. 出口植物源性食品原料（如蔬菜、茶叶等）种植基地备案；
15. 出口种苗花卉生产经营企业注册登记。

按照有关规定，如遇进出口相关货物的供货厂商、加工厂、储存和养殖场所等应当备案或登记注册而未办理手续的，检验检疫机构将不受理报检，货物也就无法进出口。本教材在后面章节将涉及其中部分企业的备案和登记注册制度的具体内容。

资料卡 1—5 《进口可用作原料的固体废物检验检疫监督管理办法》部分内容

《进口可用作原料的固体废物检验检疫监督管理办法》第4条规定："国家对进口废物原料的国外供货商、国内收货人实行注册登记制度。国外供货商、国内收货人在签订对外贸易合同前，应当取得注册登记。"

该办法第46条还规定："进口废物原料的国外供货商、国内收货人未取得注册登记，或者进口废物原料未进行装运前检验的，按照国家有关规定责令退货；情节严重的，由检验检疫机构按照《中华人民共和国进出口商品检验法实施条例》第53条的规定并处10万元以上100万元以下罚款。"

如果相关出口货物生产企业被列入要求进行备案登记、注册登记的，则这类货物的市场采购出口行为往往会受到较大的限制。市场采购货物是指发货人直接从市场采购并存放在外贸仓库或集散地的出口商品。

市场采购货物的出口方不是生产企业，而且出口方是从境内的市场、商店等批发或零售部门购得货物的，并非与生产厂家形成代理出口关系，因而货物质量控制把关、商标授权识别等工作难度更大，国内外有关方面近年来对市场采购出口商品的质量问题反映也较多。鉴于这些原因，市场采购出口不适用于食品、化妆品、压力容器及危险品，对于实施质量许可管理的商品也不得以市场采购的形式出口。

允许以市场采购形式出口的货物一般有纺织服装类产品、鞋类产品、金属及陶瓷制品等。市场采购出口货物的报检和施检工作均在货物采购地实施，在出境口岸实施查验。市场采购出口商品的供货单位、发货人的代理人按照自愿原则可以向检验检疫机构申请备案，检验检疫机构对来源于未经备案单位的市场采购出口商品实施批批检验，按照特别监管或者严密监管的检验监管方式实施出口监管。

复习题

判断题

1. 我国广东省出口商可以在境内批发市场上采购水果、蔬菜,然后卖给香港、澳门批发商。（   ）

2. 甲流流行期间,在我国的国际机场负责用医疗测温枪检测旅客体温的人员通常都是海关的工作人员。（   ）

单项选择题

1. 某公司进口一批非法定检验的货物,通关后发现质量不合格,需对外索赔,为此该公司应向（   ）申请出具证书。
   A. 检验检疫局　　B. 海关　　C. 工商局　　D. 保险公司

2. 以下所列入境货物,境外供货商必须获得国家质检总局注册登记后才能向我国进口商供货的是（   ）。
   A. 机电产品　　　　　　　　　B. 允许进口的可用作原料的固体废物
   C. 植物产品　　　　　　　　　D. 玩具

简答题

1. 北京出入境检验检疫局同时受国家质检总局和北京市人民政府的领导吗？为什么？

2. 请查询互联网,以境内某个省(如江苏)为样本,试将我国直属海关与直属检验检疫局的具体命名规律进行比较,列举两者异同。

第二章 检验检疫机构实施检验检疫的货物范围

报检是指有关当事人根据法律、行政法规的规定,以及对外贸易合同的约定或证明履约的需要,向我国的出入境检验检疫机构申请检验、检疫、鉴定,以获准出入境或取得销售使用的合法凭证及某种公证证明所必须履行的法定程序和手续。

买卖双方为保障自身商业利益,自行委托境内外商业性的检验公司、民间非官方检验机构进行的检验和鉴定,不属于本教材所讲的报检的范围。

目前,我国的进出境货物都要报关,但并不是所有进出境货物必须要报检,因此了解检验检疫机构实施检验的进出境货物大致范围,对于学习报检有重要的意义。

第一节 报检货物范围简述

我国出入境检验检疫机构实施检验检疫的货物范围主要包括以下几种:

1. 被列入《出入境检验检疫机构实施检验检疫的进出境商品目录》(下简称《法检目录》)的进出境货物,这是法定检验检疫商品的主要部分。

2. 虽未被列入《法检目录》,但相关法律、行政法规规定必须经检验检疫机构实施检验检疫的其他进出境货物。例如:

(1)国家规定必须经过3C认证的进口商品;

(2)根据《商检法》、《食品卫生法》等法律和行政法规规定,对出口危险货物包装容器的性能鉴定和使用鉴定,对装运出口易腐变质食品、冷冻品的集装箱、船舱、车辆等运载工具的适载检验,对进口成套设备、旧机电产品、可再生利用的固体废物的检验等。

3. 进口国家或地区的海关等政府机构规定须凭我国检验检疫机构出具装运前检验证书、卫生/消毒证书、检疫证书等证明文件方准入境的货物。申请我国检验检疫机构实施检验检疫的主要目的是方便境外进口商的进口通关,促使整个贸易流程的顺利完成。

4. 出入境检验检疫机构对进出境商品的抽查检验。

抽查检验的对象是按照《中华人民共和国进出口商品检验法》规定必须实施检验的进出口商品以外的进出口商品,重点是涉及安全、卫生、环境保护、国内外消费者投诉较多、退货数量较大、发生过较大质量事故以及国内外有新的特殊技术要求的进出口商品。

各有关部门应当支持检验检疫机构的依法抽查检验工作;被抽查单位对抽查检验应当予以配合,不得阻挠,并应当提供必要的工作条件。国家质检总局可以根据情况公布抽查检验结果、发布预警通告、采取必要防范措施,或者向有关部门通报抽查检验情况。

经检验检疫机构抽查合格的进出口商品,签发抽查情况通知单;对不合格的进出口商品,签发抽查不合格通知单。抽查检验后针对不合格的进口商品,必须在检验检疫机构的监督下进行技术处理,经重新检测合格后,方可销售或者使用;不能进行技术处理或者经技术处理后仍不合格的,由检验检疫机构责令当事人退货或者销毁。针对不合格的出口商品,应在检验检疫机构的监督下进行技术处理,经重新检测合格后,方准出口;不能进行技术处理或者经技术处理后重新检测仍不合格的,不准出口。

案例2-1　国家质检总局:2016年进口部分种类产品抽检不合格率达29%

2016年,国家质检总局通过中国进出口工业品质量安全风险预警和快速反应监管体系对进口产品实施风险监控,在全国范围内开展了两次大规模的监督抽查。

国家质检总局新闻发言人表示,针对进口空气净化器、电子坐便器、刹车片、家用电器、服装、食品接触产品、一次性使用卫生用品等进口消费类商品,共抽查各类商品5 306批,不合格率达29.0%。对通过跨境电商渠道进口的玩具、纸尿裤、服装和餐厨具等消费品开展了专项质量抽查,共抽查1 013批,不合格率为40.9%,质量安全问题较为突出。

从2016年1月1日起,国家质检总局开始对包括进口消费品在内的一般消费品实施缺陷召回。

——根据"央视网"新闻2017年3月16日讯整理

除上述强制性的检验检疫业务外,我国的检验检疫机构还接受进出口商品的检验鉴定业务,就其性质而言大多是非强制性的,也有一些带有强制性。常见的情形包括贸易合同、信用证上约定须凭我国检验检疫机构签发的品质、重量、数量证书进行交接、结算的出口货物,以及境外进口商为了在进口通关时获得税费优惠减免,而要求我国出口商提供我国检验检疫机构签发的原产地证书等。

索赔鉴定包括海损赔偿价值鉴定、货物短量赔偿鉴定等,在贸易中经常由我国检验检疫机构来完成检验鉴定和出证。这些检验鉴定业务开展前,也需要向检验检疫机构申请报检。

带有一定强制性的检验鉴定业务的常见情形之一是外商投资财产价值鉴定工作,少数不法外商由于是以机器设备等实物作价投入作为合资合作的股份,然后便将投资设备恶意低价高报,损害中方股东利益,骗取税收优惠。还有的设备经销商打着举办外商投资企业的幌子,推销国外落后、淘汰设备,在作价出资环节大赚一笔后,或溜之大吉,或根本不关心企业的生产和经营,致使不少合资合作企业长期亏损。另外在金融领域,低价设备高报价值然后高价作为银行贷款抵押,会给金融安全带来潜在隐患。

案例2-2　投资设备低值高报或高价低报的牟利行为

2004年,一名外商到江苏某县创办毛纺厂,结果原发票上150万美元价格的二手机器被申报成180万美元,并已获得当地一家会计师事务所的认可。后经南京检验检疫局鉴定,其实际价值只有约56万美元。

也有的外商在设备投资时高价低报,如某外商以140万美元的仪器设备兴办一家制药公司,外商报出的价值却只有54万美元。其动机是为了在一定的特定减免税进口额度下进口更多设备,偷逃部分关税和进口环节增值税。

——摘自洪雷编:《进出口商品检验检疫》第九章相关内容

外商投资财产的价值鉴定在很大程度上是以入境商品检验为基础的,因为财产的价值大小与其品质的好坏有着不可分割的联系,而出入境检验检疫机构具备及时、准确获得各种检验数据的条件,并因此可以避免重复劳动,提高鉴定效率,而其他资产评估机构无法做到这一点。检验检疫机构检验完成后,出具"外商投资财产价值鉴证证书"作为验资报告的主要组成部分。

第二节 《法检目录》内容与类别代码

《出入境检验检疫机构实施检验检疫的进出境商品目录》是以《商品分类和编码协调制度》为基础编制而成,包含大部分法定检验检疫的货物,是检验检疫机构依法对出入境货物实施检验检疫的主要执行依据。截至2017年1月资料,《出入境检验检疫机构实施检验检疫的进出境商品目录》共包含4742个10位数税号的商品。

一、海关监管条件、检验检疫类别代码含义

《法检目录》中海关监管条件、检验检疫类别代码含义如下:

1. 海关监管条件代码:
A:表示对应商品须实施进境检验检疫。
B:表示对应商品须实施出境检验检疫。
D:表示对应商品须由海关与检验检疫部门联合监管。

2. 检验检疫类别代码:
M:表示对应商品须实施进口商品检验。
N:表示对应商品须实施出口商品检验。
P:表示对应商品须实施进境动植物、动植物产品检疫。
Q:表示对应商品须实施出境动植物、动植物产品检疫。
R:表示对应商品须实施进口食品卫生监督检验。
S:表示对应商品须实施出口食品卫生监督检验。
L:表示对应商品须实施民用商品入境验证。

另外,针对交通运输工具等对象,国家质检总局还规定了代码V表示实施进境卫生检疫、W表示出境卫生检疫。

二、实际商品检验检疫类别代码举例释义

检验检疫类别代码中,斜杠左边的字母均代表进口要求,右边的字母均代表出口要求。

有些商品不需要实施检验检疫,类别代码为空,如表2—1所示。

表2—1

税则号列	商品名	检验检疫类别
28520000.00	汞的无机或有机化合物(汞齐除外)	

有的商品需要实施进出口的质量法定检验,相应类别代码中有M、N的字样,如表2—2所示。

表 2—2

税则号列	商品名	检验检疫类别
96132000.00	可充气袖珍气体打火机	/N
27101210.00	车用汽油及航空汽油	M/N

表 2—2 中的打火机属于须实施出口商品法定检验但未要求进口强制法检的类别。有的动植物或其产品进出口需要实施动植物检疫,如表 2—3 所示。

表 2—3

税则号列	商品名	检验检疫类别
06022010.00	食用水果及坚果树的种用苗木	P/Q

有的食品进出口要实施食品卫生监督检验,如表 2—4 所示。

表 2—4

税则号列	商品名	检验检疫类别
20084010.00	梨罐头	R/S

值得注意的是,在同一种商品中,可能会复合多组检验检疫的要求,如表 2—5 所示。

表 2—5

税则号列	商品名	检验检疫类别
08083010.00	鲜的鸭梨、雪梨	P.R/Q.S
15149900.00	精制非低芥子酸菜籽油、芥子油	M.R/S

以表 2—5 中鲜的鸭梨、雪梨为例,实施动植物检疫主要是检查水果是否携带由梨树炭疽菌、果蝇蛆等造成的具有植物疫情传播风险的病虫害;而实施食品卫生监督检验主要是针对水果的农药残留、重金属含量指标等项目进行检查。精制非低芥子酸菜籽油、芥子油由于一般不会传播病虫害,所以没有 P/Q 的检验检疫要求,但另有商品质量上的要求。

多组检验检疫类别的复合,对于检验检疫局来讲,是检验项目和检验标准要求的复合;对于报检单位来讲,是报检要求的复合。比如进口美国的苹果,事前须获得"中华人民共和国进境动植物检疫许可证"(植物产品检疫审批要求,下简称"进境动植物检疫许可证"),报检还须符合食品进口的报检要求。

民用商品入境验证工作是指从 2002 年 1 月 1 日起,国家对实行进口质量许可制度和强制性产品认证的民用商品,在通关入境时,由出入境检验检疫机构核查其是否取得必需的证明文件。随着我国 3C 强制性认证制度的深入推进,民用商品入境验证的范围也在逐步扩大,如表 2—6 所示。

表 2—6

税则号列	商品名	检验检疫类别
70071190.00	车辆用钢化安全玻璃	L/
95030050.00	玩具乐器	L.M/

复习题

判断题

1. 除《出入境检验检疫机构实施检验检疫的进出境商品目录》中所列商品外,其他进出口商品无须检验检疫。（　　）

2. 出入境检验检疫机构计划抽查法定检验以外的出口商品的,发货人如果不同意抽查,可以拒绝抽查要求。（　　）

3. 某公司进口一批非法检范围内的货物,发现货物有短少迹象,此时也应该填录报检单,向检验检疫局报检申请数量鉴定。（　　）

4. 根据有关法规规定,我国所有进出口货物均须经我国的出入境检验检疫机构实施检验检疫。（　　）

单项选择题

1.（2009 年统考真题）以下所列不属于检验检疫类别代码的是（　　）。
A. B　　　　　　B. L　　　　　　C. Q　　　　　　D. R

2.（改编自 2005 年统考真题）某饮料生产厂从英国进口 2 批饮料设备零配件（检验检疫类别为 R/ ）,全部进齐后组装成饮料生产线,该生产线必须由检验检疫机构实施（　　）。
A. 品质检验　　　　　　　　　　　B. 民用商品入境验证
C. 动植物检疫　　　　　　　　　　D. 食品设备卫生检验

第三章　报检企业和报检人员

根据《商检法》及其实施条例、《出入境检验检疫报检企业管理办法》规定,进出口商品的收发货人或代理办理报检手续的企业,应当依照规定向出入境检验检疫机构办理报检企业备案登记手续。国家质检总局主管全国报检企业的管理工作,设在各地的出入境检验检疫局负责所辖区域报检企业的日常监督管理工作。

报检企业可分为自理报检企业和代理报检企业。

第一节　自理报检企业

自理报检企业,是指向检验检疫部门办理本企业报检业务的进出口货物收发货人。出口货物的生产、加工单位办理报检业务的,可参照有关自理报检企业的规定管理。

检验检疫机构对自理报检企业实行备案管理制度,自理报检企业主要包括:

1. 有进出口经营权的国内企业;
2. 进口货物的收货人或其代理人;
3. 出口货物的生产企业;
4. 出口货物运输包装及出口危险货物运输包装生产企业;
5. 中外合资、中外合作、外商独资企业(拥有进出口货物的物权或加工处置权的);
6. 境外企业、商社常驻中国代表机构;
7. 进出境动物隔离饲养和植物繁殖生产单位;
8. 进出境动植物产品的生产、加工、存储、运输单位;
9. 对进出境动植物、动植物产品、装载容器、包装物、交通运输工具等进行药剂熏蒸和消毒服务的单位;
10. 集装箱的储存场地和中转场(库),以及对集装箱进行清洗、卫生除害处理的单位;
11. 有进出境交换业务的科研单位;
12. 其他需报检的单位。

一、自理报检企业备案登记程序

自理报检企业备案登记实行网上登记加书面确认的方式。首先自理报检单位进入中国电子检验检疫业务网,点击"报检企业备案登记"进入申请界面,其次输入9位组织机构代码,填写自理备案登记申请信息,最后打印出"自理报检单位登记备案申请表"。

完成网上申请后,到单位工商注册地的直属出入境检验检疫机构办理交表验证手续。备案时应当提供以下材料:

1. "报检企业备案表";
2. 营业执照复印件;
3. 组织机构代码证复印件;
4. "报检人员备案表"及报检人员的身份证复印件;
5. 企业的公章印模;
6. 使用报检专用章的,应当提交报检专用章印模。

以上材料应当加盖企业公章;提交复印件的,应当同时交验原件。

材料齐全、符合要求的,检验检疫部门应当为报检企业办理备案手续,核发报检企业及报检人员备案号,并在规定的工作日内签发打印"自理报检企业备案登记证明书"给报检企业。

"自理报检企业备案登记证明书"和"报检人员备案表"中载明的备案事项发生变更的,企业应当自变更之日起30日内持变更证明文件等相关材料,向备案地的出入境检验检疫部门办理变更手续。如因未及时办理备案变更、注销而产生的法律责任,由报检企业承担。

二、自理报检企业的业务

报检企业应当在中华人民共和国境内口岸或者检验检疫监管业务集中的地点向检验检疫部门办理本企业的报检业务,主要包括:
1. 办理报检手续;
2. 缴纳出入境检验检疫费;
3. 联系和配合检验检疫部门实施检验检疫;
4. 领取检验检疫证单。

自理报检企业也可以委托代理报检企业,由代理报检企业代为办理报检业务。

三、自理报检企业的权利与义务

(一)自理报检企业的权利

1. 根据检验检疫法律、法规规定,有权依法办理出入境货物、人员、运输工具、动植物及其产品等相关的报检/申报手续。

2. 在按有关规定办理报检,并提供抽样、检验检疫的各种条件后,有权要求检验检疫机构在国家质检部门统一规定的检验检疫期限内完成检验检疫工作并出具证明文件。如因检验检疫工作人员玩忽职守,造成入境货物超过索赔期而丧失索赔权的或出境货物耽误装船结汇的,有权提出追究当事人责任。

3. 对检验检疫机构的检验检疫结果有异议的,有权在规定的期限内向原检验检疫机构或其上级检验检疫机构以至国家质检总局申请复验。

4. 对所提供的带有保密性的商业、运输等单据及技术图纸等资料,有权要求检验检疫机构及其工作人员予以保密。

5. 自理报检单位有权对检验检疫机构及其工作人员的违法、违纪行为进行投诉及检举。

(二)自理报检企业的义务

1. 遵守国家有关法律、法规和检验检疫规章,对报检的真实性负责。

2. 应当按检验检疫机构要求聘用报检人员,由办理过备案手续的报检人员办理报检手续。应加强对本单位报检人员的管理,并对报检员的报检行为承担法律责任。

3. 提供正确、齐全、合法、有效的证单,完整、准确、清楚地填制报检单,并在规定的时间和地点向检验检疫机构办理报检手续。

4. 在办理报检手续后,应当按要求及时与检验检疫机构联系验货,协助检验检疫工作人员进行现场检验检疫、抽(采)样及检验检疫处理等事宜,并提供进行抽(采)样和检验检疫、鉴定等必要的工作条件。应当落实检验检疫机构提出的检验检疫监管及有关要求。

5. 对已经检验检疫合格放行的出口货物应加强批次管理,不得错发、错运、漏发致使货证不符。对入境的法检货物,未经检验检疫或未经检验检疫机构的许可,不得销售、使用或拆卸、运递。

6. 申请检验检疫、鉴定工作时,应按规定缴纳检验检疫费。

第二节　代理报检企业

资料卡 3—1　代理报检业务的出现

改革开放后,我国的报检单位一开始基本上是自理报检,后来随着我国对外贸易的不断增长和外贸经营方式的变化,在对外贸易活动中出现了专门提供代理报检业务的社会中介机构,即代理报检单位。

这主要是因为,进出口报检工作是一项专业性很强的业务,知识内容甚至比报关业务更为庞杂。客观上需要熟悉检验检疫法律法规、检验检疫业务制度和办理报检手续技能,以及国家有关法律、外贸和商品知识的专业人员办理,而一些进出口货物的收发货人出于成本、业务技能、时间、地点等方面的原因不能或者不便于自己办理报检,因此代理报检服务应运而生。

相比代理报关而言,代理报检业务的顺利完成客观上要求委托人和代理报检企业之间实现更为紧密的合作与信息沟通。

代理报检企业,是指接受进出口货物收发货人(下简称"委托人")委托,为委托人向检验检疫部门办理报检业务的境内企业。实际业务中,代理报检企业主要包括国际货运/物流企业和国际货运代理企业、专业报检企业、部分报关公司以及从事报检业务的快件运营企业等。由于在实际电子报检当中,入境货物报检数据录入要求"收货人代码"栏为必输项,应输入收货人在检验检疫机构注册登记或备案的代码;出境货物报检数据录入的"发货人代码"栏也是同理。所以,委托代理报检企业报检的收发货人单位也同样需要在检验检疫机构办理备案手续,这一点和报关当中要求收发货人如果委托报关企业代理报关需要在海关登记的规定是相似的。

一、代理报检企业注册登记和日常业务

代理报检企业(含从事报检业务的快件运营企业)首次办理报检手续时,应当向检验检疫机构提供以下材料:

1. "代理报检企业备案表"。
2. 企业法人营业执照复印件;以分公司名义申请的,需同时提交营业执照复印件、总公司授权书。
3. 组织机构代码证复印件。
4. 企业的印章印模。

材料应当加盖企业公章;提交复印件的,应当同时交验原件。其中,出入境快件运营企业

还应当另外提交国际快递业务经营许可证复印件。

代理报检企业应当在委托人授权范围内从事报检业务,并对委托人所提供材料的真实性进行合理审查。代理报检企业办理报检业务时,应当向检验检疫部门提交委托人授权的代理报检委托书,委托书应当列明货物信息、具体委托事项、委托期限等内容,并加盖委托人的公章。

检验检疫部门对所辖地报检企业的报检业务进行监督检查,报检企业应当积极配合,如实提供有关情况和材料。

代理报检企业应当在每年3月底前提交上一年度的《代理报检业务报告》,主要内容包括企业基本信息、遵守检验检疫法律法规情况、报检业务管理制度建设情况、报检人员管理情况、报检档案管理情况、报检业务情况及分析、报检差错及原因分析、自我评估等。

二、代理报检企业行为规范

按照规定,代理报检企业可以在其注册登记的直属检验检疫局辖区内从事代理报检业务。相比自理报检而言,代理报检存在一定的地域限制。

进口货物的收货人可以在报关地和收货地委托代理报检单位报检,出口货物发货人可以在产地和报关地委托代理报检单位报检。

代理报检企业代缴出入境检验检疫费的,应当将出入境检验检疫收费情况如实告知委托人,不得假借检验检疫部门名义向委托人收取费用。

资料卡3—2　常见的代理报检企业违法违规行为列举

1. 以任何形式出让其名义供他人办理代理报检业务。
2. 未将检验检疫收费情况如实告知委托人,有的代理报检企业及其报检员虚开收据、虚构或夸大事实,借检验检疫机构的名义向委托人多收取费用,败坏政府部门形象。
3. 与委托人沟通不够,未向委托人告知检验检疫的基本法律法规、政策规定,导致委托人在不知情的情况下受到行政处罚的后果。例如,代理报检企业报检的进口货物在口岸通关放行后,代理报检企业及其报检人员没有将"入境货物调离通知单"转交给委托人,致使委托人超期没有去企业所在地检验检疫机构落实检验。
4. 伪造检验检疫机构出具的检验证书、原产地证书等(多见于出口货物)交给委托人,委托人(出口方)提供给境外进口方的证书后来被境外官方机构查出是假的。
5. 提供物流外包服务的国际物流公司成为代理报检企业后,对所仓储的客户出口货物没有尽到加强批次管理的义务,导致未接受检验的部分货物充当成检验合格的货物出口。

代理报检单位在业务上的部分权利,如要求检验检疫机构完成工作的期限规定、保密要求、投诉检举权利等,与自理报检单位基本相同。

三、代理报检企业法律责任

代理报检企业在办理代理报检业务等事项时,必须遵守出入境检验检疫法律、法规和《出入境检验检疫代理报检管理规定》,并对所报检货物的品名、规格、价格、数量、重量以及其他应报的各项内容和提交的有关文件的真实性、合法性负责,承担相应的法律责任。

代理报检企业不如实提供进出口商品的真实情况,取得检验检疫机构的有关证单,或者对法定检验的进出口商品不予报检,逃避进出口商品检验的,由检验检疫机构根据《中华人民共和国进出口商品检验法实施条例》第48条的规定没收违法所得,并处商品货值金额5%以上20%以下罚款;情节严重的,并撤销其报检注册登记。

代理报检企业存在未按照规定建立、完善代理报检业务档案,或拒绝接受检验检疫机构监督检查等行为的,由检验检疫机构责令改正并按规定进行罚款。

代理报检企业有其他违反出入境检验检疫法律法规规定行为的,检验检疫机构按照相关法律法规规定追究其法律责任。另外,按照《民法通则》中关于代理行为产生的法律责任应由被代理人(即委托人)承担的规定,代理报检单位的代理报检行为,不免除被代理人根据合同或法律所应当承担的产品质量责任和其他责任。

一般情况下,如果代理报检单位已正确履行自身的义务,所产生的法律后果应由被代理人承担。也就是说,只要代理报检单位无过错地履行了义务,法律后果就完全归属于被代理人。不过,假如进出口货物的收发货人明知道其假冒的单证无法正常办理报检手续,却委托代理报检单位报检,并明确要求代理报检单位持假冒单证欺骗检验检疫机构,骗取通关单证,结果被检验检疫机构查获,这种情况下代理报检单位就应对违法行为承担连带责任。

第三节 对报检人员的管理

2014年11月,国务院取消了出入境检验检疫报检员的职业资格许可事项,国家质检总局不再组织报检员的资格考试,这意味着企业可以自主聘用符合企业要求的报检人员。

一、报检人员的备案

报检人员是指负责向检验检疫部门办理所在企业报检业务的人员。按照相关规定,报检人员首次为所属企业办理报检手续时,所属企业应当向检验检疫机构提供以下材料:

1. "报检人员备案表";
2. 所属单位的报检备案证书;
3. 报检人员与报检企业签订的有效劳动合同;
4. 报检人员的身份证件;
5. 报检业务能力水平的证明材料。

上述材料(除第5项外)应当加盖企业公章;提交复印件的,应当同时交验原件。

二、对报检人员的日常管理

国家质检总局加强对报检协会等行业中介机构组织的指导,充分发挥行业协会的预警、组织、协调作用,由报检行业协会建立和完善代理报检企业行业自律制度和报检从业人员能力水平认定管理制度,建立行业规范,规范行业行为。

中国出入境检验检疫协会报检分会应当加强行业自律,建立行业规范,强化行业单位和人员的监督管理,组织报检从业人员进行报检业务能力水平培训。鼓励报检人员系统学习从事报检工作应具备的检验检疫基础知识、国际贸易知识、有关法律法规知识和基础英语等报检基本知识与技能,积极参加报检从业人员报检业务能力水平培训,提高报检工作效率,减少报检差错。对于持有报检员资格证书(包括报检水平测试证书)的,视同具有报检业务能力水平证明材料。

已备案报检企业向检验检疫部门办理报检业务,应当由该企业在检验检疫部门备案的报检人员办理。报检人员办理报检业务时,应当提供备案号及报检人员身份证明。

检验检疫部门对报检企业实施信用管理和分类管理,对报检人员实施报检差错记分管理。报检人员的差错记分情况列入报检企业的信用记录。

报检企业可以向备案的检验检疫部门申请注销报检企业或者报检人员备案信息(如具体某报检人员的离职、工作调动等)。如报检企业注销本企业备案信息的,则报检企业的报检人员备案信息一并注销。

报检人员的报检行为是一种职务行为,其报检行为即代表其所在单位的行为。而大多数情况下报检员不是为自己个人的货物报检,所以检验检疫局必须通过备案措施,使得报检人员个人在一个时间段内和一家报检企业"挂钩",通过报检人员备案制度保证这种信息挂钩联系的真实性(真实个人信息、真实单位信息、真实劳动关系),并保证一名报检人员在任何时间点上至多只能和一家报检企业"挂钩"。

按照有关规定,报检人员的报检行为所产生的法律责任,应当由其所在的报检企业承担。报检人员明知报检企业的委托内容违法而仍有意实施的,应当承担连带责任。

三、报检人员的权利与义务

(一)报检人员的权利

针对所属企业而言,报检人员依法代表所属企业办理报检业务,报检员应当并有权拒绝办理所属企业交办的单证不真实、手续不齐全的报检业务。对检验检疫机构来说,报检人员的权利主要包括:

1. 对于进境货物,报检员在出入境检验检疫机构规定的时间和地点办理报检,并在提供抽样、检验的各种条件后,有权要求检验检疫机构在国家质检总局规定的期限或对外贸易合同约定的索赔期限内检验完毕,并出具证明。如果由于检验检疫工作人员玩忽职守造成货物超过索赔期而丧失索赔权的,报检员有权追究有关当事人的责任。

2. 对于出境货物,报检员在出入境检验检疫机构规定的地点和时间向检验检疫机构办理报检,并提供必要工作条件、交纳检验检疫费后,有权要求其在国家质检总局规定的期限内检验完毕,并出具证明。如因检验检疫工作人员玩忽职守而耽误装船结汇的,报检员有权追究当事人的责任。

3. 报检员对出入境检验检疫机构的检验检疫结果有异议时,有权根据有关法律规定向原机构或其上级机构申请复验。

4. 报检员如有正当理由需撤销报检时,有权按有关规定办理撤销报检手续。

5. 报检员在保密情况下提供有关商业单据、运输单据、图纸和配方等资料时,有权要求检验检疫机构及其工作人员对商业信息、技术秘密和个人资料予以保密。

6. 对出入境检验检疫机构的检验检疫工作人员滥用职权、徇私舞弊、伪造检验检疫结果的,报检员有权依法提出追究当事人的法律责任。

(二)报检人员的义务

报检人员应当对所属企业负责,接受检验检疫机构的指导和监督。此外,还应履行下列义务:

1. 遵守有关法律法规和检验检疫的规定,对于所发现的企业违反检验检疫法律法规的情况,应当向检验检疫机构汇报。

2. 在办理报检业务时严格按照规定,提供真实的数据和完整、有效的单证,准确、清晰地填制报检单,并在规定的时间内缴纳有关费用。

3. 参加检验检疫机构或检验检疫协会举办的有关报检业务的培训。

4. 协助所属企业完整保存各种报检单证、票据、函电等资料。

5. 报检人员有义务向有关企业介绍检验检疫的法律法规、通告和管理办法,向检验检疫机构提供进行抽样、检验、检疫等必要的工作条件,同时对于出入境检验检疫不合格的货物,应当及时向检验检疫机构通报情况。

6. 承担其他与报检业务有关的工作。

四、报检人员的法律责任

检验检疫机构对报检人员在办理报检业务过程中出现的差错或违规行为实行差错记分管理,该制度总体模式类似于海关系统对报关员记分考核管理办法。具体规定内容可参见附录。

报检人员不如实提供进出口商品的真实情况而取得出入境检验检疫机构的有关证单,或者对法定检验的进出口商品不予报检以逃避进出口商品检验的,由出入境检验检疫机构没收违法所得,并处商品货值金额5%以上20%以下罚款;情节严重的,并撤销其报检注册登记、报检从业注册。

报检人员伪造、变造、买卖或者盗窃检验证单、印章、标志、封识、货物通关单,或者使用伪造、变造的检验证单、印章、标志、封识、货物通关单,构成犯罪的,依法追究刑事责任;尚不够刑事处罚的,由出入境检验检疫机构责令改正,没收违法所得,并处商品货值金额等值以下罚款。

第四节 出入境检验检疫企业信用管理

为推进社会信用体系建设、规范出入境检验检疫企业信用管理、增强企业诚信意识、促进对外贸易健康发展,根据出入境检验检疫相关法律法规的规定,出入境检验检疫机构对相关企业的信用信息实施记录、处理、使用和公开。

根据2014年1月1日起执行的《出入境检验检疫企业信用管理办法》,检验检疫机构对记录的企业信用信息进行汇总审核并赋予企业相应信用等级,企业信用等级可分为AA、A、B、C、D五级。

信用管理的范围包括出入境检验检疫机构依法实施监督管理的对象,具体包括:

1. 出口企业、进口企业(如进口食品境外出口商、代理商及境内进口商,出口食品生产企业及出口商,进口化妆品境内收货人,出口化妆品生产企业及发货人等);

2. 代理报检企业、出入境快件运营企业、检疫处理单位;

3. 口岸食品生产经营单位、监管场库、检验鉴定机构;

4. 其他需实施信用管理的检验检疫监督管理对象。

一、信用分类认定标准

检验检疫企业信用分类等级具体如下:

1. AA级企业:信用风险极小。严格遵守法律法规,高度重视企业信用,严格履行承诺,具有健全的质量管理体系,产品或服务质量长期稳定,具有较强的社会责任感和信用示范引领作用。

2. A级企业:信用风险很小。遵守法律法规,重视企业信用管理工作,严格履行承诺,具有较健全的质量管理体系,产品或服务质量稳定。

3. B级企业:信用风险较小。遵守法律法规,较好履行承诺,具有较健全的质量管理体系,产品或服务质量基本稳定。

4. C级企业:信用风险较大。有一定的产品或服务质量保证能力,履行承诺能力一般,产品或服务质量不稳定或者有违法违规行为,但尚未造成重大危害或损失。

5. D级企业:信用风险很大。存在严重违法违规行为,或者因企业产品质量给社会、消费者及进出口贸易造成重大危害和损失。

二、信用评定程序

A、B、C、D级的评定,一般以一年为一个评定周期。因信用管理工作的需要,检验检疫机构也可按照企业类型、产品类型等属性对企业另行设置评定周期;具体根据信用分值和信用等级评定规则综合评定。信用分值是企业初始信用分值减去信用信息记分所得的分值。初始信用分值是企业在信用等级评定周期开始时的分值,统一为100分。

信用分值在89分以上且符合信用等级评定规则(A级)的,评为A级。信用分值在77分以上89分以下的,评为B级;信用分值在89分以上,但不符合信用等级评定规则(A级)的,也应评为B级。信用分值在65分以上77分以下的,评为C级。信用分值在65分以下的,评为D级;如存在信用等级评定规则(D级)规定情形的,可直接评为D级。

信用AA级企业应当符合以下条件:

1. 当前信用等级为A级,且适用A级管理1年以上;
2. 积极支持配合检验检疫工作,进出口货物质量或服务长期稳定,连续3年内未发生过质量安全问题、质量索赔和争议;
3. 上一年度报检差错率在1‰以下;
4. 在商务、人民银行、海关、税务、工商、外汇等相关部门1年内没有失信或违法违规记录。

AA级企业的评定,由企业提出申请,企业所在地检验检疫机构受理,直属检验检疫局审核,国家质检总局核准并统一对外公布。

三、动态管理制度

检验检疫机构实施动态的信用分类管理,对在日常监管或周期评定中被证实不再符合AA级条件的企业,直属检验检疫局应即时取消相应资质并报国家质检总局,国家质检总局定期更新AA级企业名单。

检验检疫机构对在一个评定周期内失信计分累计12分以上,但尚未达到即时降级程度的企业,采取加严监管的措施,简称为"布控"措施。

检验检疫机构对在一个评定周期内失信计分累计24分以上,但尚未达到列入严重失信企业名单的企业,根据设定规则在评定周期内采取信用等级调整并加严监管的措施,简称为"即时降级"措施。针对被即时降级的企业,检验检疫局应同时采取布控措施。

检验检疫机构对在一个评定周期内因严重违法违规行为受行政处罚计分累计36分以上的企业,将其列入严重失信企业名单,并采取向社会公布并加严监管的措施。

被列入严重失信企业名单的企业,直接降为信用D级,同时采取布控措施。被列入严重失信企业名单的企业,如能依法整改并符合法定要求,可向所在地检验检疫机构申请从严重失信企业名单中删除。自检验检疫机构受理申请之日起,企业在6个月内未发生违法违规行为的,由企业所在地检验检疫机构确认并经直属检验检疫局审核后报国家质检总局,将其从严重失信企业名单中删除,但其曾被列入严重失信企业名单的记录将永久保存。

四、信用分类管理的具体实施

检验检疫机构按"守信便利,失信惩戒"的原则,将企业信用等级作为开展检验检疫监督管理工作的基础,对不同信用等级的企业分别实施相应的检验检疫监管措施。

1. 对AA级企业大力支持。在享受A级企业鼓励政策的基础上,可优先办理进出口货物报检、查验和放行手续;优先安排办理预约报检手续;优先办理备案、注册等手续;优先安排检验检疫优惠政策的先行先试。

2. 对A级企业积极鼓励。给予享受检验检疫鼓励政策,优先推荐实施一类管理、绿色通道、直通放行等检验检疫措施。

3. 对B级企业积极引导。在日常监管、报检、检验检疫、放行等环节,可结合相关规定实施相应的鼓励措施。

4. 对C级企业加强监管。在日常监管、报检、检验检疫、放行等环节,可结合相关规定实施较严格的管理措施。

5. 对D级企业重点监管。实行限制性管理措施,依据相关法律、法规、规章、规范性文件的规定,重新评定企业已取得的相关资质。

企业认为其信用信息不准确的,可以向所在地检验检疫机构提出变更或撤销的申请。对于信息确有错误的,相关检验检疫机构应当及时予以更正。

复习题

多项选择题

1. 以下说法正确的是( )。
   A. 检验检疫机构对列入严重失信企业名单的企业,直接降为信用C级
   B. 检验检疫机构对列入严重失信企业名单的企业,直接降为信用D级
   C. 报检企业面试合格并决定聘用王某为报检人员后,王某可当即直接从事报检业务
   D. 报检人员的报检行为所产生的法律责任,应当由其所在的报检企业承担

2. 以下关于报检员的说法不正确的是( )。
   A. 如果报检员所在企业打算进口麝香鼠100只,报检员有义务提醒企业相关人员要事先办理检疫审批手续
   B. 报检员应当按规定正确录入报检数据后向检验检疫局发送
   C. 报检员有义务按时领取通关证单并将通关单递交给海关的受理窗口
   D. 报检员正确报检之后,检验检疫局检验货物结果不合格,为此报检员也会受处罚

案例分析题

上海一家A货代公司代理报检一批进口零件,收货人是苏州一家B企业,A公司已就这批货物向上海吴淞检验检疫局完成了进境流向报检,并将拿到的"入境货物调离通知单"转交

给 B 企业(通知单上明确要求及时在异地施检)。B 企业有关人员拿到通知单后也没细看,以为 A 货代公司已经把报关报检的所有事务办完了,于是开始销售这批进口零件。后来 B 企业所在地检验检疫局找上门来,B 企业因为没有及时联系报检且擅自销售未经检验合格的法检零件而受到处罚。

问题:A 公司要承担法律责任吗?为什么?

第四章　出入境货物检验检疫流程

第一节　出入境报检程序基本规定

出入境报检程序一般包括准备报检单证、电子报检数据录入、现场递交单证、联系配合检验检疫、缴纳检验检疫费、签领检验检疫证单等几个环节。

一、准备报检单证

1. 报检时,应使用并提交国家质检总局统一印制的报检单,报检单必须加盖报检单位印章或已向检验检疫部门备案的"报检专用章"。
2. 报检单上无相应内容的栏目应填写"＊＊＊",不得留空。
3. 报检单必须做到三个相符:一是单证相符,即报检单与合同、批文、发票、装箱单等内容相符;二是单货相符;三是单单相符,即纸质报检单所列内容与电子报检单载明的数据和信息相符。
4. 随附单证原则上要求原件;确实无法提供原件的,应提供有效复印件。其中,对于输出国家或地区官方检疫证书、出境货物换证凭单等检验检疫机构有特别要求的单证,必须提交原件。

二、电子报检数据录入

1. 报检员应经由中国电子口岸或使用经国家质检总局评测合格并认可的电子报检软件进行电子报检;
2. 报检员必须在规定的报检时限内将相关出入境货物的报检数据发送至报检地检验检疫机构;
3. 对于涉及合同或信用证里面存在检验检疫特殊条款和特殊要求的,应在电子报检中同时提出;
4. 对经审核不符合要求的电子报检数据,报检人员可按照检验检疫机构的有关要求对报检数据修改后,再次报检;
5. 报检人员收到受理报检的反馈信息(生成预录入号或直接生成正式报检号)后,打印出符合规范的纸质报检单;
6. 需要对已发送的电子报检数据进行更改或撤销报检时,报检人员应发送更改或撤销申请。

三、现场递交单证

1. 电子报检受理后,报检人员应在检验检疫机构规定的地点和期限内,持本人"报检员证"到现场递交纸质报检单、随附单证等有关资料；

2. 对经检验检疫机构工作人员审核认为不符合规定的报检单证，或需要报检单位作出解释、说明的，报检人员应及时修改、补充或更换报检单证，及时解释并说明情况。

四、联系配合检验检疫

报检人员应主动联系配合检验检疫机构对出入境货物实施检验检疫，包括向检验检疫机构工作人员提供适合抽样等的工作条件。对于经检验检疫合格放行的出境货物，要加强批次管理，不错发、错运、漏发等。

五、缴纳检验检疫费

报检人员应在检验检疫机构开具收费通知单之日起20日内足额缴纳检验检疫费用，检验检疫局按照《出入境检验检疫收费办法》及标准计收费用。

六、签领检验检疫证单

对出入境货物检验检疫完毕后，检验检疫机构根据评定结果签发相应的证单，报检人在领取检验检疫机构出具的有关检验检疫证单时，应如实签署姓名和领证时间，并妥善保管。各类证单应在其特定的范围内使用，不得混用。

资料卡 4—1　检务部门和施检部门

检务部门和施检部门是检验检疫局里与报检密切相关的两个部门。其中，检务部门主要负责前期的受理报检以及后期的计收费用、出通关单、签发证书等工作；而施检部门是指检验检疫机构内设的从事现场检验检疫、抽样、送样品的业务部门，该部门人员队伍中学理工农医类专业的比重较大，他们主要负责具体实施检验检疫、卫生处理和拟制证稿内容等工作。

第二节　更改、撤销和重新报检

一、更改报检

1. 已报检的出入境货物，检验检疫机构尚未实施检验检疫或虽已实施检验检疫但尚未出具证单的，由于某种原因需要更改报检信息的，可以向受理报检的检验检疫机构申请，经审核批准后按规定进行更改。

2. 检验检疫机构证单发出后，报检人需要更改、补充内容或重新签发的，应向原检验检疫机构申请，经审核批准后按规定进行更改。

3. 品名、数(重)量、包装、发货人、收货人等重要项目更改后与合同、信用证不符的，或者更改后与输入国法律法规规定不符的，均不能更改。超过有效期的检验检疫证单，不予更改、补充或重发。

4. 办理更改应提供的单据包括：
(1)填写"更改申请单"，说明更改的事项和理由；

(2)提供有关函电等证明文件,交还原发检验检疫证单;
(3)变更合同或信用证的,须提供新的合同或信用证。

更改检验检疫证单的,应当交还原发证单(含正副本);不能交还的,应按有关规定办理登报声明作废等手续。

案例4-1 汕头检验检疫局对违规报检员实施扣分

2010年9月,汕头检验检疫局启动行政处罚程序,对某代理报检公司违规报检员实施了扣分处罚。

该报检公司在代理一批食品报检时,因重量问题与规定有所不同,在未申请检验检疫更改的情况下擅自重新报检,造成一批货物报检两次的不良后果。检验检疫局在查获这一情况后,对该代理报检公司报检员及货主进行批评教育,并根据《汕头出入境检验检疫局报检员差错登记与违规处理规定》,对其进行记分处理。代理报检公司和货主在承认错误的同时,表示要认真学习有关法律法规,杜绝类似事件再次发生。

——汕头市政府门户网站

二、撤销报检

报检人向检验检疫机构报检后,因故需要撤销报检的,可提出申请,并书面说明理由,经检验检疫局批准后按规定办理撤销手续。办理撤销应填写"更改申请单",说明撤销理由,提供有关证明材料。

报检后30天内未联系检验检疫事宜的,作自动撤销报检处理。

三、重新报检

领取了检验检疫证单后,凡有下列情况之一的,应重新报检:
1. 超过检验检疫有效期限的(例如出境货物通关单过期);
2. 变更输入国家或地区,检验检疫要求由此发生变化的;
3. 改换包装或重新拼装的;
4. 已撤销报检的;
5. 其他不符合更改条件,需要重新报检的。

重新报检时,报检员按规定录入"出/入境货物报检单",交附有关函电等证明单据,并应当交还原发证单;不能交还的,应按有关规定办理登报声明作废等手续。

第三节 出入境货物检验检疫的报检流程

一、出入境检验检疫一体化改革

我国出入境检验检疫的原有制度把入境货物报检分为进境一般报检、进境流向报检和异地施检报检;把出境货物报检分为出境一般报检、出境换证报检和出境货物预检报检。2014年底,国务院出台《关于落实"三互"推进大通关建设改革方案》,明确提出"加快推进区域通关一体化改革和检验检疫一体化改革,2015年覆盖到全国"。在包括长三角等试点区域内首先实现"通报、通检、通放"(下简称"三通"),然后再扩展到实现全国各口岸"三通",全国各地检验检疫系统内部建立"信息互换、监管互认、执法互助"机制,对企业来说,能实现多地检验检疫局如同一个检验检疫局。

"通报"是指区域内符合一定条件的企业可以自主选择申报地点,实行区域统一的多点受理、集中审单;"通检"则是指在属地化监管的基础上,检验检疫机构对货物的检验检测结果,区域内不同地方的检验检疫局能够互认;而"通放"是指经检验检疫合格的货物,企业可以选择区域内的任何一家检验检疫机构,申领相关单证、办理放行手续。

2015年11月,全国检验检疫通关一体化正式启动,这在技术上是借助e-CIQ主干系统实现的。e-CIQ主干系统全称中国电子检验检疫主干系统,是国家质检总局检验检疫业务电子化、信息化的全新核心系统。它覆盖了所有检验检疫工作,实现从货物申报、检验检疫到放行的全流程电子化管理,做到数据互联互通、信息共享共用,统筹检验检疫指令,实现质检总局、直属局、分支局检验检疫指令协调统一,实现货物检验检疫全国一盘棋,实现各地检验检疫机构与对应"电子口岸"对接,并通过"电子口岸"实现与口岸作业系统、物流系统的实时连接,实现关检"共用电子闸口",共同放行。

符合条件的进出口企业可根据自身方便,在全国范围内自主或委托合法的代理机构选择办理报检手续的检验检疫受理机构实施一次申报、一次上传电子数据和电子单据、一次提供申报所需书面资料,实现一地申报、全国申报。各地直属检验检疫局和分支局按照贸易便利最大化和一次检验检疫原则,选定货物所在地就近的检验检疫机构实施检验检疫。货物所在地对于出口货物是指货物生产地、采购地以及出境口岸,对于进口货物是指入境口岸和进境后存放地以及最终使用地。施检时尽量做到一次开箱、一次抽取样品、一次检验检疫。

改革后,检验检疫机构对进出口货物实施"两直"(进口直通、出口直放)。"进口直通"是指对企业自主选择的(内地检验检疫局具备监管条件的)进口集装箱等可转检应检物,由口岸检验检疫局实施必要的卫生除害处理后,直接转检到目的地检验检疫局实施检验检疫和监管。集装箱查验工作随同货物检验检疫监管一并实施,进一步缩短口岸滞留时间,实现监管后移,提速增效。企业在电子报检时,要正确录入入境口岸和目的机构(入境口岸对应的检验检疫机构),例如入境口岸为青岛,则目的机构为青岛检验检疫局,"目的机构"一栏不能为空,并勾选"一体化标志"。"出口直放"是指出口货物经产地检验检疫合格后直接放行,与海关协调对接,实现跨关区电子通关,缩短出口货物检验检疫时限,提高工作效率,减少物流成本。这样,企业可以选择直接向产地机构申请出境通关单,不必到口岸机构重新报检。企业如果需要跨区域申领证单,电子报检时应选择"异地申领"并注明拟申领证单的签发机构,企业凭报检单号向签发机构申领证单。

二、不适用"三通"模式的货物

不适用"三通"模式的出口货物主要包括出口政府间协议货物、援外物资、市场采购货物、在口岸更换包装或分批出运的货物、危险品及其包装、活动物、植物繁殖材料等。

双边协定、进口国或地区要求必须在我国出境口岸出具检验检疫证书的情形下,货物不能适用出口直放。

不适用"三通"模式的进口货物主要包括活动物、肉类、水果、食用水生动物和冰鲜水产品、植物繁殖材料、汽车及其配件、危险品及其包装、禁止进境物品等。

诚信管理信用等级C、D类,以及近两年因严重违法违规行为而受到检验检疫机构行政处罚的企业，不能申请"通报、通检、通放"。

对不适用"通报、通检、通放"新模式的或企业自愿选择原工作模式的，仍可按照原工作模式办理，即进出口适用进境流向报检和异地施检报检，以及出境换证报检。

检验检疫机构建立负面清单制度，针对列入清单的和列入不诚信企业的进口货物，由国家质检总局指定检验检疫机构实施一次检验检疫，合格后方允许调离；列入清单的和列入不诚信企业的出口货物，应该在检验检疫合格后，在出境口岸实施对货物及其包装形态的再确认、再监管。负面清单综合考虑口岸设施条件、国家和地区经济发展要求、传染病监测以及动植物疫病疫情防范等因素，对外公开并动态调整。

三、货物入境报检的时间和地点规定

（一）报检的时间规定

与向海关报关的时间规定基本统一，不同的是，报检领域的时间要根据货物的种类和需求来确定。

1. 输入微生物、人体组织、生物制品、血液及其制品或种畜、禽及其精液、胚胎、受精卵的，应当在入境前30天报检；

2. 输入其他动物的，应在入境前15天报检；

3. 输入植物、种子、种苗及其他繁殖材料的，应在入境前7天报检；

4. 入境货物需对外索赔出证的，应在索赔有效期前不少于20天内向到货口岸或货物到达地的检验检疫机构报检；

5. 其他入境货物，应在入境前或入境时向报关地检验检疫机构办理报检手续；

6. 入境的运输工具及人员应在入境前或入境时向入境口岸检验检疫机构申报。

（二）报检的地点规定

1. 审批、许可证等有关政府批文中规定检验检疫地点的，在规定的地点报检。

2. 大宗散装商品、易腐烂变质商品、废旧物品以及在卸货时发现包装破损、重数量短缺的商品，必须在卸货口岸检验检疫机构报检。这主要是为了明确进出口买卖双方的责任，便于日后开展索赔等工作。

3. 需结合安装调试进行检验的成套设备、机电仪产品以及在口岸开后难以恢复包装的商品，应在收货人所在地检验检疫机构报检并检验。这主要是为了在口岸组装、通电调试再拆卸装箱，到目的地复组装将十分不便。实际中，这样的机电产品进口最好在出口国先完成装船前检验。

四、入境货物检验检疫业务程序

法定检验检疫的入境货物，在报关时必须提供报关地检验检疫机构签发的"入境货物通关单"，海关凭检验检疫机构签发的通关单（或通关单电子数据）验放。

大部分入境货物在报检后（如系关检一体化单一申报窗口，则同时报关）再报关，先放行通关，再进行检验检疫；对于入境的废物和活动物，按规定，检验检疫机构要先进行部分或全部项目的检验检疫，合格以后才签发"入境货物通关单"。针对大部分入境货物业务程序如下：

1. 法定检验检疫入境货物的货主或其代理人首先向卸货口岸或到达站的出入境检验检疫机构申请报检。

2. 提供有关的随附单证资料（发票、装箱单、提货单据等）。

3. 检验检疫机构审核合格后受理报检并计收费。

4. 对来自疫区的,可能传播传染病、动植物疫情或夹带有害物质的入境货物交通工具或运输包装,检验检疫局实施必要的检疫、消毒、卫生除害处理后,签发"入境货物通关单"供报检人办理海关的通关手续。对于需要实施通关前查验的入境货物,经查验合格,或虽经查验不合格但可进行有效处理的(比如可改换包装、标签等),也将签发"入境货物通关单"。

5. 货物通关后,入境货物的货主或其代理人需在检验检疫机构规定的时间和地点,到指定的检验检疫机构联系对货物实施检验检疫。

6. 经检验检疫合格的入境货物,签发"入境货物检验检疫证明"放行;经检验检疫不合格的货物,签发"检验检疫处理通知书";无法处理或处理后仍不合格的,作退运或销毁处理;需要对外索赔的,签发检验检疫证书。

案例 4-2 一起进口羊毛逃检案

2011年8月,某公司从江苏某口岸报检进口一批未梳的含脂剪羊毛。未梳的含脂剪羊毛属于《进出境动植物检疫法》规定的动植物检疫范围,也是《进出口商品检验法》规定的法定检验的进口商品,应当在入境前办理检疫审批手续,并在检验检疫机构指定的企业加工。

该批货物在入境前依法办理了检疫审批手续,"进境动植物检疫许可证"中规定的"进境后的生产、加工、使用、存放单位"为 A 市某洗毛厂。货物在入境口岸报检和通关后,该公司将货物分别调运至 B 市和 C 市的洗毛厂,且在上述货物未经法定检验检疫的情况下,全部销售完毕。该公司的行为同时违反了《进出境动植物检疫法》及其实施条例和《进出口商品检验法》及其实施条例的规定,构成了擅自运递进境动植物产品、擅自销售未经检验的法定检验进口商品两种违法行为,按照国家质检总局《出入境检验检疫行政处罚程序规定》,属应当合并处罚种类。当地检验检疫部门在查明事实的基础上,依法对该公司给予了行政处罚。

——《中国检验检疫》2011年第9期,作者孙飞镝

最终目的地不在进境检验检疫管辖区内的货物,可以在货物通关后调往目的地检验检疫机构进行检验检疫,但规定须在口岸实施检验检疫的货物(如活动物)除外。

资料卡 4-2 关于进口货物提货单盖章的规定

提货单上是进口货物的货主凭以向港口装卸部门提取货物的凭证,在纸质提货单的右下角一般印有几个方格,港口装卸部门只有在看见方格内有海关及检验检疫局分别盖的章之后才可放行货物离开。

对于法检和其他需要报检的进境货物,在报检后由检验检疫局在提货单上盖章;对于不需要报检的进境货物,也须由检验检疫局确认并盖章。

有些口岸在提货单电子化后,取消了在纸质提货单上盖章的做法。流程是:检验检疫局发送给"大通关"平台放行信息,该平台再将海关、检验检疫局等部门放行的电子提货单信息发送给码头。

五、货物出境报检的时间和地点规定

(一)报检的时间规定

出境货物最迟应在出口报关或装运前7天报检,对于个别检验检疫周期较长的货物,应留

有相应的检验检疫时间。需隔离检疫的出境动物在出境前60天预报、隔离前7天报检。其中,对于出境观赏动物,应在动物出境前30天到出境口岸检验检疫机构报检。

除上述列明的出境货物报检时限外,法律、行政法规及部门规章另有特别规定的,按特别规定办理。

对于大多数工业产品来说,出口货物应当在基本加工生产完毕后再报检,不能过早报检,以免影响检验检疫人员现场查验和出证效率。

(二)报检的地点规定

法定检验检疫货物,除活动物须由口岸检验检疫机构检疫外,原则上实施产地检验检疫,在产地检验检疫机构报检。法律法规允许在市场采购的货物,应当向采购地的检验检疫机构办理报检手续。

六、出境货物检验检疫业务程序

法定检验检疫的出境货物,在报关时必须提供产地或报关地的检验检疫机构签发的"出境货物通关单",海关凭通关单验放。

出境货物检验检疫一般业务程序是:报检后,先检验检疫,再通关放行。对经检验检疫合格的货物,检验检疫机构签发"出境货物通关单",如果在电子转单条件下,则将电子信息发送至口岸检验检疫局并出具"出境货物换证凭条";对不合格的货物,检验检疫机构签发"出境货物不合格通知单",不准出口。

第四节 关检合作"三个一"通关模式

2014年7月30日,海关总署和国家质检总局下发了《海关总署、质检总局关于全面推进关检合作"三个一"的通知》,提出要在前期试点的基础上,将关检合作"三个一"实施范围全面推行到全国各直属海关和检验检疫部门、所有通关现场、所有依法需要报关报检的货物和物品。

"三个一"是海关和检验检疫部门"一次申报,一次查验,一次放行"通关作业模式的简称,是海关和检验检疫部门以"体制不变,机制优化"为原则,依托电子口岸信息系统,通过机制优化、模式创新和执法合作,在企业申报、关检查验及放行三个环节进行协调简化,使通关手续更简便、作业流程更优化,以达到减少重复作业、节约企业通关成本、提高口岸通关效率和关检执法效能的目的。

"一次申报"是关检合作"三个一"通关模式的首要环节,指的是"一次录入,分别申报",即对依法须报检报关的货物,企业可在企业端一次性录入关检申报数据,分别同时完成报检和报关。这样就改变了过去企业在申报环节使用不同的系统分别录入、重复录入数据的状况。在旧通关模式下,企业需要使用报检系统和海关报关系统填报报检单和报关单,并分别向检验检疫部门和海关申报;在新模式下,实现了报关和报检录入项目的整合,企业通过"一次录入"企业端软件,一次性录入92项申报内容,"一次申报"系统即可自动转换成完整的报关单和报检单,分别向海关和检验检疫系统申报。

"一次查验"即"一次开箱、关检依法查验/检验检疫"。海关和检验检疫接受企业申报后,对双方均需查验(包括抽样带回)的货物,双方在约定时间内实施一次开集装箱,分别依法查验,从而减少企业重复移柜、开柜、装卸货物的状况。譬如在以前模式下,海关下达查验指令后,出口货物的企业需要到码头办理移箱查验手续,并到场协助海关查验;而之前在检验检疫局抽样时,企业很可能已经实施了开柜搬货的操作。在新模式下,实现了海关和检验检疫部门查验指令在电子口岸"一次查验"平台上的对碰,码头可立即根据平台的查验指令安排移箱操作。移箱到位后,海关、检验检疫局共同到场进行查验,企业只需一次到场配合打开集装箱。

"一次放行"即为"关检联网核放"。关检双方分别把电子放行信息发送给口岸经营单位,口岸经营单位(如机场或港务集团)凭关检双方的放行信息接受企业办理提货手续,从而提高口岸通关效率和各方工作透明度,有利于加强监管。在以前的模式下,企业在办结海关和检验检疫手续后,需要在提货单证上分别加盖海关和检验检疫部门印章,方可到码头办理提货手续;在新模式下,海关和检验检疫部门在办结手续后,直接将电子放行指令经电子口岸对碰、发送至码头,码头核对提货信息和海关、检验检疫部门放行信息后办理货物放行。

据海关统计,实施"三个一"模式后,由于关检申报录入合二为一,企业申报项目从原先的169项减少到92项,缩减申报时间30%以上,并且集装箱在查验场地停留时间也减少了50%以上。

关检合一(进口)申报界面如图4-1所示。

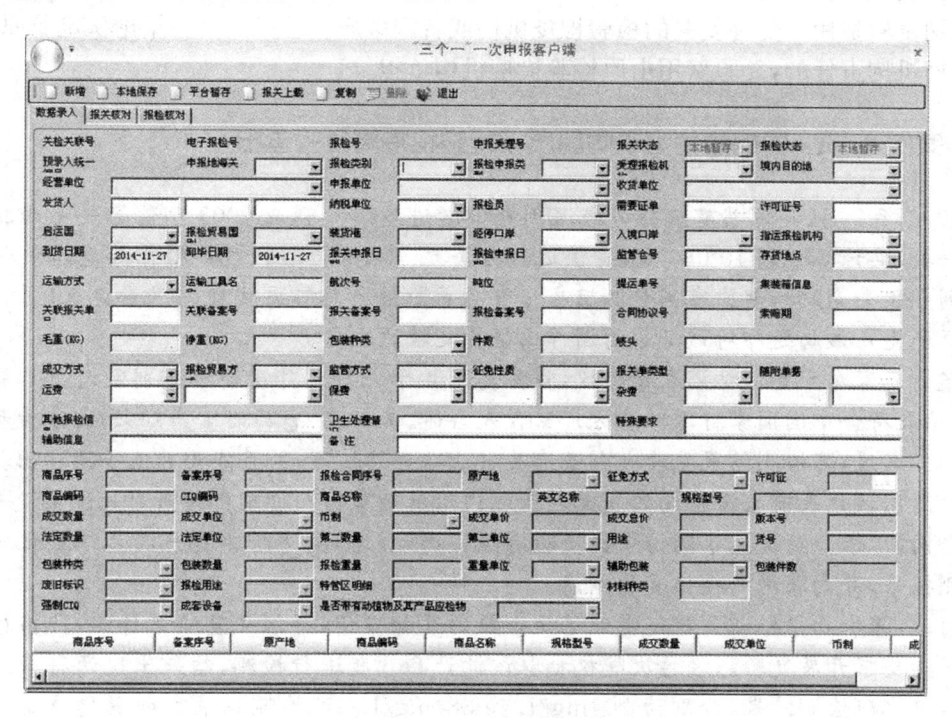

图4-1 关检合一(进口)申报界面示例

第五节 进出口商品的复验申请

《中华人民共和国进出口商品检验法》第28条规定:"进出口商品的报检人对出入境检验检疫机构作出的检验结果有异议的,可以向作出检验结果的出入境检验检疫机构或者其上级机构以至国家质检总局申请复验。"

检验检疫机构实施复验制度是保证报检人的正当权利、正确处理和解决报检人对商检机构检验结果产生异议这一问题的一项重要措施,有助于在制度上提高检验检疫技术和工作质量,促进检验检疫机构依法行政。

2005年实施的新《进出口商品复验办法》规定:报检人对检验检疫机构作出的检验结果有异议的,可以向作出检验结果的检验检疫机构或者其上级检验检疫机构申请复验,也可以向国家质检总局申请复验。报检人申请复验,应当自收到检验检疫机构的检验结果之日起15日内提出。复验申请符合有关规定的,检验检疫机构予以受理,并向申请人出具"复验申请受理通知书"。

受理复验的检验检疫机构或者国家质检总局应当自受理复验申请之日起60日内作出复验结论。如果因技术复杂,不能在规定期限内作出复验结论的,经本机构负责人批准,可以适当延长,但是延长期限最多不超过30日。复验申请人对复验结论不服的,可以依法申请行政复议或者依法提起行政诉讼。但需注意的是,当事人对首次检验检疫结果有异议的,不得直接提出行政复议或行政诉讼,只能是先经过复验程序,对复验结果结论不服的,才可对此提出行政复议或行政诉讼。

检验检疫机构或者国家质检总局对同一检验结果只进行一次复验。复验申请人应当按照规定交纳复验费用。受理复验的检验检疫机构或者国家质检总局的复验结论认定属原检验的检验检疫机构责任的,复验费用由原检验检疫机构负担。

案例4-3 同批葡萄酒不同品质被检验检疫局复验查出

2006年7月,某贸易有限公司经深圳盐田港进口澳大利亚2003年份赤美士西拉红葡萄酒一批,共计840箱10 080瓶,货值近3万美元。深圳检验检疫局检出其总二氧化硫含量达到381毫克/升,超出我国食品卫生标准对葡萄酒中总二氧化硫的限量要求(每升不高于250毫克),该局随即对该批葡萄酒作出退货处理的决定。

澳方厂家对此鉴定结果表示异议,声称其产品于去年8月及今年分别做过总二氧化硫检测,结果符合中国国家标准。澳方厂家代表自述,其酒庄(葡萄酒生产厂家)在澳大利亚有一定的知名度,其检测结果受澳大利亚有关行业协会的认可,并且能为其他小酒庄出具检测报告。随同该代表前来深圳局的澳大利亚驻广州总领事馆人员及代理商对此说法没有表示异议。同时,进口商提交了两份中国检验有限公司(香港)关于检测其产品总二氧化硫合格的检测报告,并向深圳局提出复验申请。

对此,深圳局根据相关规定受理了该企业的复验申请,并组成复验工作组,严格按照复验程序和要求开展复验。经再次随机抽取该批产品6瓶进行检测,结果出现两种截然不同的总二氧化硫检测结果,分别为204mg/L和384mg/L。此检测结果立即引起该局的高度重视。经复验工作组对6瓶酒样进行细致观察,发现从酒瓶的色泽以及瓶上烧制的凸码上可以将该批红葡萄酒分为两种。随后,该局又对这6瓶酒样进行反复检测,结果显示同一瓶酒的检测结果重现性较好,同一种酒的检测结果均匀性较好,说明该批红葡萄酒存在同品牌同规格同批号却不同品质的情况。该局的检测结果准确无误。

——根据"新华网"2006年8月18日信息整理

第六节 检验检疫机构签发的证单

出入境检验检疫证单是出入境检验检疫机构针对具体出入境货物、交通运输工具、人员等签发的各种检验检疫证书和检验检疫放行单的统称,是检验检疫机构实施检验检疫后签发的结果证明文书,也是供我国海关、我国境内的异地出入境检验检疫机构、境外海关和商检机构及境内外的银行、保险、仲裁等机构验看的重要证明文件。本教材限于篇幅,只介绍其中部分常见的证单种类。

一、检验检疫证单种类及用途

（一）证书类

报检的时候,报检员除了申请检验检疫机构出具通关单外,还可以在报检单上申请在检验后出具货主所需要的证书。为方便使用,多数是中英文合璧打印缮制,也有单独英文或单独中文缮制的。如报检人有特殊要求,需要使用其他语种签证的,检验检疫机构也应予以办理。

1. 出境货物检验类证书

出境货物检验类证书主要是供境内外的银行、境外的海关、进口方等机构和企业看的,主要包括最常见的格式1-1"检验证书"（为最常见格式,适用于出境货物的品质、规格、数量、重量、包装等检验项目,式样见附录六）。此外,还包括"生丝品级及公量证书"、"绢丝品质证书"、"啤酒花证书"等共8种出境货物检验类证书。

2. 出境货物卫生类证书

出境货物卫生类证书包括"卫生证书"和"健康证书"。其中,"卫生证书"适用于经检验符合卫生要求的出境食品以及其他需要实施卫生检验的货物。境外的海关等机构对这两类证书通常会较为重视。

3. 出境兽医证书和出境动物检疫类证书

如果出境动物产品符合输入国家或地区与中国有检疫规定、双边检疫协定以及贸易合同要求,则我国的检验检疫机构会按要求签发格式3-1"兽医（卫生）证书"。其他格式的兽医卫生证书主要适用于输往俄罗斯的牛肉、猪肉等动物产品。

格式4-1"动物卫生证书"属于出境动物检疫类证书,主要适用于以下几类活的进出境动物：

（1）符合输入国家或者地区与中国有检疫规定、双边检疫协定以及贸易合同要求的出境动物；

（2）出境旅客携带的符合检疫要求的伴侣动物；

（3）符合检疫要求的供港澳动物。

4. 植物检疫类证书

植物检疫类证书主要包括格式5-1"植物检疫证书"和格式5-2"植物转口检疫证书"两类,前者适用于符合输入国家或地区以及贸易合同签订的检疫要求的出境植物、植物产品以及其他检疫物（指植物性包装铺垫材料、植物性废弃物等）。

5. 运输工具检疫类证书

运输工具检疫类证书共分6种,主要适用于船舶、飞机等进出境的交通工具。如果没有染疫、不需要采取灭鼠等卫生除害处理或者需要实施某种卫生处理的,则须视情况签发相应检疫证书。

6. 检疫处理类证书

检疫处理类证书是证明已经对相关货物、运输工具实施了熏蒸、消毒、除虫等检疫处理措施的证明（式样见附录七）。

7. 国际旅行健康类证书

国际旅行健康类证书主要适用于我国出境人员，用于向目的地国政府部门机构证明已接种过所载明的疫苗，或者证明来自境外的我国归国人员以及即将出境的我国公民的健康状况。

8. 入境货物检验检疫类证书

入境货物检验检疫类证书目前共有5种，多数是用于进口货物检验不合格，进口方请求检验检疫机构签发证书，用于索赔、调换、退运、仲裁等方面，当然有的也适用于经卫生检验合格的入境食品及食品添加剂（如格式9-2"卫生证书"）。

如报检人要求或因交接、结汇、结算需要，检验检疫机构将按要求针对入境货物签发"检验证书"。

9. 原产地证书

我国的检验检疫机构签发的原产地证书是证明我国的出境货物符合相关原产地规则、产品属于中华人民共和国原产的法律证明文件。这类原产地证书通常是进口方报关时供境外的海关等机构审阅，从而使得境外的进口方获得关税减免、通关便利等优惠。主要包括一般原产地证书、普惠制原产地证书等。

案例4-4　伪造检验检疫证书，近百企业及个人上当

记者从广东检验检疫局获悉，该局和广州市公安部门联手查获一宗非法买卖、伪造原产地证单案。

据了解，2008年3月下旬，广东检验检疫局执法稽查大队接到群众举报，称位于广州市的某国际货运代理有限公司伪造广州检验检疫局普惠制产地证书、原产地证书等，按每份低于100元的价格出售，且预订假证书当天就可取到。

在基本摸清某国际货运代理有限公司犯罪事实后，专案组会同公安机关端掉了这个制假窝点。现场抓获犯罪嫌疑人8名；查获假印章29枚，其中广东检验检疫局中英文假印章3枚，广州检验检疫局中英文假印章3枚；查获已使用的各类原产地证书共2 377份，各类空白原产地证书共1 015份；现场还查获大量假空白植检证书、假空白熏蒸证书和假卫生证书。

该制假窝点以代理公司名义作案，伪造、买卖检验检疫证书特别是原产地证书的种类众多。此外，执法人员从现场扣押的用于制售假证单的电脑中取证发现，有近100个企业及个人购买了由该公司伪造的检验检疫证书，涉及范围相当广泛。目前，广东检验检疫局已将此案移交公安部门查处。

——《信息时报》2008年6月5日讯，记者黄熙灯

（二）证单类

检验检疫机构签发的较为重要的证单包括通关单、结果单、通知单、凭证等。

其中"入境货物通关单"和"出境货物通关单"是检验检疫机构签发的、供我国境内海关审看的、凭以放行货物通关的证单，内容使用简体中文打印。

凭证类中，比较常见的有"入境货物检验检疫证明"、"出境货物换证凭单"（或凭条）等。

（三）监管证明类

监管证明类证单包括33种，可分为动植物检疫审批类、食品监管类、检验监管证明类、卫生检疫类及口岸卫生监督类这五大类。这些证单是检验检疫机构实施行政许可或行政授权的

证明文件。

其中,动植物检疫审批类证单包括"进境动植物检疫许可证"、"引进种子、苗木检疫审批单"等;检验监管证明类证单包括"进出口电池产品备案书"、"电器产品型式试验确认书"等。

二、检验检疫证单的有效期规定

检验检疫证单的有效期规定多见于证单类和供我国境内机构审看的证书类证单,具体见表4—1。

表4—1 常见检验检疫证单的有效期一览

事　项		有效期
入境货物通关单		60天
出境货物换证凭单(含电子转单方式)及出境货物通关单	一般货物	60天
	植物、植物产品	21天,北方冬季35天
	鲜活类货物	14天
用于电讯卫生检疫的交通工具卫生证书	船舶	12个月
	飞机、列车	6个月
船舶免于卫生控制措施证书/船舶卫生控制措施证书		6个月
国际旅行健康检查证明书		12个月
疫苗接种或预防措施国际证书		按疫苗的有效保护期
集装箱检验检疫结果单		一般为2个月

以上有效期从证单签发日起算,检验检疫证单一般应以检讫日期作为签发日期。如国家质检总局对检验检疫证单有效期另有规定的,应从其规定。

三、检验检疫证单的更改、补充和重发

(一)证单的更改

检验检疫证单签发后,持证人不得私自涂改、变造证单内容。如果报检人因正当理由需要更改证单内容的,经审批同意后方可办理更改手续,一般是经检务部门审核批准后,予以办理。更改、补充涉及检验检疫内容的,还需由施检部门核准。

报检人申请更改证单时,应将原证书退回,填写"更改申请单",书面说明更改原因及要求,并附有关函电等证明单据。品名、数(重)量、检验检疫结果、包装、发货人、收货人等重要项目更改后与合同、信用证不符的,或者更改后与输出、输入国家法律法规规定不符的,均不能更改。

根据2009年3月1日起施行的《出入境检验检疫签证管理办法》规定,对更改证单,能够退回原证单的,签发日期为原证单签发日期;不能退回原证单的,更改后的证单(REVISION)在原证单编号前加"R",并在证单上加注"本证书/单系×××日签发的×××号证书/单的更正,原发×××号证书/单作废",签发日期为更改证单的实际签发日期。

案例4-5　马鞍山首次立案调查伪造原产地证书

2015年6月8日,马鞍山出入境检验检疫局依法对辖区内一家涉嫌伪造原产地证书的企业展开了立案调查。这是马鞍山立案的第一起原产地证书案件,也是安徽出入境检验检疫局行政处罚权下放后,马鞍山出入境检验检疫局的首例行政案件。

事情可追溯到5月底,马鞍山出入境检验检疫局从省出入境检验检疫局通关处收到一封印度尼西亚原产地证书退证查询函。经过比对核查后执法人员发现,这张东盟原产地证书确实是伪造的。于是,执法人员按照法定程序对货物出口商进行了立案调查,经过现场查验,并结合各种证据,执法人员发现,马鞍山当地出口商并没有伪造原产地证书。

"马鞍山当地出口商在规定时限内办理了原产地证明,事后又要求修改,我们就按照东盟签证规定在原产地证书上进行了手工修改。"6月8日,马鞍山出入境检验检疫局工作人员介绍说,原产地修改后,出口商就寄给了北京客户联络人用以清关。"可能是北京客户联络人由于什么原因,并没有拿着这张手工修改证去清关,而是另外制作了一张。"

"原产地证明本来是用来减税的,结果这份伪造的原产地证书不仅没有起到减税的作用,反而被印尼海关查获,并处以7 526.11美元的罚款。"该工作人员告诉记者,如果当时北京联络人拿的是马鞍山检验检疫部门手工更改的原产地证明,应该不会被海关拦截。

近年来,假冒检验检疫证书被国外调查的事件屡有发生。"买卖、使用伪造的原产地证书等违法行为,不仅损害了国家声誉,还会给企业通关带来麻烦,造成经济损失。"马鞍山出入境检验检疫局工作人员也提醒广大出口企业,要加强相关检验检疫法律法规和政策的学习,依法办理原产地业务,自觉抵制"假证",避免承担不必要的经济和信誉损失。

——根据《皖江晚报》2015年6月9日有关报道整理

(二)原证单的补充证单

检验检疫机构发出证书后,因交接、索赔、结汇等各种需要,或报检人要求补充检验项目,或由于发现该批货物的其他缺陷或产生缺陷的原因等,为了进一步说明这些情况,检验检疫机构可在原证书的基础上酌情补充证书内容,对原证书的不补充或遗漏部分作进一步的说明或评定。报检人需要补充证书内容时,应办理申请手续,填写"更改申请单",并出具书面证明材料,说明要求补充的理由,经检验检疫机构核准后据实签发补充证书。检验检疫机构按规定在补充证书上注明"本证书是×××证书的补充证书"(This Certificate is a Supplement of the Certificate No.×××)。补充证书与原证书同时使用时有效。

签发补充证单(SUPPLEMENT),在原编号前加"S",签发日期为补充证单的实际签发日期。

(三)重发证单

申请人在领取检验检疫证单后,因故遗失或损坏,应提供"更改申请单"和经法人代表签字、加盖公章的书面说明;证单遗失的,还应在检验检疫机构指定的报刊上声明作废。经原发证的检验检疫机构审核批准后,方能重新补发证单。

如能够退回原证单的,重发证单的签发日期为原证单签发日期;不能退回原证单的,在原证单编号前加"D",并在证单上加注"本证书/单系×××日签发的×××号证书/单的重本,原发×××号证书/单作废",签发日期为重发证单的实际签发日期。

超过检验检疫证单有效期的,检验检疫机构将不予更改、补充或重发,报检人只能申请重新检验检疫、出证。

复习题

单项选择题

1. 以下货物出口时，须由口岸检验检疫机构实施检验检疫的是（　　）。
   A. 活牛　　　　　B. 家用电器　　　　C. 冻鸡肉　　　　D. 木家具

2. （改编自 2009 年统考真题）某公司进口一批法检范围内的货物，因生产急需，办理通关手续后未经检验检疫即用于加工。以下表述正确的是（　　）。
   A. 该公司的行为是正常的生产行为，不会受到行政处罚
   B. 该公司的行为已违反检验检疫法律法规规定，将受到行政处罚
   C. 该公司的具体责任人员将受到行政处罚，该公司不会受到行政处罚
   D. 如果该公司对该批货物立即停止加工使用，该公司不会受到行政处罚

判断题

1. 实现进口直通后，在货物和企业符合相关条件的前提下，企业可自主选择在口岸或目的地报检，货物直接运至目的地实施检验检疫。（　　）
2. 入境货物经检验检疫不合格的，检验检疫机构签发"入境货物不合格通知单"。（　　）

多项选择题

1. 多数法定检验检疫的进口货物的通关模式是（　　）。
   A. 先报关后报检　　　　　　B. 先报检后报关
   C. 报检和报关同时办理　　　D. 既可以先报检，也可以先报关

2. 某企业进口一批货物（检验检疫类别为 M/N），检验检疫局检验后发现不合格，以下表述正确的有（　　）。
   A. 该企业可以凭"检验检疫处理通知书"办理退运出境手续
   B. 该企业可以凭"入境货物通关单"办理退运手续
   C. 该企业可以凭"入境货物检验检疫证明"对外索赔
   D. 该企业可以凭"检验证书"对外索赔

3. 以下说法不正确的是（　　）。
   A. 原计划出口到美国的玩具（须符合美国 ASTMF963 标准）现打算卖给南非一家进口商，已报检的，应当更改报检
   B. 申请重新报检按规定应当交还原发的通关单等证单
   C. 出境货物通关单已超过有效期且尚未用于报关，此时可以向检验检疫局申请将通关单直接延期
   D. 检验检疫局出具的证书大多采用中英文合璧打印缮制

思考题

1. 近几年来，使用伪造通关单的不法行为呈现越来越少的趋势，但是伪造、贩卖检验检疫局出具的各种证书的非法行为尚难以得到明显遏制，请参照教材尝试分析其原因。

2. 根据动物的特殊性，谈谈为什么出口活动物的检疫要在出口口岸检验检疫机构报检，而不是在产地报检？

第五章　部分工业产品的进出口报检

第一节　出口工业产品企业分类管理和产品风险等级

为实现科学管理、监管有效、促进出口的目标,我国有关部门根据企业的生产条件、管理水平、检测能力、产品质量状况和产品风险程度,对出口工业产品生产企业采取不同检验监管模式下的检验监督管理。

国家质检总局设在各地的出入境检验检疫机构(下简称"检验检疫机构")负责所辖地区出口工业产品生产企业分类管理的申请受理、考核以及日常检验监督管理工作。2009年8月起,检验检疫机构对出口工业产品的生产企业按照一类、二类、三类、四类企业这四个类别进行分类。

一、企业分类评定

直属检验检疫局根据《出口工业产品生产企业分类指南》,结合各地实际情况制定相应的评定工作规范,并报国家质检总局批准后实施。出口工业产品生产企业分类评定标准包括企业信用情况、企业生产条件等9个方面的要素。根据综合评定结果,将出口工业产品生产企业分为以下四种类别:

1. 综合评定结果优秀的为一类企业;
2. 综合评定结果良好的为二类企业;
3. 综合评定结果一般的为三类企业;
4. 综合评定结果差的为四类企业。

其中,评定为一类、四类企业的综合评定结果需经直属检验检疫局审核。对首次出口生产企业,按照三类企业管理。

二、产品风险等级

出口工业产品风险等级评价标准包括产品特性、质量数据、敏感因子等要素。检验检疫机构根据评定工作规范的有关要求,对本辖区内出口的工业产品进行风险分析、风险评估、风险分级。

产品风险级别分为高风险、较高风险和一般风险三级。高风险产品目录由国家质检总局发布、调整。各直属检验检疫局结合辖区内的实际情况经评估后,可以增加本地区的高风险产品目录,并报国家质检总局备案。较高风险、一般风险产品分级由直属检验检疫局确定,并报国家质检总局备案。

三、管理措施的具体实施

检验检疫机构针对不同的企业类别和产品风险等级,分别采用特别监管、严密监管、一般监管、验证监管、信用监管五种不同检验监管方式,详见表5－1。

表5－1

产品风险等级 企业类别	高风险产品	较高风险产品	一般风险产品
一类企业	验证监管或信用监管	信用监管	信用监管
二类企业	一般监管	一般监管或验证监管	验证监管
三类企业	严密监管	严密监管或一般监管	一般监管
四类企业	特别监管	特别监管	特别监管

不论何类企业,按照严密监管方式进行检验监管的产品还包括:
1. 列入国家标准公布的《危险货物品名表》、《剧毒化学品目录》等的商品及其包装;
2. 品质波动大或者散装运输的出口产品;
3. 国家质检总局规定必须实施严密监管的其他产品。

四、动态的企业分类管理

企业分类管理期限一般为三年,检验检疫机构可以根据企业具体情况进行动态调整。产品风险属性及企业分类属性发生变化时,检验检疫机构应及时对产品风险等级和企业类别进行重新评估、调整。出口工业产品生产企业有违反检验检疫法律、行政法规及规章规定而受到检验检疫机构行政处罚的,企业质量保证能力存在隐患的等七种情况之一的,检验检疫机构视情节轻重作降类处理,调整其监管方式,加严检验监管。降类企业完成整改后可以向检验检疫机构报告,检验检疫机构在20个工作日内对企业进行重新评估。

第二节　入境石材、涂料的报检

本节所述的入境商品检验检疫类别要求(举例)如表5－2所示。

表5－2

税则编码	品　名	检验检疫类别
68029390.00	其他已加工花岗岩及制品	M
32081000.10	溶于非水介质的聚酯油漆及清漆等(以聚酯为基本成分的)	M/

一、入境石材的报检

石材作为国内建材领域的主要装饰建材广受欢迎,但是进口的石材有可能含有超量放射性元素,对建筑物内的人体会构成长期性的损害,石材的检验内容主要是检测其放射性。

报检人应当在石材入境前向入境口岸检验检疫局报检,报检时除了提供报检单等常规单据外,还应提供符合GB6566-2001分类要求的石材说明书,注明石材原产地、用途、放射性水平类别和使用范围等。

如果报检人未提供说明书或者说明书中未注明使用范围的,均视为使用范围不受限制,报检时依据 GB6566-2001 规定的最严格限量要求进行验收。

案例 5-1　江门检验检疫局确保放射性荒石料全部复出口

2006 年 8 月,台山某石材公司向江门检验检疫局公益港检验检疫办公室申报两批"来料加工"的花岗岩荒石料,检验检疫人员进行放射性检测后发现,其中有不可用于我国 I 类民用建筑(住宅、老年公寓、托儿所、医院、学校等)内饰面的荒石料。对此,该局及时出具了检验证书,并针对该货物的"来料加工"贸易性质,采取积极措施加强后续监管,确保加工出来的产品全部复出口。

据了解,这两批花岗岩荒石料产自印度,共有 12 个集装箱,277.455 吨,价值 3.9 万美元。检验检疫人员在现场进行放射性检测时,发现这两批荒石料很可疑,经抽样作放射性核素检验分析,发现共有 5 个集装箱内所装货物不符合 A 类石材要求,其中 1 个集装箱货物(30.627 吨)属 B 类石材,不可用于 I 类民用建筑内饰面。

装修材料根据放射性水平大小划分为 A、B、C 三类。A 类材料的产销与使用范围不受限制;B 类材料只可用于 I 类民用建筑的外饰面及其他一切建筑物的内外饰面;C 类材料则只可用于建筑物的外饰面及室外其他用途。

专家表示,人类如果长期与含放射性物质过量的装修石材接触,轻则会使人产生疲倦、恶心、头痛、脱发、皮肤痛痒、免疫力下降等症状,严重的则会对人体皮肤、造血器官、神经系统和消化系统等造成损伤。

——根据《江门日报》2006 年 9 月 2 日讯整理

二、入境涂料的报检

我国是建材进出口大国之一,涂料作为室内外装潢的主要建材之一,其游离甲醛含量、有机溶剂挥发物总量、甲苯含量等诸多指标都要列入法检范围。按照其制造工艺,涂料可分为水溶性和溶剂型两种。

值得注意的是,我们日常生活中所称呼的涂料一般特指刷墙用的水溶性有色涂料,但报检意义上的涂料还包括有机溶剂型油漆和水溶性的漆。

(一)进口涂料的检验登记备案

口岸的出入境检验检疫机构负责对进口涂料实施检验,进口涂料专项检测实验室和进口涂料备案机构由国家质检总局指定。

进口涂料的生产商、进口商或者进口代理商根据需要,可以向进口涂料备案机构申请进口涂料备案。涂料进口备案申请应当在涂料进口至少 2 个月前向备案机构提出,备案时需提交以下资料:

1."进口涂料备案申请表";

2. 进口涂料的生产商对其产品中有害物质含量符合我国国家技术规范要求的声明;

3. 关于进口涂料产品的基本组成成分、品牌、型号、产地、外观、标签及标记、分装厂商和地点、分装产品标签等有关材料(以中文文本为准)。

备案申请人应送样至指定的专项实验室检测,检测合格后,备案机构签发"进口涂料备案书"。

申报室内用涂料,专项检测结果符合国家强制性标准的,备案机构签发备案书,准予进口;不符合标准的,不予备案,不准进口。申报其他用途涂料,均可签发备案书,准予进口;但如果检测结果不符合室内涂料强制性标准要求,将在备案书中加注"不适合室内装饰装修使用"。

(二)进口涂料的报检

正式进口涂料时,口岸检验检疫机构依据是否登记备案,分别实施抽批检验或批批检验,以防有害物质超标的涂料进口进入市场。报检时如果已取得"进口涂料备案书"的,应出示该备案书。

第三节 强制性认证产品的认证和报检

一、强制性产品认证审核

资料卡 5—1 关于 3C 认证的小知识

我们常常可以在电源插座、充电器、电脑显示器、公交车窗玻璃等物体上看到类似如下标志图案:

该图案就是人们通常所说的 3C 认证标志,3C 是"中国强制性认证"(China Compulsory Certification)的英文缩写。这是我国按照世贸有关协议和国际通行规则,依法对涉及人类健康安全、动植物生命安全和健康,以及环境保护和公共安全的产品实行的统一的强制性产品认证制度。其中标志右侧有很小的"S"字样的,代表属于安全认证;有"EMC"字样的,代表属于电磁兼容类认证;有"F"字样的,代表属于消防认证;有"S&E"字样的,代表属于安全与电磁兼容认证。

第一批列入强制性认证目录的产品包括电线电缆、开关、低压电器、电动工具、家用电器、音视频设备、信息设备、电信终端、机动车辆、医疗器械、安全防范设备、钢化玻璃等。

第二批实施强制性产品认证的产品包括无线局域网产品,标志图案是"CCC+I"。

第三批实施强制性产品认证的产品包括溶剂型木器涂料、瓷砖等装饰装修产品。

第四批实施强制性产品认证的产品包括防盗保险柜、汽车防盗报警系统等安全技术防范产品。

第五批实施强制性产品认证的产品包括某些种类的玩具产品。

第六批实施强制性产品认证的产品包括机动车灯、行驶记录仪、车身反光标识等汽车部件。

3C 标志一般贴在产品表面,或通过印刷、模压标在产品外表上。凡列入强制性认证范围的产品,未加施中国强制性认证标志的,不得出厂销售、进口或在其他经营活动中使用。

当然,对于普通消费者来说,购买产品就是验看 3C 标志,但是强制性认证的关键不仅仅在于贴 3C 标志,要点是认证产品的生产方或进口方应当在接受有关机构的工厂审查、产品抽样检测合格后,领取"中国国家强制性产品认证证书",方可凭该证书向有关机构购买 3C 的不干胶防伪标签、印模等。

实际产品表面的 3C 标志不仅仅有 3C 图案,而且应该有认证编号,比如索尼的 BC-CS2A 型电池充电器认证编号是 A000508 等。

如果同一家企业生产、进口的产品有多种类被列入强制性认证目录的,则针对每类产品都要拿到对应的"中国国家强制性产品认证证书"。

有的中国进口商会问:"我们要大批量进口经过欧盟认证的、上面铸有CE标志的220V民用充电器,由世界著名厂商制造,质量绝对过硬,CE证书也有,难道还要经过中国的3C认证才能进口吗?"

答案是肯定的,所以在很多知名大厂商生产的电子产品上,我们经常可以同时看到3C标志、美国UL标志、欧盟CE认证标志等排列在一起,代表该产品通过了多项认证,这主要是为了国际物流、营销的方便起见。相关的认证标志在绝大多数情况下"多多益善",只要不属于擅自施加的冒用标志(实际上并无认证证书)以及认证未过期即可。

那么,作为企业,又该怎样判断自己的产品是否需要3C认证呢? 一种比较直观的常用做法是查阅法检目录,凡是检验检疫类别代码含有"L"字样的,那就是属于强制性认证的范围。不过这种方法并不够严谨,因为某一个税则号列下的商品尽管代码为L,但很可能仅代表某几种尺寸、功率、电压范围内的该商品才需要强制性认证,而并非该税号的所有商品都需要强制性认证。所以企业在除了查阅法检目录外,查阅比对《强制性产品认证目录描述与界定表》也是必不可少的。

如果产品的HS编码和定义范围都在3C强制性认证描述和界定表范围之内,则此产品必须先办理好3C强制性认证,才可以进口;如果HS编码对应检验检疫类别代码含"L"字样,但产品定义范围都在CCC强制性认证描述和界定表范围之外,则在进口时要向有关认证机构提交3C目录外界定申请,获得认可并取得"强制性产品目录外确认书"后,方可进口。

"强制性产品目录外确认书"是由国家认证认可监督管理委员会出具的、具有法律效力的证明性文件,可用来证明确认书所载产品不在中国国家强制性产品目录之列,即该产品无须办理3C认证,并且可以在国内生产和销售。企业需要事先提供产品标准、用途、说明、技术参数等以确认产品是否在3C产品目录之外,如果该产品确属目录外产品,企业需要向有关机构提供如实填写的"强制性产品目录外确认书"及产品的电子版照片。

我国的强制性认证主管机构是国家认证认可监督管理委员会(下简称"认监委"),各地质检行政部门负责对所辖地区《中华人民共和国实施强制性产品认证的产品目录》(下简称《强制性产品认证目录》)的产品实施监督,并对强制性产品认证违法行为进行查处。相关货物进出境渠道的认证监管、执法工作则主要由各地出入境检验检疫局负责。

案例5-2 浙江仙居查处冒用3C认证标志轮胎

根据群众举报,浙江省仙居县质监局在埠头镇查处一家冒用3C认证标志的橡胶制品生产企业,并现场查获2 842只冒用3C认证标志轮胎,涉案金额达10万余元。

经初步调查,该厂生产的橡胶轮胎并未取得3C认证,但在检查过程中,执法人员却在该厂成品仓库内发现各类型号的摩托车和电动车用橡胶轮胎成品上标有国家强制性认证(CCC)字样。执法人员当场责令其立即停止生产,并依法查封了涉嫌冒用3C认证的橡胶轮胎。

——节选自国家质检总局网站2010年4月讯

案例 5-3　宁波局发现出口企业冒用 3C 标志

2014年10月8日,宁波慈溪检验检疫局执法人员在对某电器公司报检出口埃及的取暖器产品进行检查时,发现产品外包装彩盒上侧唛两边都印有3C认证标志,而该公司近年来只做外贸,并不做国内销售业务,也未取得"3C认证证书"。经进一步调查得知,原来该公司的国外客户没有正规的设计公司,就选了其他企业的一个彩包拍照,然后让该公司在此基础上进行修改,而原先照片上带有3C认证标志,该公司照搬照抄,没有对3C认证标志进行删除。

该公司的上述做法构成了伪造、冒用认证标志的违法行为,慈溪检验检疫局依法对其立案处罚。

——《中国国门时报》2015年7月6日讯

(一)认证审核手续的办理

在实践中,企业可以通过认监委审核批准的合法的代理机构进行相关产品的认证代理。中国质量认证中心(英文缩写 CQC)是经国家批准设立的专业认证机构,经国家认监委(CNCA)授权承担国家强制性产品认证工作。此外,中国安全技术防范认证中心(CNAB)、国家消防工程技术研究中心、北京国建联信认证中心(GJC,负责建材认证方面)等20多家机构也都是国家认监委认可的强制性产品认证机构。

认证审核通过后,企业得到由强制性产品认证机构签发的"中国国家强制性产品认证证书"(下简称"3C认证证书")。持有"3C认证证书"的申请人或生产厂可向国家认监委3C认证标志发放管理中心申请"中国强制性产品认证印刷/模压标志批准书",日后企业凭该批准书、"3C认证证书"(有效期内)复印件等资料向有关指定机构购买3C认证不干胶激光防伪标志。有些产品不能申请邮购3C标志粘贴,只能通过印刷、模压方式(如电线、轮胎等)加施。认证流程如图5-1所示。

(二)认证监督管理

国家认监委认可的认证机构应当按照具体产品认证实施规则的规定,对其颁发认证证书的产品及其生产厂家实施跟踪检查。

1. 撤销认证证书的情形

遇到下列情形之一,认证认可机构应当撤销认证证书:

(1)在认证证书暂停使用的期限内,认证证书的持有人未采取纠正措施的;

(2)监督结果证明产品出现严重缺陷的;

(3)获得认证的产品因出现严重缺陷而导致重大质量事故的。

2. 责令暂停使用认证证书的情形

认证认可机构对下列情形之一,应当责令暂时停止使用认证证书:

(1)认证证书的持有人未按规定使用认证证书和认证标志的;

(2)认证证书的持有人违反《强制性产品认证目录》中产品认证实施规则和指定的认证机构要求的;

(3)监督结果证明产品不符合《强制性产品认证目录》中产品认证实施规则要求,但是不需要立即撤销认证证书的。

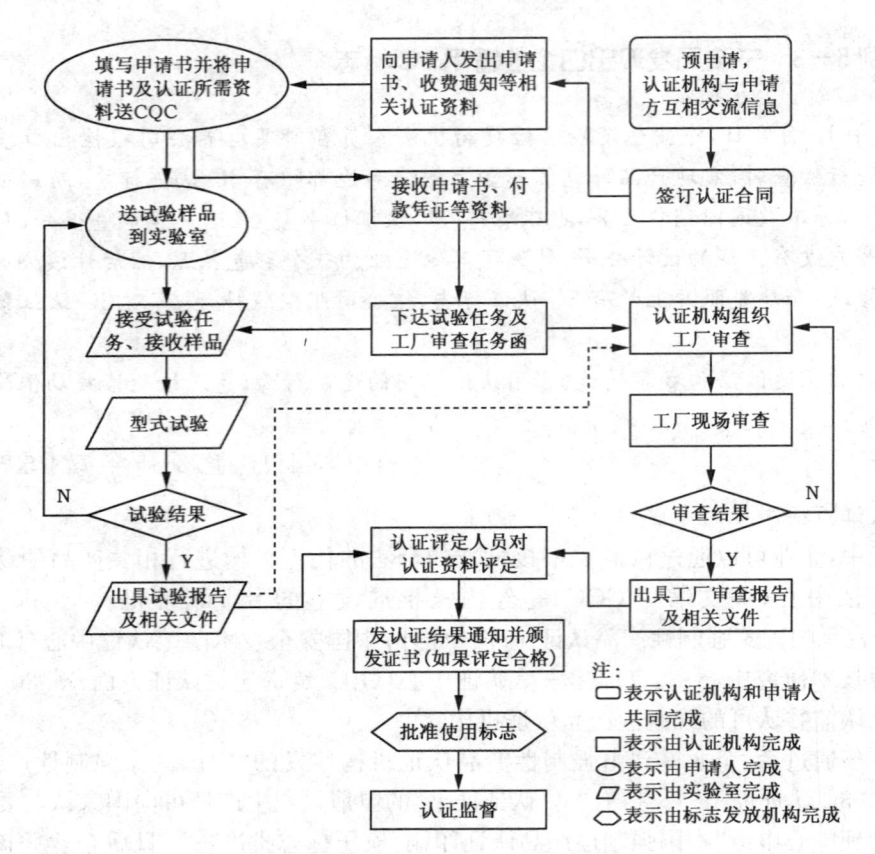

图 5—1 强制性产品认证流程

二、强制性认证产品进口的报检

列入《中华人民共和国实施强制性产品认证的产品目录》的商品，必须经过指定的认证机构认证合格，取得指定认证机构颁发的"3C认证证书"，并加施3C认证标志后，方可进口。

（一）不免办认证的产品进口报检规定

通常，实施强制性产品认证商品的收货人或者其代理人在报检时除填写"入境货物报检单"并随附有关的外贸证单外，还应提供认证证书复印件并在产品上加施认证标志。

案例5—4 3C证书失效导致无法进口

2009年2月，江苏某企业向无锡检验检疫局申报了一批从香港进口的电源输入插座，并提供了相应的3C证书复印件。根据口岸一般验证流程，验证人员将进行文件验证和货物验证。无锡检验检疫局的口岸验证人员通过相关网络，对该证书的有效性进行核实，发现该证书已经失效。失效原因是这个型号规格的插座检测不合格。根据有关认证认可工作要求，对列入3C认证目录但未经认证或者认证不合格的产品，由于其存在极大的安全隐患，检验检疫部门将禁止入境。

——案例引自江苏出入境检验检疫局网站同期讯

（二）可免办认证的产品进口报检规定

为满足企业需求，国家规定一些特定的（被列入《强制性产品认证目录》的）进口产品，如出口后退运入境的产品，外国驻华使馆、领事馆和国际组织驻华机构及其外交人员自用的物品，入境人员随身从境外带入境内的自用物品（有数量限制，通常仅限于生活用品范畴），政府间援助、赠送的物品等七类产品无须办理强制性产品认证，也无须加施3C认证标志，但须向检验检疫局申请"无须办理强制性产品认证证明"通关。

但下列被列入《强制性产品认证目录》的产品，虽可免于办理强制性产品认证，但在进口报检的时候需要用"免于办理强制性产品认证证明"来替代"3C认证证书"复印件：

1. 为科研、测试所需的产品；
2. 为考核技术引进生产线所需的零部件；
3. 直接为最终用户维修目的所需的产品；
4. 工厂生产线/成套生产线配套所需的设备/部件（不包含办公用品）；
5. 仅用于商业展示，但不销售的产品；
6. 暂时进口后需退运出关的产品（含展览品）；
7. 以整机全数出口为目的而用一般贸易方式进口的零部件；
8. 以整机全数出口为目的而用进料或来料加工方式进口的零部件；
9. 其他因特殊用途免于办理强制性产品认证的情形。

"免于办理强制性产品认证证明"通常由直属检验检疫局签发。生产厂商、进口商、销售商或其代理人可向有关检验检疫局认证监管处提出申请，并提交"免办3C认证申请书"、"免办3C认证情况说明"、责任担保书、产品符合性声明和营业执照复印件等资料。

有些进口电器根据企业实际需要，还可另行参加"节能产品认证"。节能产品认证规则由国家认监委制定并发布，地方各级质量技术监督部门和各地出入境检验检疫机构按照各自职责，负责所辖区域内节能产品认证活动的监督管理工作。取得节能产品认证证书的产品、设备，可以在其包装物上以及广告、产品介绍等宣传材料中标注和使用节能产品认证标志，可依法优先被列入节能产品、设备的政府采购名录。

三、部分强制性认证产品出口的报检

出口产品并不是都必须获得强制性认证。对于根据外贸合同的约定而特殊加工专供出口的产品，可以不申请强制性认证，但对于未能出口的剩余产品，只要在《强制性产品认证目录》内，就必须获得强制性产品认证，方可出厂销售。因此，通常为了出口企业自身方便考虑，出口相关产品也应当尽量获得强制性认证。

有些种类的出口商品，属于"已实施强制性产品认证制度，不再实施出口质量许可证制度"范围，这些商品包括部分家用电器、电线电缆、电动工具、玩具等。例如，部分机电产品出境报检时应提供"出口机电产品质量许可证"或"3C认证证书"。

还有的进口国与我国达成双边协定，以我国的强制性认证作为质量依据。例如，我国与新西兰签订了《中华人民共和国政府与新西兰政府关于电子电器产品及其部件合格评定的合作协定》，两国政府相互开放电子产品市场，获得我国CCC认证标志的电子电器产品及其部件，凭"3C认证证书"和3C认证标志即可合法进入新西兰市场，新西兰不再附加实施行政准入措施。又如，中国的摩托车、摩托车发动机和头盔产品必须经过中国强制性产品认证并加贴3C认证标志后方可出口至越南，越南海关将据此验放通关。

第四节　进出口电池产品的报检

本节所述的进出口电池产品检验检疫类别要求（举例）如表5—3所示。

表5—3

税则编码	品　　名	检验检疫类别
85061012.10	圆柱形无汞碱性锌锰的原电池及原电池组	M/

为加强电池产品汞污染的防治工作，保护和改善我国生态环境，有关部门制定了《进出口电池产品汞含量检验监管办法》。

资料卡5—2　哪些电池不含汞？

"在现阶段，不含汞的废一次性干电池不用集中回收，可作普通生活垃圾处理。"深圳市环保局固体废物管理中心主任伦锡藩昨天在接受记者采访时说，环保部门将在近期向广大市民宣传这个环保新观念。

伦主任告诉记者，电池主要有一次性干电池、铅酸电池、镍镉电池、锂电池和纽扣电池。废含汞一次性干电池、废铅酸电池、废镍镉电池属危险废物。目前，居民在生活中大量使用的是不含汞的一次性干电池，这类电池使用后现在不提倡回收。他解释说，早在2003年底，国家有关部门已发布《废电池污染防治技术政策》，该技术政策作为指导性文件，要求全国所有电池企业上市的电池含汞量必须在2005年1月1日前达到国家掩埋标准，深圳市民使用的大多数一次性干电池早在几年前含汞量已达标。现在，废一次性干电池和垃圾混在一起扔进小区的垃圾箱里同时进行处理，对环境的影响就能在国家限定的范围内。伦主任从抽屉里拿出几节电池，指着电池上"无汞"字样说："消费者只要看到这个字样，就可以放心地把它与一般的垃圾一起处理。"

他还说，目前在有的小区，环保部门新设的回收箱主要有两种：一种是广泛用于手机、无绳电话、数码相机等的废充电电池的回收箱，这类电池对环境污染不大，但有再利用的价值；另外一种是应用在汽车内的废铅酸电池、废镍镉电池等的回收箱，这类电池是危险物品，应回收。

不过，不排除个别企业在生产时有违规、违法行为，甚至有少数企业冒用他人品牌生产高汞电池。对这些违法行为，各职能部门应加强管理，对继续销售、生产超标电池的企业进行处罚。

——节选自《深圳特区报》2006年8月讯，记者何泳

一、出口电池的报检

2013年8月1日，国家质检总局与海关总署联合发布了《关于调整〈出入境检验检疫机构实施检验检疫的进出境商品目录〉的公告》（2013年第109号联合公告），自8月15日起，除8507100000（启动活塞式发动机用铅酸蓄电池）、8507809000（其他蓄电池）两个编码的电池外，其余出口电池不再实施法定检验。8月30日，国家质检总局印发了《关于明确当前几项进出

口商品检验监管工作事项的通知》,明确要求,保留在《法检目录》内的出口电池产品,属于危险化学品的,根据危险化学品及其包装检验监管规定实施检验监管;不属于危险化学品,但属于危险货物的,按照联合国危险货物运输有关要求实施出口危险货物包装的检验监管,不再实行备案和汞含量专项检测。

如果小家电、玩具等出口货物中包含电池的,则报检时也要遵循电池产品的备案等规定。

(一)电池产品备案制度

国家对出口电池产品实行备案和汞含量专项检测制度,未经备案或汞含量检测不合格的电池产品不准出口。

"进出口电池产品备案书"由电池生产企业向所在地检验检疫机构申请,有效期为一年。备案时,生产企业应当提交"进出口电池产品备案申请表"、电池产品结构和电化学体系说明等一系列资料。检验检疫机构受理备案申请后,对出口电池产品是否属于含汞产品进行审核。

对不含汞的电池产品,检验检疫机构将直接签发"进出口电池产品备案书"。

对含汞的以及必须通过检测才能确定其是否含汞的电池产品,必须进行汞含量专项送样检测。如汞含量超标,则不予备案。

对出口非洲等低端市场的原电池产品,出口商应作为单独单元进行备案,放电性能等主要性能指标将被纳入备案范围。如果放电性能项目测试不合格的,不得进行备案。

(二)报检要求

出口电池产品必须经过审核,取得"进出口电池产品备案书"后方可报检。

报检时除了提交报检单及普通外贸单证外,还应提交"进出口电池产品备案书"(正本及复印件)。

对未列入《法检目录》的不含汞的出口电池产品,出口商可凭"进出口电池产品备案书"(正本及复印件)申报放行。

对含汞的以及必须通过检测才能确定其是否含汞的电池产品,检验检疫机构将抽样查验货物,汞含量检测不合格的电池不予放行出口。

二、进口电池的报检

2015年12月,结合电池产业发展和贸易实际,国家质检总局经研究决定,即日起停止实施进口电池产品检验监管中的汞含量备案工作。电池到货后实施电器电子产品有害物质含量专项检测,具体要求大体上同出口电池产品。

案例 5-5 常州检验检疫局查获一批不合格锂电池

2017年6月1日,江苏常州检验检疫局工作人员在查验一批进口自日本的锂电池时发现,其表面没有标识铅、汞、镉等有害物质和环保使用期限,不符合《电子产品有害物质限制使用管理办法》有关规定。检验检疫人员当场判定该批锂电池不合格,并出具了"检验检疫处理通知书",要求企业进行有效整改。

据悉,该批锂电池共计 45 000 个,货值 75 万美元。常州局工作人员开箱查验时发现该批锂电池包装完好,但其表面未标注环保使用年限,也未标注铅、汞、镉等有害物质的名称、含量等信息,违反了国家质检总局等八部委最新发布的《电子产品有害物质限制使用管理办法》相关要求。工作人员在判定该批锂电池环保信息标注不完整、检验不合格后,向该企业相关人员宣讲了我国对电器电子产品有害物质限制方面的相关规定,并要求企业对该批锂电池实施整改,整改完成前不得对该批货物进行使用和销售。

——国家质检总局网站"地方新闻"

第五节 进出口玩具的报检

本节所述的进出口玩具检验检疫类别要求(举例)如表5—4所示。

表5—4

税则编码	品 名	检验检疫类别
95030060.00	智力玩具	L.M/
95030089.00	其他未列名玩具	L.M/

资料卡5—3 玩具安全性能知识背景

从20世纪80年代开始,我国玩具制造业便开始为国外大玩具商贴牌生产玩具。经过多年发展,我国已经成为世界上最大的玩具制造基地。但是,一些发达国家和地区对于进口玩具的质量安全要求也很高。例如,《美国玩具安全标准》有这样的规定:"……刚性材料上的圆孔尺寸规定……目的是防止60个月或以下儿童使用玩具上金属片和其他刚性材料上可触及孔洞而引起卡住手指的危险(可能切断血液循环造成坏死)。"又如,原产于我国的某品牌玩具熊猫由于眼睛可以被很容易地分离和吞咽,有造成儿童窒息的危险,被西班牙当局下令退出市场。

甚至玩具的包装也很有讲究,除了毒性指标等不能超标外,还要求塑料袋上必须打好若干圆孔,塑料袋的厚度不能太薄。这是因为,有的儿童可能将塑料袋套在头上玩耍而导致窒息。

一、进口玩具报检要求

被列入《法检目录》以及法律、行政法规规定必须经检验检疫机构检验的进口玩具需要报检,进口玩具按照我国国家技术规范的强制性要求实施检验。此外,检验检疫机构对目录外的进口玩具按照国家质检总局的规定实施抽查检验。

进口玩具的收货人或其代理人应当在玩具入境前或入境时向报关地检验检疫机构报检。除了报检的一般要求之外,对列入《强制性产品认证目录》的童车、电玩具、塑胶玩具、金属玩具、弹射玩具、娃娃玩具共计6大类16种进口玩具,还应当提供"3C认证证书"复印件(必须在产品上加施3C标志);对未列入《强制性产品认证目录》的进口玩具,报检人应提供进出口玩具检测实验室(下简称"玩具实验室")出具的检测合格报告。未能提供检测报告或者经审核发现有关单证与货物不相符的,应当对该批货物实施现场检验并抽样送玩具实验室检测。

在国内市场销售的进口玩具,其安全、使用标识应当符合我国玩具安全的有关强制性要求。国家质检总局对可能导致儿童伤害的进出口玩具的召回实施监督管理。

案例 5-6　珠三角玩具企业忙做 3C 认证

自 2007 年 6 月 1 日起，我国对自 2006 年 3 月 1 日起实施的童车、电动玩具、塑胶玩具、金属玩具、弹射玩具、娃娃玩具六大类玩具的 3C 认证，将开始强制执行。

"连日来已有数十家进口商向我们发来咨询信函或打来求助电话，询问未获 3C 认证的进口玩具有何出路。"广州检验检疫局相关人士向记者透露，广州是国外玩具进入中国的集散地，集中了国外众多玩具品牌在国内的总代理，3C 认证强制实施，引起广州进口玩具业的极大关注。一些款式新颖、档次较高、在各地大商场占据很大市场份额的进口名牌玩具，均属 3C 认证规定的六大类别，如乐高公司的塑料拼砌积木、美泰公司的芭比娃娃、万代公司的高达塑料战士模型等。广州检验检疫局负责人表示，各进口贸易公司应积极督促生产商，及早办理 3C 认证并提供相关 3C 证书，为 6 月 1 日之后的玩具产品顺利进口和销售做好准备，以免造成不必要的经济损失。从 6 月 1 日起，倘若申请报检上述六类入境玩具而仍未获得 3C 认证的，就将被拒于国门之外。

记者从广东检验认证集团广东有限公司了解到，目前，广东玩具生产企业集中的广州、汕头、东莞、中山等地，约有七成的企业已经办理或正在申请办理 3C 认证，但仍然有三成左右的玩具企业持观望态度，有些甚至还不完全清楚这一规定实施将给企业带来的后果。

广东检验检疫局一位负责人表示，实施强制性产品认证，或许短期内会增加成本，但对玩具业整体提升产品质量和档次有好处。他提醒相关企业，应抓紧最后时期申请认证，树立信心，积极适应玩具标准提高的趋势，赢在国际贸易的起跑线上。

二、出口玩具报检要求

2015 年 11 月，国家质检总局出台了《关于修改〈进出口玩具检验监督管理办法〉的决定》，新规定取消了出口玩具生产企业应当进行出口玩具注册登记的要求。当前，绝大多数出口玩具被调整出《法检目录》的商品质量检验范围，但检验检疫机构对目录外的出口玩具将按照国家质检总局的规定实施抽查检验。

对于出口玩具，检验检疫部门按照输入国家或地区的技术法规和标准实施检验，如贸易双方约定的技术要求高于技术法规和标准的，按照约定要求实施检验。输入国家或者地区的技术法规和标准无明确规定的，按照我国国家技术规范的强制性要求实施检验。

出口玩具生产、经营企业应当建立完善的质量安全控制体系及追溯体系，加强对玩具成品、部件或者部分工序分包的质量控制和管理，建立并执行进货检查验收制度，审验供货商、分包商的经营资格，验明产品合格证明和产品标识，并建立产品及高风险原材料的进货台账，如实记录产品名称、规格、数量、供货商、分包商及其联系方式、进货时间等内容。

检验检疫机构应当对出口玩具生产、经营企业实施监督管理，监督管理包括对企业质量保证能力的检查以及对质量安全重点项目的检验。出口玩具报检时，报检人应当如实填写出境货物报检单，除按照《出入境检验检疫报检规定》提供相关材料外，还需提供产品质量安全符合性声明。如系首次报检，还应当提供玩具实验室出具的检测报告以及国家质检总局规定的其他材料等。

第六节　进出口电器电子产品的报检

一、出口小家电产品的报检

出口小家电产品法定检验的范围包括大部分家用电扇以及吸尘器、电动剃须刀、电热水器、电熨斗、微波炉等。

(一) 出口小家电生产企业登记制度

检验检疫机构对出口小家电产品生产企业实行登记制度，小家电出口企业应向所在地检验检疫机构提交"出口小家电生产企业登记表"，并提供相应的出口产品质量技术文件，如产品标准、产品有效的型式试验报告，已获得国外证书者应提供相关有效的证书、检验报告等。

企业所在地检验检疫机构对出口小家电产品生产企业的质量保证体系进行书面审核和现场验证。重点审查其是否具备必需的安全项目（抗电强度、接地电阻、绝缘电阻、泄漏电流及特定产品特殊项目）检测仪器设备和相应资格的检测人员。

(二) 产品检验要求

以前，我国对出口小家电产品实行型式试验管理，要求首次报检或登记的企业，由当地的检验检疫机构派员从生产批次中随机抽取并封存样品，由企业送至国家质检总局指定的实验室进行型式试验（约50个工作日），并出具报告。

根据质检检函〔2013〕271号通知要求，保留在《法检目录》内的出口家用电器产品，仅根据食品接触产品（如电饭锅、电炒锅、食品榨汁机等）相关检验规范和标准实施检验监管，检验检疫局不再按照型式试验模式进行检验监管。

目前我国禁止出口以氯氟烃物质为制冷剂、发泡剂的家用电器产品。

(三) 报检要求

由于多数小家电产品同时被列入强制性认证范畴，故被列入强制性产品认证的产品出口最好能提供"3C认证证书"。另外，各进出口单位在办理以非氯氟烃为制冷剂、发泡剂的家用电器产品的进出口手续时，应向出入境检验检疫机构提供非氯氟烃制冷剂、发泡剂的证明（产品说明书、技术文件以及供货商的证明）。

针对有食品接触产品属性的电器出口，在出口企业提供产品符合性声明的基础上，检验检疫局要充分采信出口企业提供的由有资质的实验室所出具的检测报告，避免重复检测，降低企业负担。

案例5-7　揭阳检验检疫局帮扶出口企业发展纪实（节选）

2009年以来，揭阳华能达电器有限公司喜事连连，意大利一家具有百年历史的某著名小家电生产企业主动上门寻求合作；在6月7日法兰克福中东（迪拜）国际美容美发用品展览会上，该公司生产的电吹风、电水壶等小家电吸引了不少世界到会客商驻足参观，商谈业务……这离不开揭阳出入境检验检疫局的大力帮扶。

在华能达公司产品检测实验室里，性能破坏性检测仪器已连续操作电吹风开关6万次，安全性能检测仪器对试验的电吹风连续试验已经超过30天，试验的电吹风还在继续工作，证明这批电吹风产品质量优良，各项指标符合（或超过）国家标准。企业负责人介绍说，自从检验检疫部门构建了合格评定体系之后，企业自检自控意识和能力明显增强，对产品质量更加有信心。

揭阳地区有6家出口小家电生产企业,主要生产电吹风、电发夹、电水壶等日用小家电。由于揭阳出口小家电生产企业规模、管理水平参差不齐,给检验检疫部门监管带来了不小的压力。在日常监管中,揭阳局从规范管理入手,严格备案准入制度,对所有出口小家电生产企业实施备案管理;对备案企业进行严格考核,检查企业是否具有健全、有效的质量管理体系,检查企业是否按照进口国的标准和要求生产加工和自检自控,检查企业的检测设备和检验人员能力是否符合要求,同时对不符合要求的企业落实专人跟踪、限期整改。

该局及时收集企业遭遇的技术难题,结合型式试验检测出的问题,抽调机电、认证、实验室等部门业务骨干组成帮扶小分队,深入企业现场指导,免费为企业提供技术咨询服务,与企业技术人员合作制订技术解决方案,指导企业采用国家质检总局公布的、符合欧盟指令要求的原材料和元器件,建立合格供方的档案记录和符合欧盟指令要求的原材料、元器件的控制清单,帮助企业顺利通过欧盟CE认证,获得打开欧盟市场大门的"金钥匙"。

——节选自"中国质量新闻网"2009年7月讯

二、进口电器电子产品检验要求

为了鼓励生产商或进口商按照电器电子产品有害物质限制使用国家标准或行业标准,采用资源利用率高、易回收处理、有利于环境保护的材料、技术和工艺,限制或者淘汰有害物质在产品中的使用,2016年7月,工业和信息化部、国家质检总局等八部委联合发布了《电器电子产品有害物质限制使用管理办法》。在前面章节里针对进口电器产品的3C认证主要侧重于电气性能、安全方面的前期抽检认证,这里针对进口电器电子产品检验主要侧重于电器电子产品的有害物质限制使用管理。

(一)检验对象

有害物质是指电器电子产品中含有的铅、汞、镉、铬及其化合物,以及多溴联苯等国家规定的其他有害物质。电器电子产品是指依靠电流或电磁场工作或者以产生、传输和测量电流和电磁场为目的,额定工作电压为直流电不超过1 500伏特、交流电不超过1 000伏特的设备及配套产品,但其中涉及电能生产、传输和分配的设备除外。

针对不符合电器电子产品有害物质限制使用国家标准或行业标准的电器电子产品,禁止进口。

进口的电器电子产品不得违反强制性标准或法律、行政法规和规章规定必须执行的标准,应当符合电器电子产品有害物质限制使用国家标准或行业标准。出入境检验检疫机构依法对进口的电器电子产品实施口岸验证和法定检验。海关验核出入境检验检疫机构签发的"入境货物通关单"并按规定办理通关手续。

(二)产品标注信息要求

电器电子产品生产者、进口方应当按照电器电子产品有害物质限制使用标识的国家标准或行业标准,对其投放市场的电器电子产品中含有的有害物质进行标注,标明有害物质的名称、含量、所在部件及其产品可否回收利用,以及不当利用或者处置(例如特定电池废弃扔进河流)可能会对环境和人类健康造成影响的信息等;由于产品体积、形状、表面材质或功能的限制不能在产品上标注的,应当在产品说明中注明。这不仅是我国的法定要求,同时也是国际通行的惯例。

电器电子产品环保使用期限,是指用户按照产品说明正常使用时,电器电子产品中含有的有害物质不会发生外泄或突变,不会对环境造成严重污染或对其人身、财产造成严重损害的期限。进口方在其生产或进口的电器电子产品上应当标注环保使用期限;由于产品体积、形状、表面材质或功能的限制不能在产品上标注的,应当在产品说明中注明。电器电子产品的环保使用期限由电器电子产品的生产者或进口方根据技术资料自行确定。

国家建立电器电子产品有害物质限制使用合格评定制度。纳入《达标管理目录》的电器电子产品,应当符合电器电子产品有害物质限制使用限量要求的国家标准或行业标准,按照电器电子产品有害物质限制使用合格评定制度进行管理。

资料卡 5-4 欧盟 RoHS 标准概述

RoHS 是由欧盟立法制定的一项强制性标准,它的全称是《关于限制在电子电器设备中使用某些有害成分的指令》(Restriction of Hazardous Substances)。该标准已于 2006 年 7 月 1 日开始正式实施,主要用于规范电子电气产品的材料及工艺标准,使之更加有利于人体健康及环境保护。该标准的目的在于消除电器电子产品中的铅、汞、镉、六价铬、多溴联苯和多溴二苯醚共 6 项物质,并重点规定了铅的含量不能超过 0.1%。

常见电器产品的焊锡焊料中难免会含有铅的成分,如以前常使用的水银开关里面就含有少量液态金属汞。可充电的镍镉电池由于含一定量的氢氧化镉,也已逐步被镍氢电池或磷酸铁锂电池取代。限制有害物质的使用,可以大大降低对于国内产生的电子垃圾无害化处理的成本和环保风险。

第七节 入境旧机电产品的报检

资料卡 5-5 什么是进口旧机电产品?

所谓旧机电产品,是指已经使用过(包括翻新)的机电产品,如旧压力容器类、旧工程机械类、旧电器类、旧车船类、旧印刷机械类、旧食品机械类、旧农业机械类等。

未经使用但存放时间过长,超过质量保证期或部件发生明显有形损耗的机电产品,也属于旧机电产品之列。

被列入《旧机电产品禁止进口目录》的旧机电产品不得进口,如旧的大型游艺机械等。

很多情形下,我国的企业会进口旧机电产品。例如,境外某制药企业将生产设施整体搬迁至我国上海,这些制药设备大多数对于我国来说是旧机电产品;又如,旧机电产品先暂时出口复进口、出境维修复进口,以及我国沿海港口近年来出现的进境机电维修产业等情形。

2014 年,国家质检总局发布公告,取消了对进口旧机电产品备案的要求。但根据《商检法实施条例》的规定,保留对国家允许进口的旧机电产品实施检验监管的相关措施,包括装运前检验、口岸查验、到货检验以及监督管理,整理并公布了《实施检验监管的进口旧机电产品目录》和《进口旧机电产品检验监管措施清单》(2014 年版)(下简称《检验监管措施清单》)。

列入《检验监管措施清单》"管理措施表 1"的进口旧机电产品原则上属于禁止入境货物。其中被列入《检验监管措施清单》"管理措施表 1"第 3 项、第 4 项,但制冷介质为非氯氟烃物质(CFCs)的旧机电产品进口时,收(用)货单位可凭"旧机电产品进口特别声明(2)"及相关必备材料向口岸机构申报。

列入《检验监管措施清单》"管理措施表2"的旧机电产品进口时,收(用)货单位凭出入境检验检疫机构或中检公司等承担进口旧机电产品装运前检验业务的(经认可的)商业检验机构出具的装运前检验证书及相关必备材料向入境口岸检验检疫局申报;未按照规定进行装运前检验的,按照法律法规规定处置。

进口未列入《检验监管措施清单》的旧机电产品,无须实施装运前检验。收(用)货单位凭"旧机电产品进口特别声明"及相关必备材料向口岸机构申报。

旧机电产品在口岸申报后,收(用)货单位可凭"入境货物调离通知单"及相关必备材料向目的地检验检疫机构申请检验,如无特殊情况,报检时间限定在货到使用地6个工作日内。

列入《检验监管措施清单》且属于"出境维修复进口"、"暂时出口复进口"、"出口退货复进口"、"国内转移复进口"4种特殊情况的旧机电产品进口时,收(用)货单位凭"免'进口旧机电产品装运前检验证书'进口特殊情况声明"及相关必备材料向口岸机构申报。

被列入《强制性产品认证目录》的旧机电产品进口报检,需提供的材料还应参照3C认证产品进口报检内容。

为方便收(用)货单位进口旧机电产品,减少收(用)货单位因对进口旧机电产品检验监管政策、流程不熟悉而造成的困难,收(用)货单位在旧机电产品进口前,可以通过"进口旧机电产品质量安全管理信息服务平台"(http://jjd.aqsiq.gov.cn:6889)进行在线咨询。

案例5-8 常州检验检疫局查获一批新旧混装进口车床

2016年12月,常州出入境检验检疫局在对辖区内某企业进口的车床实施现场检验时发现,该批以全新设备名义申报的车床竟是新旧混装的旧机电产品,常州局依法实施退运处理,退运货物总值2万余欧元。

据了解,该批设备系常州某企业从德国进口,货物实为瑞士某品牌车床。常州检验检疫局工作人员在现场检验时发现,该批车床的防护罩和部分零件存在明显的磨损痕迹及锈蚀,而且设备的工作台、电柜及内部元器件等铭牌上显示制造日期分别为2013年和2014年,该设备经鉴定属《旧机电产品检验监督管理办法》(质检总局令第171号)定义的旧机电产品,并属质检总局公告2014年第145号规定的须经检验检疫机构或者检验机构实施装运前检验,确认旧机电设备安全、卫生、环保要求符合我国法律法规和技术规范方可进口的旧机电设备。《中华人民共和国进出口商品检验法实施条例》第50条明确规定,"进口国家允许进口的旧机电产品未按照规定进行装运前检验的,按照国家有关规定予以退货"。检验检疫工作人员向企业负责人详细宣传了我国进口旧机电相关政策、法规,经进一步调查了解,收货人事前未认真核实总公司发运设备的新旧状况,对我国旧机电相关政策不是很了解,导致了未按规定办理旧设备进口手续。收货人与总公司沟通后表态,总公司将发运一批全新设备进行替换。根据调查情况,常州局按照相关规定出具"检验检疫处理通知书",对该批以旧充新进口车床作退运处理。

检验检疫部门提醒相关进口企业,认真学习我国进出口相关进口法律规范,提前与发货人确认进口设备新旧状态,列入管理措施清单的旧机电产品须按规定实施装运前检验等相关手续,切勿擅自进口禁止进口产品及安全、卫生、环保不符合我国法律法规和技术规范的旧机电产品。

——新华网2016年12月13日讯,记者陶华

第八节　进口汽车的报检

我国入境汽车的报检范围包括列入《出入境检验检疫机构实施检验检疫的进出境商品目录》的汽车，以及虽未列入目录，但国家有关法律法规明确由检验检疫机构负责检验的汽车。

具有自驾旅游、运输货物等用途暂时入境的汽车，不属于本节所讲范围。

进口汽车的报检主要在于检测汽车质量、制动安全性等，运输工具的动植物检疫和卫生检疫不属于本节入境汽车的报检范围。进口汽车必须获得"3C认证证书"，并在车体上加施认证标志。

一、报检时应提供的单据

直接从国外进口汽车的收货人或其代理人在入境口岸报检时，应当提供"入境货物报检单"、合同、发票、提（运）单、装箱单（列明车架号）、"3C认证证书"复印件、非CFC-12为制冷工质的汽车空调器压缩机的证明，以及海关出具的"进口货物报关单"正本和复印件等证单及有关技术资料。口岸检验检疫机构审核后签发"入境货物通关单"。

通关后，入境口岸检验检疫机构负责进口汽车入境检验工作，经检验合格的进口汽车，签发"入境货物检验检疫证明"，并一车一单签发"进口机动车辆随车检验单"。

在上述报检活动中，单位用户需提供营业执照复印件，私人用户自用的进口机动车辆报检时需提供车主的身份证及复印件等。

用户所在地检验检疫机构负责进口汽车质保期内的检验管理工作。用户在国内购买进口汽车时，必须取得检验检疫机构签发的"进口机动车辆随车检验单"和购车发票，在办理正式牌照前到所在地检验检疫机构登记，用"进口机动车辆随车检验单"换发"进口机动车辆检验证明"，作为到车辆管理机关办理正式牌照的依据。

二、相关部门的监管措施

政府主管部门在办理进口机动车的有关事宜时，按《进口机动车辆制造厂名称和车辆品牌中英文对照表》规定的进口汽车、摩托车制造厂名称和车辆品牌中文译名进行签注和计算机管理。对未列入《进口机动车辆制造厂名称和车辆品牌中英文对照表》的进口机动车制造厂商及车辆品牌，在申请汽车产品强制性认证时，进口关系人应当向国家指定的汽车产品认证机构提供进口机动车制造厂商和（或）车辆品牌的中文译名。经指定认证机构认证审核后，报国家质检总局备案并通报各有关单位。

为了进一步加强检验检疫部门对进口汽车的控制和检验，有效防止国外无3C认证汽车入境，维护合法汽车进口商和用户的利益，稳定我国进口汽车市场，从2008年3月1日起，进口机动车的车辆识别代号（VIN）必须符合国家强制性标准《道路车辆识别代号》（GB16735-2004）的要求。对VIN不符合上述标准的进口机动车，出入境检验检疫机构将禁止其进口，公安机关不予办理注册登记手续。但国家特殊需要并经批准的，以及长驻我国的境外人员、我国驻外使领馆人员自带的除外。

因此，进口汽车收货人为自身便利起见，在进口前，"3C认证证书"的持有人或其授权人可向签发"3C认证证书"的认证机构提交拟进口的全部机动车VIN和相关结构参数资料进行备案，认证机构对上述资料进行核对，整理后上报国家质检总局及国家认监委，以便口岸检验检疫机构对进口机动车产品的 VIN 进行入境验证。

国家质检总局对在进口汽车检验和使用过程中发现的质量安全问题予以公告，并责令制造商采取召回措施。

案例5-9　上海口岸紧急拦截某品牌"白板车"

2017年5月，上海出入境检验检疫局依法退运5台未打刻车辆识别代号(VIN)的美国某品牌"白板车"。检验检疫人员在对近期到港的1批次349台某品牌电动车实施查验时发现，有5台货值约35万美元的电动车未打刻VIN。根据《中华人民共和国进出口商品检验法实施条例》，上海检验检疫局依法对其作出退运处理，同时上报国家质检总局发布警示通报。

据调查，该品牌电动车的制造生产线存在缺陷，其VIN打刻机遇故障或断电不工作时，流水线不会自动停止和报错，造成故障时段内在线汽车均未打刻VIN。VIN是汽车具有唯一识别性的"身份证"，车架未打刻VIN的车辆属于"白板车"，不符合国家强制性标准《机动车运行安全技术条件》(GB7258-2012)相关要求，将导致消费者无法办理车辆牌证，将给汽车属性、质量追溯、产权归属等带来一系列问题。

——国家质检总局网站"地方新闻"

第九节　进出口化妆品的报检

化妆品是指以涂擦、喷洒或其他类似方法，散布于人体表面任何部位(皮肤、毛发、指甲、口唇等)，以达到清洁、消除不良气味、护肤、美容和修饰目的的产品。表5-5中所列商品都属于报检范围。

表5-5

税则编码	品　名	检验检疫类别
33041000.91	包装标注含量以重量计的其他唇用化妆品	M/N
33051000.90	其他洗发剂(香波)	M/N

我国将化妆品分为特殊用途化妆品和非特殊用途化妆品进行管理。特殊用途化妆品是指用于育发、染发、烫发、脱毛、美乳、健美、除臭、祛斑(包括美白、增白)、防晒的化妆品，除此之外的化妆品均纳入非特殊化妆品管理。

资料卡5-6　历史上"危害严重"的化妆品枚举

由于当时人们对医学和化学认识的不足，我国古代和欧洲中世纪的妇女普遍使用铅白或硫酸铅来达到美白面部的效果(成语"洗尽铅华"渊源与此有关)，这样便不可避免地因皮肤吸收而造成慢性铅中毒，导致皮肤发暗、牙齿陆续脱落。尔后为了"美白"发暗的皮肤，就需要涂抹更多的铅化合物，如此恶性循环大大缩短了当时很多妇女的寿命。到了近代，有些"效果显著"的雪花膏等化妆品的含汞量惊人，因为从短期来看，汞可以干扰皮肤黑色素形成，延长化妆品保质期，也能使膏体层更容易附着于皮肤表面。但是，汞、砷等有害元素被皮肤长期吸收后,会损害人体神经系统、肾脏、造血系统、肝脏以及生殖系统。

现代有些化妆品除仍然存在重金属含量超标的风险以外,违规添加激素又构成新的风险。激素可去红斑、抗过敏,但也会产生毛细血管扩张、色素沉积、毛囊炎、内分泌紊乱等副作用。有些进口化妆品含有牛羊油成分,这样就可能存在疯牛病的检疫风险。还有的不合格化妆品菌落数超标,或因添加一些化学物质而导致使用者过敏等。

一、入境化妆品的报检

(一)报检要求

境外生产的非特殊用途化妆品进入中国市场,生产企业首先应在网上向国家食药监局或口岸所属省级食品药品监督管理局申请对化妆品进行备案,取得"进口非特殊用途化妆品备案凭证"及"国妆备进字"文号,方可办理进口手续。

境外生产的特殊用途化妆品进入中国市场,生产企业应事先在网上向国家卫生计生委申请对化妆品进行备案,取得"国/卫妆特进字"相关文号,方可办理进口手续。

有些被列为化妆品的商品还需同时符合食品卫生检验要求,如牙膏、唇彩等。

化妆品标签审核是指对进出口化妆品标签中标示的反映化妆品卫生质量状况、功效成分等内容的真实性、准确性进行符合性检验,并根据有关规定对标签格式、版面、文字说明、图形、符号等进行审核。自2006年4月1日起,进出口化妆品的标签审核与进出口化妆品检验检疫结合进行,不再实行预先审核;经检验合格的,在按规定出具的检验证明文件中加注"标签经审核合格"。出入境检验检疫机构也不再要求凭"进(出)口化妆品标签审核证书"报检。因此,境外化妆品的生产商应当严格按我国要求设计、印刷化妆品标签内容,才能够方便我国进口商或代理商等进行报检。

资料卡 5—7　化妆品标签审核的具体内容要求

1. 标签所标注的化妆品卫生质量状况、功效成分等内容是否真实、准确;
2. 标签的格式、版面、文字说明、图形、符号等是否符合有关规定;
3. 进口化妆品是否使用正确的中文标签;
4. 标签是否符合进口国使用要求。

在我国境内销售的面向国内消费者的进口化妆品包装应当使用规范中文标签。不过,在境内免税商店销售的主要面向离境旅客的进口化妆品,可免于加贴中文标签。

进口化妆品标签应标明"国妆备进字"或"国妆特进字"等文号、生产许可证、执行标准,以及经销商和代理商的名称、地址。

国家质检总局对进出口化妆品实施分级监督检验管理制度,按照品牌、品种将进出口化妆品的监督检验分为放宽级和正常级,并根据日常监督检验结果,动态公布《进出口化妆品分级管理类目表》。

检验检疫机构对10%的报检批次的放宽级化妆品实施全项目检验,其余报检批次仅检验标签、数量、重量、规格、包装、标记等项目;对所有正常级化妆品均实施全项目检验。进口化妆品之前,收货人未提前办理备案的,检验检疫局可加严进口化妆品检验检疫监管措施。

检验检疫机构对进口化妆品的境外生产企业实施卫生登记注册管理,对所辖区的进口化妆品经营单位备案建档,加强监督管理。

(二)报检程序

1. 备案手续

根据2017年3月1日起施行的《进口化妆品境内收货人备案、进口记录和销售记录管理规定》,境内收货人应当通过进口食品化妆品进出口商备案系统(http://ire.eciq.cn)提交备案信息,并填写进口和销售记录,收货人最好应在化妆品进口前申请备案,国家质检总局对备案的境内收货人名单予以公布。

化妆品成品包括销售包装化妆品成品和非销售包装化妆品成品,化妆品半成品是指除最后一道"灌装"或者"分装"工序外,已完成其他全部生产加工工序的化妆品。

(1)进口企业备案

检验检疫机构对进口化妆品的收货人实施备案管理,备案后进口企业获得"进口食品、化妆品生产经营单位备案证书"。以上海口岸为例,企业提交营业执照、组织代码和与在华责任单位关系证明的文件,并经上海出入境检验检疫局食品安全监管处核对后,复印件加盖公章存档;企业将电子备案清单上报食品安全监管处,并在提交真实和有效性的备案清单后完成企业备案,监管系统生成企业备案号。

(2)首次进口化妆品成品备案

进口化妆品成品在上海口岸首次进口时,应向检验部门提供相关电子版进口化妆品产品备案表及货物清单,检验员在完成进口化妆品成品首次标签检验并经检验检疫该批产品合格后,系统生成产品正式备案号。

备案的信息发生变化时,收货人应当及时提出修改申请,由检验检疫机构审核同意后,予以修改。

2. 报检手续

(1)首次进口化妆品成品报检。

以上海口岸为例,除了报检时应提交的入境货物报检单、合同、发票、箱单、提(运)单外,首次进入上海口岸的化妆品成品还应当在报检时提供以下纸质文件:

①产品配方及成分配比;

②化妆品成品应当提交国家食品药品监督管理总局(下简称"食药监局"或国家卫生和计划生育委员会(下简称"卫计委")签发的备案凭证;

③化妆品成品应当提交中文标签样张和外文标签及翻译件;

④符合国家相关规定要求,正常使用不会对人体健康产生危害的声明;

⑤国家尚未实施卫生许可或备案的产品,应当提交产品中可能存在安全性风险物质的有关安全性评估资料及在生产国(地区)允许生产、销售的证明文件或原产地证明(针对固体香皂及牙膏、漱口水等口腔用品);

⑥非销售包装的化妆品成品,还应当提交产品的名称、数(重)量、规格、产地、加施包装目的地名称等信息;

⑦货物清单和国家质检总局要求的其他文件。

相关部门按以上要求进行审核,单证、资料不全的,不予受理报检。

(2)非首次进入上海口岸并已取得正式产品备案号的化妆品产品及半成品,在报检时只需提供符合规定的纸质报检清单。如未能提供正式产品备案号的,将被视同首次进口提供相应报检资料。

企业应对提供的货物清单真实性及准确性负责,否则系统将进行记分。

(三)检验检疫

检验检疫机构根据我国国家技术规范的强制性要求以及我国与出口国家(地区)签订的协议、议定书规定的检验检疫要求,对进口化妆品实施检验检疫。如有我国尚未制定国家技术规范强制性要求的进口化妆品,可以参照国家质检总局指定的国外有关标准进行检验。

进口化妆品由口岸检验检疫机构实施检验检疫。国家质检总局根据便利贸易和进口检验工作的需要,也可以指定在其他地点检验。

进口化妆品在取得检验检疫合格证明之前,应当存放在检验检疫机构指定或者认可的场所;未经检验检疫机构许可,任何单位和个人不得擅自调离、销售、使用。

进口化妆品经检验检疫合格的,或首次检验不合格但经有效处理后重新检验合格的,检验检疫局签发"入境货物检验检疫证明"后方可销售或使用;无法进行技术处理或经技术处理后仍不合格的,责令销毁或退货。

(四)检验检疫标志的使用

进口化妆品由进境口岸检验检疫机构实施检验。合格的进口化妆品(成品),必须在检验检疫机构监督下,在化妆品销售包装容器上加贴检验检疫标志。

资料卡 5—8 4种方法鉴别进口化妆品

目前,一些化妆品商店打着"进口"(卖家声称是"港版"、"越南版"等)化妆品的旗号招揽生意。昨日,湖北出入境检验检疫局发出警示称,谨防"进口"化妆品是冒牌货。

业内人士称,识别进口化妆品有以下4种简单方法:

方法一,看产品的中文标签。进口到中国的化妆品标签所用文字应是规范的汉字,可以同时使用拼写正确的汉语拼音或外文。中文标签应包括:产品名称;原产国或地区;制造者名称、地址,或经销商、进口商、在华代理商在国内依法登记注册的名称和地址;内装物量;生产日期和保质期或限期使用日期,必要的安全警告和使用指南;进口化妆品卫生许可证批准号,特殊用途化妆品还必须标注特殊用途化妆品卫生批准文号。

方法二,看镭射标志。进口化妆品要具有中国检验检疫镭射标志(CIQ),式样为圆形,直径10毫米,正面文字为"中国检验检疫"及其英文缩写"CIQ",背面加注有数码流水号。假冒、走私化妆品一般无此标志。

方法三,看进口化妆品检验检疫相关的合格证书。"入境货物检验检疫证明"是检验检疫部门对进口化妆品经检验合格后签发的,证书上注明进口化妆品的名称、生产国、检验内容等相关信息。

方法四,看产品"国妆备进字"或"卫妆备进字"文号。消费者可通过化妆品批准文号查询化妆品的基本信息,登陆国家食品药品监督管理总局的网上数据库(http://app1.sfda.gov.cn/datasearch/face3/dir.html)或登陆卫计委卫生监督中心的网上数据库(http://slps.wsjd.gov.cn/xwfb/gzcx/PassFileQuery.jsp)均可查询。

——节选自《楚天金报》2008年3月11日第8版讯

收货人应当建立化妆品进口记录。如果化妆品进口后并非直接进入零售渠道,还应建立进口化妆品销售记录,记录保存期限不得少于2年,并指派专人负责。检验检疫机构将对收货人的化妆品进口和销售记录进行监督检查。

二、出境化妆品的报检

(一)生产企业备案制度

国家质检总局对出口化妆品生产企业实施备案管理。首次出口的化妆品的生产企业应当提供"出口化妆品生产企业备案申报表"、营业执照、化妆品生产许可证、化妆品生产企业卫生许可证等文件资料,向所在地分支局提交备案资料。

出口化妆品生产加工企业应当建立质量管理体系并持续有效运行。企业应当建立原料采购、验收、使用管理制度,要求供应商提供原料的合格证明;应当建立生产记录档案,如实记录化妆品生产过程的安全管理情况。

(二)化妆品标签规定

出口化妆品标签必须标注如下内容(可用销售/使用国的文字印刷):产品名称、制造者的名称和地址、内装物量、日期标注。此外,还有安全警告和使用指南(如果有必要)、满足保质期和安全性要求的储存条件等。

(三)报检时应提供的单证

报检人应按规定填录"出境货物报检单",并提供外贸合同、发票等外贸单证,还应提供化妆品标签样张和中文翻译件,以及生产企业备案证明复印件等文件资料。其中,首次出口的化妆品还应当提供以下文件:

1. 出口化妆品企业营业执照、卫生证、生产许可证、生产企业备案证明材料及法律法规要求的其他证明。

2. 自我声明,声明化妆品符合进口国家(地区)相关法规和标准的要求,正常使用不会对人体健康产生危害等内容。

3. 产品配方。

4. 销售包装化妆品成品应当提交外文标签样张和中文翻译件。特殊用途化妆品成品应提供相应卫生许可批件或产品中可能存在安全性风险物质的有关安全性评估资料。

(四)化妆品的处理

出口化妆品由产地检验检疫机构实施检验检疫,口岸检验检疫机构实施口岸查验。出口化妆品检验检疫不合格的,按如下方式处理:

1. 凡涉及安全卫生指标不合格的,应在检验检疫机构监督下销毁。

2. 对其他项目不合格的(如标签不合格),应在检验检疫机构监督下进行技术处理,经重新检验合格后方可出口;不能进行技术处理或者经处理后重新检验仍不合格的,不准出口。

三、其他贸易性质的化妆品报检

来料加工全部复出口的化妆品,来料进口时,能够提供符合拟复出口国家(地区)法规或标准的证明性文件的,可免于按照我国标准进行检验;加工后的产品,按照进口国家(地区)的标准进行检验检疫。

非贸易性化妆品,如化妆品卫生许可或者备案测试用、企业研发和宣传用的非试用样品,报检时应当由收货人或者其代理人提供样品的使用和处置情况说明及非销售使用承诺书,由入境口岸检验检疫机构进行审核备案,数量在合理使用范围内的,可免于检验。但是,进口化妆品收货人应当如实记录化妆品流向。

进口非试用或者非销售用的展品,报检时应当提供展会主办(主管)单位出具的参展证明,可以免于检验。展览结束后,在检验检疫机构监督下作退回或销毁处理。

第十节 进出口食品的报检

一、入境食品的报检

入境食品的报检范围包括食品、食品添加剂、食品容器、食品包装材料、洗涤消毒剂和食品用工具及设备。上述这些商品无论是正常进口,还是以来料加工、免费赠送、寄售、免税、出口退回等不同途径进入国境的,均属于必须报检的范围。这类商品在检验检疫类别代码中往往有"R"(进口食品卫生监督检验)字样,如表5-6所示。

表5-6

税则编码	品 名	检验检疫类别
21039010.00	味精	R/S
33021090.90	其他生产食品用混合香料及制品(含以香料为基本成分的)	R/
19022000.00	包馅面食(不论是否烹煮或经其他方法制作)	P.R/Q.S
39241000.00	塑料制餐具及厨房用具	R/

资料卡5-9 食品和食品添加剂

报检领域里,食品是指各种供人食用或者饮用的成品和原料以及按照传统既是食品又是药品的物品,但不包括以治疗为目的的药品。比如碳酸类饮料、燕窝等补品都属于这里的食品范畴,但抗生素药显然就不是这里所指的食品了。另外,被俗称为"宠物食品"的猫粮、狗粮等在报检领域里算作饲料类。

食品添加剂是指为改善食品品质和色、香、味,以及为防腐和加工工艺的需要而加入食品中的化学合成或者天然物质。常见的天然类的食品添加剂有胡椒粉等,化学合成食品添加剂包括阿斯巴甜、日落黄等。

进口食品中多数是预包装食品,如巧克力、水果糖、饼干等,也有的如水果类、海鱼等没有完整包装。

(一)食品安全管理体系评估与产品准入制度

我国对输华食品国家(地区)食品安全管理体系进行评估和审查,符合我国规定要求的,其产品准许进口。据2010~2015年的统计数据,国家质检总局对61个国家或地区的62种食品进行了体系评估,对符合中国要求的25个国家或地区的14种食品予以准入。国家质检总局进出口食品安全局发布并动态调整《符合评估审查要求及有传统贸易的国家或地区输华食品目录》,目录包括肉类(鹿产品、马产品、牛产品、禽产品、羊产品、猪产品,内脏和副产品除外)、乳制品、水产品、燕窝、肠衣、植物源性食品、中药材、蜂产品八大类产品信息。

目录外的动植物产品,未经国家质检总局对向中国申请出口该类食品的国家(地区)食品安全管理体系完成评估的,原则上不得作为食品用途进口。

(二)食品生产企业注册登记管理

国家认监委对输华食品国家或地区主管部门推荐申请注册的食品生产企业进行审查,符

第五章 部分工业产品的进出口报检 65

合注册登记条件的,准予注册登记。获得注册登记的境外生产企业在国家认监委官方网站(http://www.cnca.gov.cn/bsdt/ywzl/jkspjwscpqzc)上对外公布。

案例 5-10　浙江丽水销毁 300 多瓶不合格进口肉类罐头

2017 年 6 月,浙江丽水检验检疫局在企业货物入境申报中截获一批不合格肉类罐头,并及时监督销毁,有效消除疫情传入风险。据了解,这批调味罐头出口国为意大利,涉及 2 个品种(水瓜柳熏肉调味酱罐头、肉味番茄调味酱罐头),共计 300 余瓶。由于该批进口罐头的生产商不在中国国家认证认可监督管理委员会境外生产企业注册名单中,根据进口食品境外生产企业注册管理规定的要求,丽水检验检疫局依法出具"检验检疫处理通知书",并派员对该批货物实施了监督销毁。

丽水检验检疫局提醒相关进口企业,首次进口不熟悉的产品,最好事先通过国家质检总局网站,或咨询检验检疫部门,了解产品准入信息,避免造成损失。此外,肉类、水产品、乳制品和燕窝等食品,其国外生产企业还需获得我国注册登记许可,方可有资格向我国出口该类食品。

——"央广网"2017 年 6 月 26 日报道

(三)进口预包装食品的标签要求

食品标签是指在食品包装容器上或附于食品包装容器上的一切附签、吊牌、文字、图形、符号说明物。预包装食品是指预先定量包装或者制作在包装材料和容器中的食品(大多经过一定的食品工业加工)。

《食品安全法》规定,预包装食品的包装上应当有标签,标签上应当标明品名和保质期,生产者的名称、地址和联系方式,以及成分配料表、生产日期等,标签原则上应当直接标注在最小销售单元包装上。

对于进口的预包装食品,要求有中文标签、中文说明书,并且食品和食品添加剂的标签、说明书中不得含有虚假、夸大的内容,不得涉及疾病预防、治疗功能。实际工作中,对于境外原产的食品零售包装上没有中文标签的,进口商可采取加贴较牢固的中文标签的办法解决。

检验检疫机构对进口预包装食品、保健食品的标签将进行审核,但根据国家质检总局 2006 年第 44 号公告,对进口食品标签不再进行预审核,而是标签审核与进口食品检验检疫结合同期进行。审核合格的,在按规定出具的检验证明文件中加注"标签经审核合格"。

案例 5-11　广州黄埔局监督销毁一批标签不合格的大米包装袋

2007 年 3 月,广州某米业有限公司向黄埔检验检疫局报检进口一批泰国某品牌茉莉香米,共用 3 440 个塑料编织袋包装,总重 86 吨。在现场标签审核过程中,检验检疫人员发现,该包装袋标签上有不规范汉字 27 个,不符合国家强制性标准《预包装食品标签通则》(GB7718-2004)的要求,按规定通知收货人整改,但收货人考虑须改正的文字太多,粘贴正确文字需要较高成本且不美观,主动要求该批大米降级作原料大米使用,对回收的包装袋予以销毁处理。于是,黄埔局派出人员监督对该批不合格包装袋依法作销毁处理。这是近几年来黄埔局查获的不合格包装袋数量最多的一次。

(四)入境食品报检要求

食品进口前,报检人必须准备好该批食品的商业发票、装箱单、合同等必要的凭证,并根据我国有关法规规定,提供输出国或地区官方出具的检验检疫证书、原产地证书,以及农药、熏蒸剂、食品添加剂使用证明和成分证明等单据。如果进口食品检验检疫类别代码中同时还有"P"字样的,说明属于动植物源性初级加工食品,还应提供"进境动植物检疫许可证"等证明。

预包装食品及食品添加剂报检时,除应按报检规定提供相关单证外,还应提供食品中文标签样张和外文原标签及翻译件。如果进口食品标签中特别强调某一内容,如获奖、获证、法定产区等内容,应提供相应的证明材料。

向我国境内出口食品的出口商或者代理商,应当向国家质检总局备案。我国企业在进口预包装食品前,应向检验检疫部门申请进口食品收货人备案,提交"进口食品收货人备案申请表"及规定的其他材料,并通过"进口食品化妆品进出口商备案系统"(http://ire.eciq.cn)填报电子资料(境外出口商、境内进口商信息均在此网站备案)。

凡以保健食品名义报检的进口食品,必须报国家食品药品监督管理总局审批合格并事先取得"进口保健食品批准证书"后方准进口。

进口食用植物油的,报检时还需提供产品符合国家标准的证明文件,并在报检单"合同订立的特殊条款以及其他要求"栏中注明其产品境外生产企业名称。首次向中国出口的预包装食用植物油,应提供相应食品安全国家标准中规定项目的检测报告;再次进口时,应提供首次进口检测报告复印件以及进口商经风险分析确定的重要项目和国家质检总局指定项目的检测报告。转基因食用植物油报检时,应提供"农业转基因生物安全证书"、"农业转基因生物标识审查文件"。

报检进口果汁产品(包括品目2009项下20多个税号的产品)时,进口商应提供生产果汁所用原料中多菌灵符合我国《食品安全国家标准 食品中农药最大残留限量》要求的承诺。施检监管过程中,必要时检验检疫局将要求进口商提供原料中多菌灵的检测报告。

针对进出口蒸馏酒的报检,进出口商应提供有资质检测机构出具的塑化剂检测报告。如进口商提供的是国外塑化剂检测报告,应同时提供国外检测机构的资质证明。

(五)入境食品的销售管理

根据国家质检总局2015年第91号公告,对进口食品经检验检疫合格的,或检验不合格但已进行有效处理合格的,检验检疫局签发"入境货物检验检疫证明",准予入境销售和使用,不再签发"卫生证书"。

案例5-12 萧山检验检疫局首次检出不合格进口饼干

2010年12月,萧山检验检疫局从一批进口饼干中检出大肠菌群计数为92MPN/100g,高于我国饼干卫生标准的强制性要求。对此,该局已判定该批进口饼干不合格,出具检验检疫处理通知书,并作退货处理。

萧山检验检疫局一直高度重视进口食品的检验监管工作,将其纳入年度重点工作目标以及进出口食品安全整顿工作中,并采取以下措施确保进口食品质量安全:进一步强化进口食品企业产品质量主体责任意识,举办进口食品检验监管培训班,宣传进口食品相关法律法规以及相关业务知识;认真收集进出口食品质量安全信息和国家质检总局发布的风险预警信息,结合国家质检总局相关要求,合理设置检测项目,有针对性地强化进口检验把关,提高进口食品的不合格检出率;强化进口食品中文标签检验,严格按照《预包装食品标签通则》以及《预包装特殊膳食食品标签通则》等国家标准的强制性要求,规范进口食品的中文标签,并对标签相符性进行针对性的检验。

——《中国国门时报》2010年12月讯,记者吴行知

进口商应当建立食品进口和销售记录制度,如实记录食品的名称、规格、数量、生产日期或者进口批号、保质期、出口商和购货者名称及联系方式、交货日期等内容。食品入境和销售记录应当真实,保存期限不得少于2年。

准许在我国境内销售使用的预包装食品,必须在检验检疫机构监督下,在食品销售包装上加贴CIQ检验检疫标志。

为打击非法渠道进口食品,规范进口食品销售,检验检疫机构将协同工商、技术监督等有关部门检查市场上销售进口食品的情况,重点检查其食品标签以及在售商品种类是否超出报检种类等。

二、出入境食品添加剂的报检

为加强对人类食品和动物饲料添加剂及原料产品的进出口检验检疫监管,国家质检总局将甘蔗糖蜜、柠檬酸等124种人类食品和动物饲料添加剂及原料产品列入《出入境检验检疫机构实施检验检疫的进出境商品目录》(具体参见国家质检总局2007年第70号公告),由出入境检验检疫机构进行监管。报检的手续根据添加剂及原料产品的用途不同,要求也有所不同。

对申报用于人类食品(或动物饲料)及原料的产品,报检时须注明用于人类食品加工(或用于动物饲料加工),出入境检验检疫机构在检验检疫合格后出具相关检验检疫证单,并在证单中注明用途,同时签发"出/入境货物通关单",办理放行手续。

对申报仅用于工业用途、不用于人类食品或动物饲料添加剂及原料的产品,企业必须提交贸易合同及非用于人类食品和动物饲料添加剂及原料产品用途的证明,经出入境检验检疫机构查验无误后,对检验检疫类别仅为R或S的,检验检疫机构直接签发"出/入境货物通关单",不再进行检验检疫,不收取检验检疫费;检验检疫类别存在R和S之外的要求的,按规定实施品质检验,收取相应费用。

为遏制谎报用途逃检的行为,我国企业在进出口这124种添加剂产品时,外包装上须印明产品用途(用于人类食品加工或动物饲料加工或仅用于工业用途),所印内容必须与向检验检疫机构申报用途一致。

资料卡5—10 一般工业用途和食品添加剂用途的理解

有些物质属于"非食品添加剂用化工原料",具体是指与食品添加剂具有相同化学构成,进出口时共用一个税则号列编码,但不用于食品生产加工用的化学物质。

例如,税号为28061000.00的氯化氢(盐酸),检验检疫类别代码为R/S,但实际工作中多数情况下盐酸的进口是用于普通化工用途,少数情况下(稀释后)用于食品工业的酸度调节剂。又如,税号为28112100.00的二氧化碳,检验检疫类别代码为M.R/N.S,但从贸易量上看,用于碳酸饮料生产或食品袋充气而进口的二氧化碳(此时用途为食品添加剂)并不占多数。

这类物质在进出口报检时用途为"非食品加工用",以便在检验项目要求上与食品添加剂区分。

进出口食品添加剂除了在标签语种和内容上的要求大致与进出口食品标签要求一致外，还包括以下特殊要求：

1. 进出口食品添加剂应当有说明书，说明书应当放置于食品添加剂的外包装内，但应避免与添加剂直接接触；

2. 食品添加剂的标签应当直接标注在最小销售单元包装上，标签上应当用中文注明"食品添加剂"字样。

三、出境食品的报检

（一）卫生备案制度

凡在我国境内生产、加工、储存出口食品的企业，必须取得备案证明后，方可生产、加工、储存出口食品。未依法履行备案义务，或者经备案审查不合格的企业生产的出口食品，出入境检验检疫机构将不予受理报检。但出口食品添加剂生产、加工、储存企业不在此范围内。

国家认证认可监督管理委员会主管全国出口食品生产企业备案和监督管理工作。

国家质检总局设在各地的直属出入境检验检疫局，负责所辖地区出口食品生产企业的企业备案和监督检查具体工作。例如，出口食品生产企业生产地址搬迁、新建或者改建生产车间、产品加工工艺变更、增加不同类别产品以及食品安全卫生控制体系运行情况等备案事项发生变更，应当在发生变更之日前30日内向所在地直属检验检疫局报告，并重新办理相关备案事项等。

案例5-13 26吨米糕谎报钢管 当事人受刑事处罚

为逃避商检，宁波某公司竟把出口到意大利的米糕写成钢管。不料，这批米糕出口后被欧盟查出含有转基因成分，并通告给国家质检总局，在国际贸易上给我国造成了恶劣的影响。昨天，南京建邺区法院对该省首例逃避商检案作出宣判。

白××是宁波市某国际货物运输代理公司经理，专门帮一些公司办理报关、出关手续。2006年12月18日，某客户要求运26吨食品到意大利，并要求在元旦前办好出关手续。

由于欧盟对食品进口管制严格，食品办理商品检验的程序较为繁杂。为了能在元旦前办好手续，白××委托了一家进出口公司，按照钢管的商检手续报检报关，骗取了南京检验检疫局的"出境货物换证凭条"。

于是，这26吨米糕变身"钢管"，从宁波出口到了意大利。但米糕运到意大利后，很快就被欧盟查出含有转基因成分。去年6月，欧盟将此事通报给了国家质检总局。对此，国家质检总局高度重视，责成南京出入境检验检疫局迅速查明情况。南京出入境检验检疫局立即向警方报案。

2008年1月，建邺区检察院以涉嫌逃避商检罪对白××及其所在单位提起公诉。庭审中，第一被告白××的公司和第二被告白××均对所犯罪行供认不讳。法院经审理认为，第一被告违反《进出口商品检验法》的规定，将必须经过商检机构检验的出口商品未报经检验合格而擅自出口，构成逃避商检罪；第二被告白××作为直接负责的主管人员，也构成逃避商检罪。据此，法院一审判决，第一被告处罚金10万元；白××判处有期徒刑8个月，缓刑1年，并处罚金1万元。

——根据2008年1月18日《南京日报》讯整理，记者朱晓露等

1. 备案程序

出口食品生产企业应当在其产品出口前3个月,向所在地直属检验检疫局提出书面备案申请,备案内容包括:

(1)营业执照、组织机构代码证、食品生产许可证照以及其他应当依法取得许可的情况;

(2)法定代表人或者授权负责人的身份证明;

(3)出口食品生产企业承诺符合出口食品生产企业备案卫生要求和进口国(地区)要求的自我声明和自查报告;

(4)企业生产条件(厂区平面图、车间平面图)、产品生产加工工艺、关键加工环节等信息,食品原辅料和食品添加剂使用以及企业卫生质量管理人员和专业技术人员资质等基本情况;

(5)建立和实施食品安全卫生控制体系的基本情况;

(6)其他通过认证以及企业内部实验室资质等有关情况。

直属检验检疫局接受材料后予以评审,对经评审不合格的出口食品生产企业不予备案,并应当书面告知出口食品生产企业,同时说明理由;符合备案要求的,颁发"出口食品生产企业备案证明"。

2. 监督管理

直属检验检疫局对注册企业实施监督管理,监督管理的主要内容包括企业是否持续符合规定的卫生备案条件等。发现违法违规行为的,应当及时查处,并将处理结果上报国家认监委。

出口食品生产企业应当于每年1月底前向其所在地直属检验检疫局提交年度报告,直属检验检疫局应当建立出口食品生产企业备案管理档案和信誉记录,及时汇总信息,审查出口食品生产企业年度报告,对有不良记录或者存在相关问题的出口食品生产企业,应当进行现场检查验证。

"出口食品生产企业备案证明"有效期为3年,出口食品生产企业需要延续依法取得的"出口食品生产企业备案证明"有效期的,应当在"出口食品生产企业备案证明"有效期届满前3个月,向其所在地直属检验检疫局提出延续备案申请。

在对备案企业的监督管理过程中,如果出现不符合注册登记要求规范的卫生质量、管理漏洞等问题的,直属检验检疫局将采取暂停使用"出口食品生产企业备案证明"乃至撤销备案的措施。

(二)报检时应提供的单证

报检人应按规定填录"出境货物报检单",并提供外贸合同、发票等外贸单证,还应提供如下文件资料:

1. 生产企业(包括加工厂、冷库、仓库)的"出口食品生产企业备案证明";

2. 检验检疫机构出具的"出入境食品包装及材料检验结果单";

3. 出口预包装食品的,还应提供与标签检验有关的标签样张和翻译件,标签形式内容必须符合进口国(地区)的要求。

案例5-14 2010年厦门检区出口食品不合格率仅万分之四

2011年3月14日,记者从厦门检验检疫局了解到,作为中国农产品食品出口重镇,厦门检区去年出口食品农产品5万多批,价值17亿美元,合格率达到99.96%。其中,出口水果更实现零通报。相关人士表示,这体现中国出口食品农产品把关严格,质量令人放心。

据统计,去年厦门检区出口罐头达1.65万批、37.3万吨,仅有2批不合格;出口蔬菜达1.68万批、33.74万吨,也仅有1批不合格;出口水果则达到22万余吨,遍及欧盟、俄罗斯、中东、东南亚等国家和地区,出口后,未收到国外任何相关不良反馈,实现出口零通报。

相关人士同时表示,去年厦门检区进口食品检出不合格率超过1‰,为出口农产品的20多倍,其中包括带毒贝类、带菌葡萄酒等。而厦门检区进口的各类产品以货值而论,检出不合格率更是高达一成,货值超过8亿美元,与出口产品99.96%的合格率相比,差距相当明显。

——根据"中国新闻网"2011年3月14日讯整理,记者陈悦

第十一节 出境木制品及木制家具的报检

本节所指的木制品及木制家具,是被列入《实施出口木制品及木制家具检验监管的目录》的59个HS编码项下的出口木制品及木制家具产品。

一、企业备案

国家质检总局对出口木制品和木制家具生产企业实施出口质量许可准入制度。

通常,出口木制品及木制家具企业在初次出口前,应提交"出口竹、木、草、柳、藤制品检验检疫监督管理考核申请表"、"人造板和化工材料备案表"等有关资料在检验检疫机构备案。

二、报检时应提供的单据

报检人除了按规定录入输出"出境货物报检单",并提供外贸单证外,还应提供如下相应单据:
1. 产品符合输入国家或地区的技术法规、标准或国家强制性标准质量的符合性声明;
2. 遇输入国(地区)的技术法规和标准对木制家具的机械安全项目有要求的,必须提供相关检测报告;
3. 企业应对涉及安全、卫生、环保要求的原辅材料进行重金属、甲醛、阻燃性等有关项目检测,并由中国合格评定国家认可委员会认可的实验室出具检测报告,还应为原辅材料使用记录建立台账。

案例5-15 家具出口美国加州"门槛"提高了

2008年4月,美国加利福尼亚州空气资源管理委员会通过了《降低复合木制品甲醛释放量的有毒物质空气传播控制措施》。该措施要求,自2009年1月1日起对在该州出售使用的硬木胶合板、刨花板及中密度纤维板等的甲醛释放量限定要求按类别、分阶段逐步降低。按第一阶段的限量标准,胶合板为0.08ppm,刨花板为0.18ppm,纤维板为0.21ppm;同时,这些释放量在未来4年内还必须分别降至0.05~0.13ppm不等。

据佛山检验检疫局工作人员透露,此前一些机构对我国木家具甲醛释放量的抽检合格率不甚理想,为确保佛山出口木制品家具符合美国加州的新规定要求,家具企业应及时研究探索可行的甲醛释放量控制方法,以降低风险。

——节选自《佛山日报》2008年8月19日A08版新闻

三、竹木草制品出口报检

竹木草制品包括竹木家具、地板、竹藤编制品、竹木和草编工艺品、竹木玩具餐具等,是我国大宗出口产品之一,其出口产业也为我国的广大县乡居民增加收入提供了重要渠道,但其中可能隐含的植物性虫害检疫风险却是诸多进口国所重点防范的对象。原则上,我国的竹木草制品在出口前一般应当经过熏蒸、防虫防霉等除害处理。从 2008 年 4 月 1 日起,检验检疫部门对出境竹木草制品生产企业实施注册登记管理,将企业分为一类、二类、三类这三个类别,并结合竹木草制品的风险等级,采取不同的检验检疫监管措施。

第十二节　出口打火机、点火枪类商品的报检

> **资料卡 5—11　打火机安全相关知识背景**
>
> 我国是打火机的生产和出口大国,年产打火机 300 亿只左右,出口约 170 亿只,出口额达 8 亿美元,贸易额占世界打火机贸易总额的三分之一以上。欧盟、日本是我国打火机出口的重要市场之一,其中日本要求充气打火机必须符合《高压气体安全法》和《消费品安全法》的要求。根据日本规定,在 35℃时气体具有的可测压力不超过 8.1 千克/立方厘米;另外对于打火机的火焰高度,标准要求在 23℃±2℃时,没有火焰高度调节器的打火机,打火后 5 秒钟内火焰高度为 50 毫米或以下等。
>
> 我国对出口打火机的定型试验检测项目较多,包括跌落试验、初始防止儿童开启试验、升温后倒置试验等。

根据 2017 年版《法检目录》,出口打火机、点火枪类商品报检范围包括我国海关税则编码为 96131000 的一次性袖珍气体打火机、编码为 96132000 的可充气袖珍气体打火机、编码为 96138000 的其他类型打火器(包括点火枪)。

一、生产企业登记

各直属检验检疫机构对出口打火机、点火枪类商品的企业实施登记管理制度。经审查合格的企业,由各直属局颁发"出口打火机、点火枪类商品生产企业登记证"并取得规定的代码和批次号。

出口打火机、点火枪类商品上应铸有检验检疫机构颁发的登记代码,其外包装上需印有登记代码和批次,在外包装的明显部位要贴有检验检疫机构的验讫标志,否则不予放行。

二、报检要求

企业应当按照《联合国危险货物建议书规章范本》和有关法律法规的规定,进行出口打火机、点火枪类商品的生产、包装、储存。

报检时,除了按规定提供"出境货物报检单"和相应外贸单证外,还需提供以下单据:

1."出口打火机、点火枪类商品生产企业自我声明";
2."出口打火机、点火枪类商品生产企业登记证";
3. 出口打火机、点火枪类商品的型式试验报告。

在打火机、点火枪类商品首次出口或其原材料、生产工艺发生变化时,必须进行打火机全

项型式试验,全项型式试验必须由总局指定的检测实验室进行。各检验检疫机构根据型式试验合格报告进行常规检验。每批出口商品常规检验时,对于进口国技术法规和标准的要求高于我国标准的,检验检疫机构按进口国技术法规和标准进行检验;并且对其包装还应参照危险品包装标准进行性能检验和使用鉴定。

对经查验不合格的出口打火机、点火枪类商品出具"出境货物不合格通知单",通知产地检验检疫机构,并要求出口商立即将货物退原产地检验检疫机构处理。

第十三节　出口至部分国家的产品装运前检验

我国于 2001 年加入 WTO 后,国际市场对中国产品全面开放,中国出口贸易发展迅速,尤其是我国生产的服装、电器、文具、小五金等产品以物美价廉的整体优势,大量进入一些发展中国家市场。因此,有些国家的官方机构在处理进口商品检验方面逐渐显得力不从心,一方面是人手、设备难以应对日益庞大的贸易量,另一方面是检验检疫的专业人才和专业设备难以做到多品种、全方位覆盖。另外,这些国家的进口商出于对(少数情况下)收到伪劣商品的担忧,在客观上也期望有个权威性机构对此进行把关。于是,部分国家政府和我国政府有关部门签署协议,要求我国出口到这些国家的部分商品在出口装运前,由中国的检验检疫机构实施装运前检验并出具检验证书,进口国的海关等机构通过验看此证书,便可免验该商品部分或全部的检验检疫项目。装运前检验证书是进口国海关征收关税和进口商申请外汇的重要依据,如果没有装运前检验证书,进口商可能会被进口国海关处以 1~2 倍货物 FOB 值罚款,或被责令将货物退关。

当前,这些国家包括塞拉利昂、埃塞俄比亚、伊朗、也门、苏丹、阿尔及利亚等,但必须实施装运前检验的商品范围和检验内容各有不同。实施装运前检验,客观上也有助于减少产品质量纠纷,避免影响我国和这些国家的经贸关系。此外,我国已陆续与沙特阿拉伯、土耳其、布隆迪、几内亚、肯尼亚等国达成协议,开展装运前检验工作。

一、装运前检验商品范围

中国出口塞拉利昂和埃塞俄比亚需实施装运前检验的商品范围是每批次价值在 2 000 美元以上的贸易性质出口商品,这些商品即使未被列入我国的《法检目录》,也必须实施装运前检验,出口企业需要报检。自 2009 年 5 月起,出口至埃及的工业产品需要实施装运前检验;但从 2015 年 6 月 15 日起,出口埃及商品已无须实施装运前检验。

出口伊朗需实施装运前检验的商品为《出入境检验检疫机构实施检验检疫的进出境产品目录》第 25~29 章和第 31~97 章中,海关监管条件为 B、检验检疫类别为 N 的所有产品。

出口也门、苏丹共和国需实施装运前检验的商品为《商品名称及编码协调制度的国际公约》(HS 编码)第 25~29 章和第 31~97 章中的产品。

阿尔及利亚虽未和我国签订相关双边协议,但其单方面规定,所有进口货物均需提供品质数量检验证书,动植物产品和食品还需提供检疫证书和卫生证书,并需要提供原产地证书。因此,出口阿尔及利亚的货物,无论是法检商品还是非法检商品,均需按规定申请品质数量检验证书,动植物产品和食品还需申请检疫证书和卫生证书,并申领一般原产地证书。

二、商品检验内容

出口塞拉利昂、埃塞俄比亚的相关货物装运前检验工作包括产品检验、价格核实和监督装载三项内容。其中,产品检验是对出口产品的品名、质量、数量、安全、卫生和环保等项目的检验;价格核实是对货物在进出口贸易活动中公平合理价值的确定,目的是为进口国海关征收进口关税提供依据;监督装载是对出口货物装载过程的监督,以保证出口货物批次的相符性。

出口伊朗、苏丹、也门的工业产品,与前述出口至塞拉利昂等国产品相比,装运前检验内容不包括价格核实。

通常检验检疫机构在出口检验工作完成后5个工作日内,向申请人签发装运前检验证书。我国出口企业在签订出口贸易合同和履行具体合同时,应充分考虑到装运前检验的工作程序,留出相应时间,合理安排生产、检验和装运等事项,以便顺利取得装运前检验证书。

复习题

单项选择题

1. 某公司从越南进口一批液晶显示器(检验检疫类别为 L.M/N),贸易方式为一般贸易,报检时需提供(　　)。
   A. 质量许可证　　　　　　　　　B. 强制性产品认证证书
   C. 型式试验报告　　　　　　　　D. 入境货物检验检疫证明
2. 国家对进出口食品生产企业实施(　　)管理。
   A. 质量许可　　　　　　　　　　B. 卫生(注册)备案
   C. 标签预审核　　　　　　　　　D. 型式试验
3. 出口食品生产企业"备案证明"上面的发证机关是(　　)。
   A. 国家认监委　　　　　　　　　B. 当地直属检验检疫局
   C. 国家卫计委　　　　　　　　　D. 国家质检总局
4. 购买进口汽车的用户可凭当地检验检疫机构出具的(　　)到车辆管理机关办理正式牌证。
   A. 入境货物通关单　　　　　　　B. 进口机动车辆检验证明
   C. 入境货物检验检疫证明　　　　D. 进口机动车辆随车检验单
5. 以下出境货物需要进行装运前预检验的是(　　)。
   A. 卖给塞拉利昂进口商的价值1 300美元的塑料杯
   B. 卖给埃塞俄比亚进口商的价值2 600美元的电线
   C. 运至埃及的价值3 900美元的冷冻鳕鱼片
   D. 卖给苏丹进口商的价值5 200美元的花生米罐头

多项选择题

1. (2005年统考真题)某公司进口一批大理石(检验检疫类别为 M/　),以下表述正确的有(　　)。
   A. 进口前应办理备案手续
   B. 应在货物入境前向口岸检验检疫机构报检

C. 如无法提供石材说明书，检验检疫机构将不受理报检
D. 检验检疫机构对该批货物实施放射性检测
2. 以下属于出口打火机报检时应当提供的单据的有（　　）。
A. "出口打火机、点火枪类商品生产企业自我声明"
B. "出口打火机、点火枪类商品生产企业登记证"
C. "出口打火机、点火枪类商品的型式试验报告"
D. "出口打火机、点火枪类商品的质量许可证"

思考与实训题

1. 为何我国规定3C认证范围内的商品进口报检时无须提供3C认证证书原件，只要提供复印件即可？

2. 请登录"符合评估审查要求及有传统贸易的国家或地区输华食品目录信息系统"（http://pub.fsciq.cn/approval/SitePages/Home.aspx），了解我国目前进口食品的种类和原产国（地区）的大致分布，增强学生的感性认识。

第六章　动物及动物产品的出入境报检

动物及动物产品的出入境检疫工作是检验检疫局的一项十分重要的工作内容,这直接关系到一些禽畜类疾病甚至人畜、人禽共患疾病的控制和堵截。如果百密一疏,就可能会造成难以估量的后果和消极影响。因此,法律法规对于进出口相关类别货物的企业和个人逃检、瞒报行为处罚力度也是相当大的。

案例6-1　中国首次在进境羊驼中检出Q热

2014年8月,北京出入境检验检疫局对13头实验室检测出Q热ELISA阳性的羊驼依法进行了扑杀销毁处理,并对相关场地及用具进行了无害化处理。这是我国首次在进境羊驼中检出Q热。

羊驼又被戏称为"神兽"、"萌兽",是近年来老百姓生活中的"新宠"。据悉,此次被扑杀的13头羊驼来自智利,在隔离检疫期间,北京检验检疫局对其进行常规充血检疫时发现患有Q热。医学资料显示,Q热是由贝氏立克次体引起的一种重要人兽共患病,被世界动物卫生组织列为应申报疫病,被我国列入《人畜共患传染病名录》中。Q热病原既可用作医学目的,也可用作生物武器,在生物安全反恐中受到高度重视。

据北京出入境检验检疫局动植物检疫监管处副处长张兆平介绍,人类对Q热普遍易感,猪、马、牛、羊、鸡、鸭、鹅等家畜、野生哺乳动物以及鸟类都是该病的易感动物。

——《北京晨报》2014年8月28日讯

根据2008年1月1日起施行的《中华人民共和国动物防疫法》规定,动物产品是指动物的肉、生皮、原毛、绒、脏器、脂、血液、精液、卵、胚胎、骨、蹄、头、角、筋以及可能传播动物疫病的奶、蛋、分泌物等。

我国对于动物及动物产品的出入境检验检疫工作主要针对以下几类风险:

1. 出入境的动物、动物产品本身属于传染性疫病的携带者或潜在携带者,如体表和体内的寄生虫、病菌病毒等;

2. 尽管外来的动物本身不传播疫病,但属于有害生物(入侵生物)范畴,会造成我国局部生态平衡破坏;

3. 食品卫生检验风险。

案例6-2　禽流感可致人死亡

2017年6月12日,国家卫生计生委通报,2017年5月,全国(数据不含港、澳、台地区)

共报告人感染 H7N9 型禽流感发病 72 例,死亡 37 人。据统计,既往人感染高致病性禽流感(各种类型)的病死率很高,约为 60%。

案例 6-3　杀人蜂的威胁

20 世纪 50 年代,巴西科学家为了改良欧洲蜜蜂的生存能力,于 1957 年从非洲引进了 35 只坦桑尼亚蜂王进行杂交实验。然而由于管理人员的疏忽,26 只坦桑尼亚蜂王从实验室逃走,并很快与当地野蜂交配,于是就产生了令人恐惧的杀人蜂。

由于杀人蜂生命力强、繁殖速度快,它们已经在世界许多地区大肆漫延。又由于它们的攻击性强、毒性大,因此它们在这些地区形成了灾害。2007 年,人们在美国新奥尔良地区发现了杀人蜂;2009 年,杀人蜂又出现于犹他州境内。如今杀人蜂的数量已超过 10 亿只,据不完全统计,已有 1 000 多人死于杀人蜂的蜇刺。

第一节　入境动物及动物产品的报检

一、报检范围规定

(一)禁止输入的动物及动物产品

1. 作为邮寄物或行李进境的动植物产品

2012 年,农业部和国家质检总局组织修订并发布了《中华人民共和国禁止携带、邮寄进境的动植物及其产品名录》,活动物(犬、猫除外)、肉制品、蛋、乳制品(奶粉除外)等动物和动物产品禁止通过旅客携带、邮寄快递的渠道进入我国关境。

此外,水果、蔬菜以及植物种子、菌种、血液制品、器官等其他检疫物也都禁止通过旅客携带、邮寄快递的渠道进入我国关境。也就是说,这些动植物及其产品如果要进口,只能通过货物报检报关的渠道。当然,如果物品渠道进口经国家有关行政主管部门检疫审批许可,并具有输出国家或地区官方机构出具的检疫证书,可不受此名录的限制。

这主要是因为,物品渠道进境物特征是量小、品种杂、原产国难以确定、检疫成本相对物品本身价值而言过于高昂,且物品所有人大多是不具有检验检疫风险防范知识(如动植物疫区知识)的普通群众,不太可能在输出国获得相关检疫卫生证书,这样就导致了这些物品检疫风险难以管控。在一件不起眼的进境行李中夹藏的动植物产品的少量病虫害源进入我国自然界后,很可能会给国内农牧业生产甚至人民健康带来不堪设想的灾难。

案例 6-4　江苏局截获大量出境游携带入境的违禁"土特产"

江苏检验检疫局近日发出通报,2017 年 1~4 月全省各地旅检、邮检口岸共截获各类禁止进境物 7 996 批次,同比增长 34.6%。其中有人参、肉制品、燕窝、水果、牛奶、鲜花盆栽、水产品、种子苗木等,还从中检出了 982 批次的有害生物,一旦传入,将对我国的农业生产和生态环境造成严重破坏。

当下,又到了旅游的黄金高峰期,江苏各个国际机场开通了很多直飞的旅游包机,出境旅游的人越来越多,回国时候总想着给亲朋好友买点纪念品和当地的土特产。而泰国、巴厘岛、越南、柬埔寨等东南亚的国家和地区盛产水果，于是很多人选择买了当地的水果带回来。但是，很多人因此遭受了不同程度的损失，因为有些土特产是不能携带进境的。2017年1～4月，江苏局从旅客携带的大枣中检出番石榴实蝇，从红毛丹中检出大洋臀纹粉蚧，这些害虫寄主于番石榴、芒果、莲雾、腰果、牛油果、樱桃等30余科60余种瓜果蔬菜中，危害极大。常州、无锡机场口岸还连续从巴厘岛航班旅客携带物中截获20余批次燕窝，价值超过10万元。南京、苏州局也从来自禽流感疫区的荷兰、奥地利等国家的邮寄物中检出了7批次禽类制品，均在依法没收后作销毁处理。

江苏局相关部门提醒，旅客境外回国或海淘国（境）外产品，请务必关注我国关于禁止携带、邮寄进境动植物及其产品的法律规定，否则不仅经济上会遭受损失和行政处罚，严重的还将面临刑事立案追诉。今年4月27日，最高人民检察院、公安部公布了《关于公安机关管辖的刑事案件立案追诉标准的规定（一）的补充规定》，对违反有关动植物防疫、检疫的国家规定，有引起重大动植物疫情危险，涉嫌六种情形的，应予立案追诉。

——国家质检总局网站"地方新闻"

2. 作为货物进境的动物及动物产品

国家质检总局动植物检疫监管司会同其他有关部门制定了《禁止从动物疫病流行国家/地区输入的动物及其产品一览表》，该表可以从国家质检总局官方网站上下载。被列入该表的出口国/地区的动物及动物产品禁止输入。

资料卡6-1　部分禁止输入的动物及动物产品举例

《禁止从动物疫病流行国家/地区输入的动物及其产品一览表》内容较长，并会随着境外疫情的变化不断更新。以2016年10月更新版一览表为例，禁止从印度输入猪及禽类是为了防范口蹄疫和禽流感传入我国；禁止从波兰输入牛肉、猪肉是为了防范疯牛病和非洲猪瘟的传入；等等。

对于我国的进口商而言，在签订进口动物及动物产品的合同前最好先查阅该表，以免日后被动而遭受不必要的损失。

口岸检验检疫机构一旦发现这类动物或动物产品到货，将作退运或销毁处理。

此外，从2011年3月24日起，禁止进口日本福岛、千叶等地出产的乳品、水生动物及水产品，并且检验检疫机构将对日本其他地区生产的输华食品农产品中的放射性物质浓度加强监测和风险分析。

（二）应当事前办理审批手续的动物及动物产品

由于动物及其产品的种类繁多，风险多样化、复杂化，因此，即使没有被列入《禁止从动物疫病流行国家/地区输入的动物及其产品一览表》的动物及其产品，我国的进口方在签订外贸合同前，依然必须到检验检疫机构办理检疫审批手续，取得准许入境的"进境动植物检疫许可证"（见图6-1）后再签外贸合同。

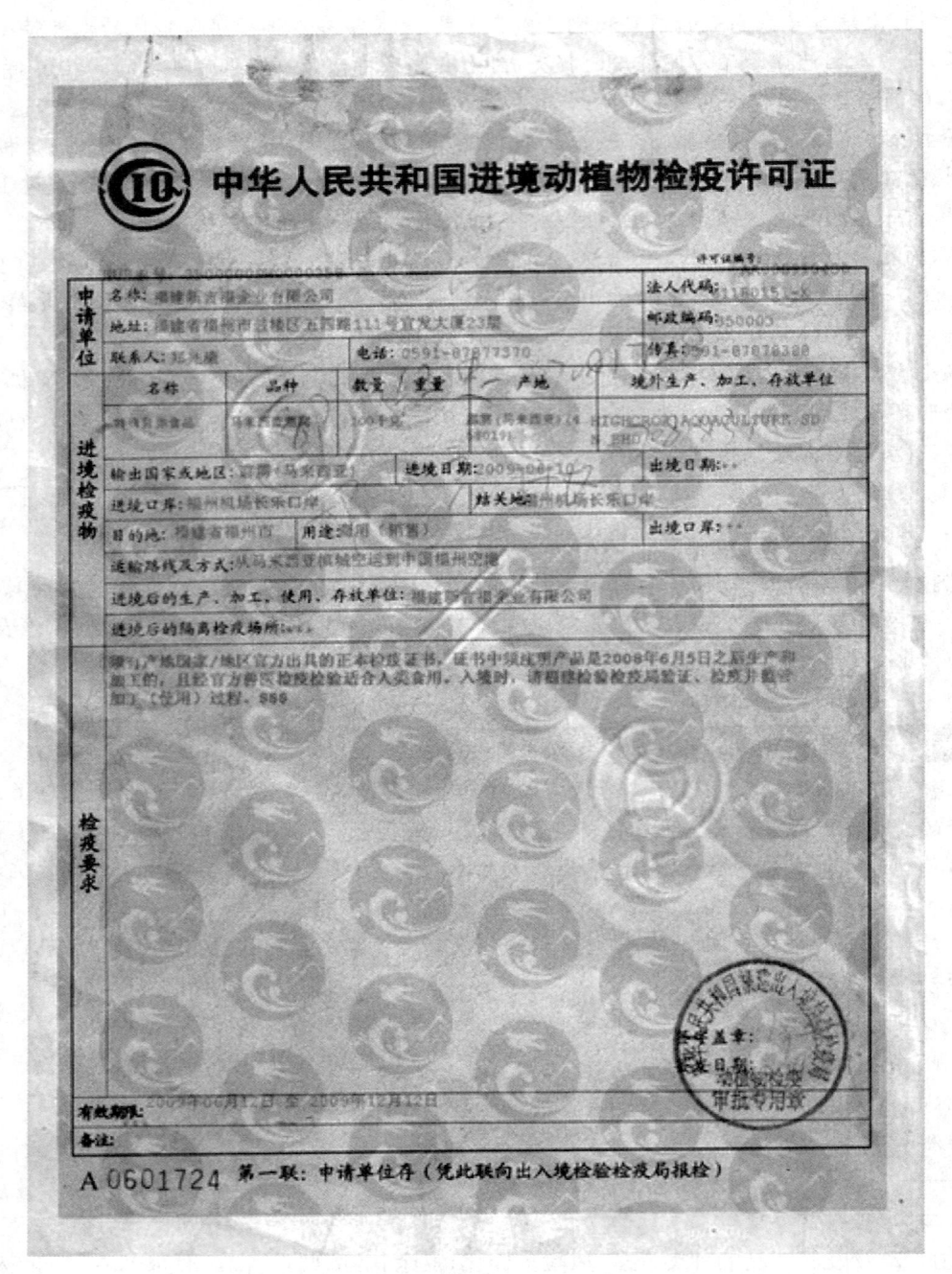

图6—1 "进境动植物检疫许可证"第一联实样

资料卡6—2 为什么应在签合同前办理检疫审批手续

入境动物及动物产品染疫风险高,而且疫情风险分布与变化较复杂,作为进口商难以实时掌握全部信息,如果来自疫区的动物及动物产品到达我国口岸后才被发现,一则退运成本、销毁成本大,二则到达我国口岸的动物及动物产品很可能已经开始传播疫病。因此,实行检疫审批制度实为防患于未然,把大部分风险堵截在国门之外。

规定在签订合同前办理检疫审批主要是为了照顾到我国进口商的合理利益,因为如果在签订合同后发现检疫审批不能通过(我国进口商便无法进口),则可能因违约而引发涉外经济纠纷。

"进境动植物检疫许可证"有效期一般为6个月,但如果境外疫情出现新情况,国家依法发布禁止有关动植物及其产品进境的公告后,已签发的相关动植物及其产品的检疫许可证将自行失效。

"进境动植物检疫许可证"共4联,第一联交报检单位供日后报检用,其背面是"检疫物进境核销表",供许可范围内不需隔离检疫的动物产品在分批进口多次报检时由口岸检验检疫局逐批签注核销;第二联由进境口岸局留存;第三联由指运地局留存;第四联供审批机关存档。

下列物品暂未列入检疫审批要求范围:蓝湿(干)皮、已鞣制皮毛、洗净羽绒、洗净毛、碳化毛、毛条、贝壳类、野生水产品(不含养殖水产品)、蜂产品、蛋制品(不含鲜蛋)、奶制品(鲜奶除外)、熟制肉类产品(如香肠、火腿、肉类罐头、食用高温炼制动物油脂)。

入境伴侣动物(目前限于犬、猫)无须办理审批手续,但在境外应当完成注射狂犬病疫苗等防疫措施,并在入境时提供相应证书。

根据《中华人民共和国进出境动植物检疫法实施条例》第59条的规定,未依法办理检疫审批手续的,除了进口货物强制退货或销毁外,由口岸检验检疫机构处以5 000元以下的罚款。

从2003年起,需要办理"进境动植物检疫许可证"的企业应当采用电子申请方式,登录网站http://www.eciq.cn/,点击"动植物检疫许可证V2.0",即可进入"进境动植物检疫许可证管理系统"企业申请主界面。

另外,进口商应当注意在合同或者协议中订明中国法定的检疫要求,并订明必须附有输出国(地区)政府动植物检疫机构出具的动物检疫证书。

输入活动物的货主或其代理人需事先联系安排好符合规定的隔离检疫场所,并凭有效的"隔离场使用证"向隔离场所在地直属检验检疫局申请办理检疫审批手续。

输入动物产品进行加工的货主或其代理人需申请办理注册登记,经检验检疫机构检查考核其用于生产、加工、存放的场地,符合规定防疫条件的,发给注册登记证,并凭以向检验检疫机构提出申请办理检疫审批手续。

(三)特许审批范围

特许审批范围包括动植物病原体(包括菌种、毒种等)、害虫以及其他有害生物,动植物疫情流行国家和地区的有关动植物、动植物产品和其他检疫物,以及动物尸体和土壤。特许检疫审批由国家质检总局负责。

二、动物入境报检规定

(一)境外产地预检规定

输入活动物及动物遗传物质的,国家质检总局根据输入数量、输出国情况等因素来确定是否需要进行境外产地检疫;需要进行产地检疫的,国家质检总局派出的兽医与输出国的官方兽医共同制订检疫计划,挑选动物,进行农场检疫、隔离检疫和安排动物运输环节的防疫等。这里的动物遗传物质,是指哺乳动物精液、胚胎和卵细胞。

根据 2016 年 9 月起施行的《进境水生动物检验检疫监督管理办法》规定，国家质检总局对进境水生动物实施检疫准入制度，包括产品风险分析、安全卫生控制体系评估与审查、检验检疫要求确定、境外养殖和包装企业注册登记。总局根据检疫风险动态，制定、调整并公布允许进境水生动物种类及输出国家或者地区名单。这里的水生动物是指活的鱼类、软体类、甲壳类及其他在水中生活的无脊椎动物等，包括其繁殖用的精液、卵、受精卵。进境龟、鳖、蛇、鳄鱼等爬行类动物的检验检疫和监督管理参照水生动物进行管理。

国家质检总局对向中国输出水生动物的养殖和包装企业实施注册登记管理，输入我国的水生动物，必须来自经注册登记的境外养殖和包装企业。其中，种用、养殖和观赏水生动物的注册登记企业，应当由输出国家或者地区官方主管部门按照世界动物卫生组织推荐的方法和标准，按照输出国家或者地区的规定和双边检验检疫协定规定连续监测两年以上，未发现有关疫病；食用水生动物的注册登记企业，应当经过输出国家或者地区官方主管部门有关水生动物疫病、有毒有害物质和致病微生物监测，结果符合双边检验检疫协定规定、中国强制性标准或者国家质检总局指定标准的要求。

向中国输出的水生动物在运输前 48 小时内，不得有动物传染病和寄生虫病的临床症状。必要时，应当使用输出国家或者地区官方主管部门批准的有效药物进行消毒和驱虫。

输出国家或者地区官方主管部门应当按照与国家质检总局确认的检验检疫证书格式和内容，对向中国输出的动物出具检验检疫证书。

(二)报检时间和地点规定

1. 输入种畜、禽及其精液、胚胎的，应在入境 30 日前报检；
2. 输入其他动物的，应在入境 15 日前报检。

输入活动物及动物遗传物质，货主或其代理人应在"进境动植物检疫许可证"上规定的进境口岸地点向检验检疫局报检，由口岸检验检疫局实行检疫。"进境动植物检疫许可证"上"结关地"一栏内注明允许调离入境口岸办理转关手续的，除活动物和来自动植物疫情流行国家或地区的检疫物仍然由入境口岸检疫外，其他的先后按照入境流向报检和异地施检报检规定执行。

食用水生动物应当从国家质检总局公布的指定口岸进境，进境食用水生动物指定口岸相关要求由国家质检总局另行制定。

动物进境前或者进境时，收货人或者其代理人应当持"进境动植物检疫许可证"、输出国家或者地区官方主管部门出具的检验检疫证书正本、贸易合同、提单、装箱单、发票等单证向进境口岸检验检疫部门报检。"进境动植物检疫许可证"上的申请单位、国外官方主管部门出具的检验检疫证书上的收货人和货运提单上的收货人信息应当一致。

(三)检疫程序

根据《中华人民共和国进境动物一二类传染病、寄生虫病名录》内容，口蹄疫、非洲猪瘟、新城疫、蓝舌病、狂犬病等疫病是入境活动物检疫防范的重点。

检疫一般分为两个步骤：现场查验和实际隔离检疫。

货主或代理人在货物入境前报检，经现场查验(检疫)合格的，允许卸离运输工具，对运输工具、外包装、污染场地进行消毒处理并签发入境货物通关单。现场检查发现异常时可以抽样送实验室进行检测，对发现的禁止进境物进行销毁处理。

现场查验内容还包括核对货证、包装和标签检查等。如发现货证不符的，包括品种不符、进境动物数(重)量超过检验检疫证书载明数(重)量、谎报用途、无标签、标签内容不全或者与检验检疫证书载明内容不符的,或现场检查发现异常死亡且出现动物疫病临床症状的,检验检疫部门将签发"检验检疫处理通知书",由收货人或其代理人在检验检疫部门的监督下,作退回或者销毁处理。

进境食用水生动物,经检验检疫部门现场查验合格后予以放行。食用水生动物放行前还应当进行生物毒素、农药兽药、重金属残留等项目的抽样检测。

进境种用、养殖和观赏水生动物的,现场查验通过后应当在指定隔离场进行至少14天的隔离检疫。即在现场查验合格后,由进境口岸检验检疫部门出具"入境货物调离通知单",运抵指定隔离场所在地后,收货人或其代理人应当向检验检疫部门申报,由指定隔离场所在地检验检疫部门核对货证。隔离检疫合格的,检验检疫部门签发"入境货物检验检疫证明",予以放行;不合格的,向货主签发"检验检疫处理通知书"和"动物检疫证书"(可供对外索赔用)。

非水生动物通过现场查验后,一般由检疫人员押运至指定的国家入境动物隔离场或经检验检疫部门认可的临时隔离场。运输途中车辆要封闭,严防动物逃脱和铺垫物泄漏。进境动物只有经隔离检疫和实验室检验合格后,方可加工、使用、销售。

案例6-5 内蒙古包头检验检疫局对进境黑猩猩实施隔离检疫

2014年4月10日,从法国进口的两只黑猩猩抵达鄂尔多斯市野生动物园,开始了为期30天的隔离检疫。这是包头检验检疫局首次开展进境黑猩猩隔离检疫,也是内蒙古地区首次进口黑猩猩。为做好此项工作,包头局制定多项措施并协同动物园相关工作人员,采取全程跟踪模式,开展进境野生动物驻场隔离检疫工作。一是加强组织,确保落实。制订了隔离检疫工作计划,从进场前场馆消毒到动物卸载、隔离检疫、实验室送检和解除隔离等环节都做了详细计划,并安排专人进行全过程检验检疫隔离驻场工作。二是严格消毒,强化监管。检验检疫工作人员在黑猩猩入境前多次深入隔离场,指导进行消毒工作。三是科学采样,按时检测。由于黑猩猩性情易暴躁,又处于对新环境和新饲养人员的适应期,采样较为困难,检疫人员在与动物进行了一段时间的接触后,顺利采集了样品并送实验室做疫情疫病检测。

——摘选自内蒙古出入境检验检疫局网站2014年6月讯

之所以现场查验完毕后还要隔离检疫,是由于部分进境活动物即使已经染病,但病症尚有一定潜伏期,在口岸现场未必能够检查出来。为防止动物在放行后发病造成疫病扩散,进境种用大中动物应当在国家隔离场隔离检疫,隔离检疫期为45天;进境种用大中动物之外的其他动物应当在国家隔离场或者指定隔离场隔离检疫,隔离检疫期为30天。

《进境动物检疫管理办法》中规定,大中动物是指黄牛、水牛、牦牛、马、骡、驴、骆驼、象、斑马、猪、绵羊、山羊、鹿、狮、虎、豹、狐狸等;小动物是指犬、兔、貂、鸡、鸭、鹅、鸽等禽畜类,鱼、蟹、虾等水生动物以及蜂、蚕、蛤蚧等其他动物。但在检验检疫实践中,大中动物多指动物的用途是用于改良品种或引进种源的种用动物;小动物多指用于观赏、实验、演艺、竞技等用途的动物,也包括马、骆驼、狮子等大体型动物,又称非种用动物。近年来进口的观赏用幼崽居多,习惯称观赏用小动物。

隔离场不能同时检疫两批动物,每次检疫期满后需至少空场30天才可接下一批动物。每次接动物前对隔离厩舍和隔离区至少消毒3次,每次间隔2天。对于水生动物的临时隔离场,要用口岸检验检疫机构指定的方法,在动物进场7～10天前进行消毒处理。

隔离检疫期对动物的饲养工作由货主承担,饲养员应在动物到达7天前到口岸检验检机构指定的医院做健康检查,货主在隔离期内不得对动物私自用药或注射疫苗。

三、进口肉类产品报检规定

根据2011年6月1日起施行的《进出口肉类产品检验检疫监督管理办法》规定,肉类产品是指动物屠体的任何可供人类食用部分,包括胴体、脏器、副产品以及以上述产品为原料的制品,但不包括罐头产品,如表6—1所示。

表6—1

税则号列	商品中文名称	检验检疫类别
02031190.19	其他鲜的整头及半头猪肉	P.R/Q.S
16023292.00	其他方法制作或保藏的鸡腿肉	P.R/Q.S

（一）注册登记和备案登记制度

根据对等协定有关内容,国家质检总局对向中国出口肉类产品的境外加工企业实施注册登记制度,未经国家质检总局注册登记的境外加工企业生产的肉类产品不得向中国出口。

国家质检总局对向中国境内出口肉类产品的出口商或者代理商实施备案管理,并定期公布已经备案的出口商、代理商名单;检验检疫机构对进口肉类产品收货人实施备案管理。

（二）报检时间和地点规定

进口肉类产品应当从国家质检总局指定的口岸进口。货主或其代理人应当在货物入境前或入境时向口岸检验检疫机构报检并约定检疫时间。入境后需要调离入境口岸办理转关手续的,先后按照入境流向报检和异地施检报检规定执行。

（三）检疫程序

装运进口肉类产品的运输工具和集装箱,应当在进口口岸检验检疫机构的监督下实施防疫消毒处理。未经检验检疫机构许可,进口肉类产品不得卸离运输工具和集装箱。

进口口岸检验检疫机构依照规定对进口肉类产品先实施外观方面的现场查验,经现场表观查验合格后,运往检验检疫机构指定的注册冷库或加工单位的冷库存放,然后进行采样检验检疫或抽样实验室检测。经检验检疫合格的,签发"入境货物检验检疫证明",准予生产、加工、销售、使用。

四、进口水产品报检规定

根据2011年6月1日起施行的《进出口水产品检验检疫监督管理办法》,水产品是指供人类食用的水生动植物产品及其初加工制品,包括水母类、软体类、甲壳类、棘皮类、头索类、鱼类、两栖类、爬行类、水生哺乳类等水生动物产品以及藻类等海洋植物产品及其制品,不包括活水生动物及水生动植物繁殖材料(见表6—2)。

表6—2

税则号列	商品中文名称	检验检疫类别
12122010.90	冷、冻或干的海带(不论是否碾磨)	P.R/Q.S
16059010.00	制作或保藏的海蜇	P.R/Q.S

根据《中华人民共和国进境动物一二类传染病、寄生虫病名录》内容,鱼鳃霉病、鱼鳔炎症、

对虾杆状病毒病等病虫害是进口水产品检疫的防范重点。

(一)注册登记和备案登记制度

进口水产品的境外生产企业的注册管理按照国家质检总局相关规定执行。

国家质检总局对向中国境内出口水产品的出口商或者代理商实施备案管理,并定期公布已获准入资质的境外生产企业和已经备案的出口商、代理商名单;检验检疫机构对进口水产品收货人实施备案管理。已经实施备案管理的收货人,方可办理水产品进口手续。

(二)报检时间和地点规定

进口水产品的报检时间和地点规定基本同进口肉类产品要求。

(三)检疫程序

装运进口水产品的运输工具和集装箱,应当在进口口岸检验检疫机构的监督下实施防疫消毒处理。未经检验检疫机构许可,不得擅自将进口水产品卸离运输工具和集装箱。

进口口岸检验检疫机构依照规定对进口水产品实施现场检验检疫,然后在经检验检疫机构备案的水产品储存库依照规定对进口水产品采样。进口水产品经检验检疫合格的,由进口口岸检验检疫机构签发"入境货物检验检疫证明",准予生产、加工、销售、使用。

案例6-6 我国从印尼输华水产品中检出致病微生物

2007年8月初,广东出入境检验检疫局从印尼进口的冻海鳗鱼中检出沙门氏菌,从冻鱼肚中检出单增李斯特氏菌,检验检疫局已经依法对这些产品作退运或销毁处理。

国家质检总局于2007年8月3日发布紧急公告,决定暂停来自印度尼西亚的水产品进口,以保障消费者的健康和安全。从公告发布之日起,暂停来自印度尼西亚的水产品进口,8月3日后启运的来自印度尼西亚的水产品一律作退回或销毁处理。原因是,我国出入境检验检疫机构已先后从印度尼西亚输华水产品中,多次检出重金属汞、镉和禁用药物呋喃西林残留超标以及重要的食源性致病菌。

——根据新华社2007年8月3日电整理,记者郝亚琳

进口水产品经检验检疫不合格的,由检验检疫机构出具"检验检疫处理通知书"。涉及人身安全、健康和环境保护以外项目不合格的,可以在检验检疫机构的监督下进行技术处理;经重新检验检疫合格的,方可销售或者使用。当事人申请需要出具索赔证明等其他证明的,检验检疫机构签发相关证明。

五、进口乳品报检规定

乳品包括生乳、乳制品和初乳。奶畜产犊后7天内的乳称为初乳。奶畜生产的(初乳定义期限以外的)、无任何成分改变的、符合我国有关要求的常乳称为生乳。

国家质检总局对首次向中国出口生乳、生乳制品(由生乳加工而成、加工工艺中无热处理杀菌过程的产品为生乳制品)的国家或地区政府主管部门提供的兽医卫生和公共卫生的法律法规体系、组织机构、兽医服务体系、安全卫生控制体系、残留监控体系、动物疫病的检测监控情况等资料进行评估。经评估,风险在可接受范围内的,应当在双方签署检验检疫要求议定书后,允许其向中国出口。

首次向中国出口除生乳制品以外的其他乳制品的国家(地区),国家质检总局对出口国家(地区)政府主管部门提供的乳制品原料来源、生产加工工艺、配料及添加剂使用情况等资料进

行评估。经评估,风险在可接受范围内的,允许其向中国出口。

国家质检总局对向中国出口乳品的境外食品生产企业实施注册制度,向中国出口乳品的境外出口商或者代理商应向国家质检总局备案。

检验检疫机构对进口乳品的我国境内收货人实施备案管理,收货人应当事先向所在地检验检疫机构申请备案。

需要办理检疫审批手续的进口乳品,应在取得"进境动植物检疫许可证"后,方可进口。向中国出口的乳品,应当附有出口国家(地区)官方主管部门出具的卫生证书及原产地证书。

对于进口婴幼儿配方乳粉的,严禁进口大包装婴幼儿配方乳粉后在境内分装,进口的婴幼儿配方乳粉在进境时必须已罐装在向消费者出售的最小零售包装中。且自2014年4月1日起,进口婴幼儿配方乳粉的中文标签必须在入境前已直接印制在最小销售包装上,不得在境内加贴中文标签。

六、进境非食用动物产品报检规定

非食用动物产品主要包括羊毛驼毛类、皮张类、动物骨/角制品、虫胶等检验检疫类别代码中不含R/S的动物产品。国家质检总局对进境非食用动物产品实施检疫准入制度,总局网站公布并动态更新允许进境非食用动物产品的国家或者地区名单以及产品种类,对向中国输出非食用动物产品的境外生产、加工、存放企业实施注册登记制度。

货主或者其代理人应当在非食用动物产品进境前或者进境时向进境口岸检验检疫部门报检,由进境口岸检验检疫部门实施检验检疫。到货后,应先实施现场查验,然后根据产品风险和查验结果,抽样送实验室检疫。

七、动物和动物产品入境报检时应提供的单据

进口动物及动物产品除需录入"入境货物报检单"外,报检人还必须按检疫要求出具下列单证:

1. 输出国家或地区政府出具的动物(或动物产品)检疫证书(正本),其中水产品的检疫证书上应当注明进境水产品的养殖或野生属性。

2. 输入动物、动物产品的,需提供"进境动植物检疫许可证"。如分批进口的,还应提供许可证复印件进行核销。

3. 外贸合同、发票、装箱单、海运提单/空运单、原产地证书等。

4. 输入种用/观赏用水生动物、畜、禽等活动物的,应提供我国境内的"进境动物隔离检疫场使用证"。

5. 输入动物遗传物质的,应当提供所在地直属检验检疫局出具的备案证明书。

6. 凡是经港澳地区中转入境的肉类产品,必须加验由中国检验认证集团澳门有限公司或中国检验有限公司(香港)签发的检验证书正本;无证书正本的,不受理报检。

案例6-7 进境动物生皮逃避检疫风险大,应予警惕

近日,深圳检验检疫局截获瞒报产地的进境动物生皮一批。该批动物生皮申报为丹麦产生水貂皮(整张)1 600张、芬兰产生狐狸皮(整张)1 192张及芬兰产已鞣制狐狸皮(整张)500张等,货物总值32 296美元。报检资料随附有包括丹麦生水貂皮和芬兰生狐狸皮的"中

华人民共和国进境动植物检疫许可证"、输出国官方出具的检疫证书正本等。但经查验发现,该批产地申报为丹麦、芬兰的生水貂皮、生狐狸皮半数以上的纸箱外包装标签上注明的产地却是来自加拿大(未能提供检疫许可证和检疫证书);同时还发现,有些装有动物生皮的纸箱外表的标签有被撕毁的迹象,以致无法辨别皮张的产地来源。该局按规定对该批不符合检验检疫要求的进境动物生皮作除害消毒处理后原车退运。

据分析,个别不法企业逃避检疫审批及检疫监管的手法主要有:在入境报检时瞒报动物生皮的产地;撕毁货物包装上的产地标签,隐瞒产地来源;通过货物混装等手段,增加现场查验难度;申报的是检疫风险较低、不需检疫审批的已鞣制皮张,但实际货物却是需要审批而未获"进境动植物检疫许可证"的生皮张。

制革工业是轻工业继造纸和酿造工业之后的第三大污染工业,特别是生牛皮、生猪皮以及生羊皮等在加工过程中排污量大,其污水治理难度大,环保投资大。同时,进境动物生皮张来源复杂,可携带和传播的疾病很多,如疯牛病、口蹄病、炭疽、结核等20多种我国动物一、二类传染病和寄生虫病,其中有很多是人畜共患性疾病。

——节选自中国出入境检验检疫协会网站 2006 年 3 月 14 日讯

八、特殊物品的入境报检

在报检领域,特殊物品是指微生物(包括病毒、细菌、真菌等)、人体组织、生物制品(包括多数种类疫苗)、血液及其制品等物品。凡国家禁止进口的特殊物品,原则上禁止入境。确因科学研究等特殊需要引进禁止进境的物品,必须事先提出申请,经国家质量监督检验检疫总局批准,办理特许检疫审批手续。

入境特殊物品必须事先办理卫生检疫审批手续,未经检验检疫机构许可不准入境。入境特殊物品的申报人应当在物品交付运输前,向入境口岸直属检验检疫局办理特殊物品审批手续。

案例 6-8　佳木斯航空口岸截获大量注射用肉毒杆菌

2017年6月,黑龙江佳木斯航空口岸检验检疫人员在对来自韩国的 7C-8901 航班旅客行李进行 X 光机查验时,发现一名旅客携带的行李箱内有可疑物品,经开箱查验,确认该物品为肉毒杆菌针剂。

经现场询问,该旅客称物品为"注射除皱"所需针剂,共计 260 盒,入境前未经申报审批,未能提供审批单等卫生检疫审批手续证明。检验检疫人员根据《出入境特殊物品卫生检疫管理规定》,对该批肉毒杆菌针剂做截留处理,出具截留凭证,并为该名旅客讲解了携带特殊物品的法律法规及相关要求。

——国家质检总局网站"地方新闻"

检验检疫机构准予许可的,应当签发"卫生检疫审批单",该审批单只能使用一次,有效期限为 90 天。

供移植用的器官如因情况紧急等原因,未能事先办理卫生检疫审批手续的,入境时检验检疫机构可以先予放行,货主或其代理人应当在放行后 10 日内申请补办检疫审批手续。

报检人办理入境特殊物品报检手续时,须携带"入/出境特殊物品卫生检疫审批单"及合同(或函电)、发票、提单(运单)等相关资料到口岸检验检疫机构申请"入境货物通关单",由口岸检验检疫机构实施查验。

第二节　出境动物及动物产品的报检

资料卡6—3　我国动物检疫事业奠基人蔡无忌先生

　　蔡无忌,原籍浙江绍兴,教育家蔡元培先生之子。他是我国现代畜牧兽医事业的先驱和商品检验特别是畜产品检验事业的奠基人之一。

　　蔡无忌先生早年曾在法国阿尔福兽医学校攻读兽医科。1930年,当时的上海商品检验局和上海市卫生局合作创办上海兽医专科学校,由蔡无忌兼任校长,负责筹建并亲自执教。1945年抗战胜利后,蔡无忌任国民政府经济部上海商品检验局局长。

　　蔡无忌在执行商检法规和条例上极为严肃,凡检验不合格的商品,坚决不予放行。1946年,以宋子文为后台的中央信托局有几千件生丝要出口,经检验,生丝因储存时间过长而变质,不能出口。中央信托局上下活动、软硬兼施,但蔡无忌坚持原则、寸步不让,表示宁可不当局长也不能做有损国家信誉之事。后来中央信托局另找门路出口了这批生丝,但仍被国外退回,以失败告终。当时美国一家桐油公司经理说:"只要有上海商品检验局蔡无忌签名的证明单,就可以认为货物合格,到美国后无须再复查了。"

　　1949年初,解放战争形势摧枯拉朽,国民政府开始撤离大陆,有人劝蔡无忌飞往台湾,但他以事业为重,带头坚守岗位,一方面稳定同事情绪,同时设法将商检局的仪器设备、文书档案、图书资料等完整无损地保护下来,迎接上海解放。他的行动为新中国的商检事业作出了贡献,为此,上海解放后,他由华东贸易部任命继续担任上海商检局局长职务。

　　1955年,蔡无忌被任命为对外贸易部商品检验总局副局长。之后由他主持起草的《中华人民共和国输出输入商品检验暂行条例》问世了,随着该条例的实施,在国际贸易界逐步树立了中国商检的信誉,维护了我国的主权,促进了外贸的发展。罗马尼亚相关人士反映:"中国商检局在最短时间内被誉为一个可信任的管制机构,闻名于国际贸易界。"一些发达资本主义国家商人也公认中国商检证书信誉良好。

　　20世纪50年代初期,英国对进口食品控制甚严,我国输往英国的蛋制品多次被认为不合格而退回,经济损失巨大。蔡无忌对此非常重视,1956年他亲自组织调查,研究了英方对蛋制品沙门氏菌的检验方法和标准,针对我国蛋制品存在的问题,重新制定了出口蛋制品的检验标准和方法,使我国蛋制品得以顺利向英国出口。他还代表中国商检总局参加接待英国农渔部访华团,通过向该团介绍情况,使我国16家出口肉类、罐头、肠衣加工厂获准在英国注册登记,成为我国历史上第一批在外国注册的食品厂,这标志着我国外贸和商检工作发展到了一个新的阶段。

　　　　　　　　　　　　　　　　——根据CCTV《国门蓝盾》纪录片以及百度百科资料整理

一、生产加工企业注册和备案制度

　　国家对出口动物实行生产企业注册制度,所有出口的动物必须来自经检验检疫机构注册的生产加工企业;出境动物产品生产加工企业必须有卫生注册登记证。

(一)出口肉类产品

　　检验检疫机构按照出口食品生产企业备案管理规定,对出口肉类产品的生产企业实施备案管理；出口肉类产品加工用动物应当来自经检验检疫机构备案的饲养场。

检验检疫机构向出境肉类产品加工企业派出兽医，对出境肉类产品的生产、加工、仓储、运输、出境的全过程进行监督管理。生产、加工、存放企业应当为检验检疫机构派出的兽医提供必要的工作条件。

输入国家或者地区对中国出口肉类产品生产企业有注册要求，需要对外推荐注册企业的，按照国家质检总局相关规定执行。

存放出口肉类产品的中转冷库应当经所在地检验检疫机构备案并接受监督管理。

（二）出口水产品

检验检疫机构按照出口食品生产企业备案管理规定，对出口水产品生产企业实施备案管理。

输入国家或者地区对中国出口水产品生产企业有注册要求，需要对外推荐注册企业的，按照国家质检总局相关规定执行。

检验检疫机构对出口水产品养殖场实施备案管理。出口水产品生产企业所用的原料应当来自备案的养殖场、经渔业行政主管部门批准的捕捞水域或者捕捞渔船，并符合拟输入国家或者地区的检验检疫要求。

（三）出口乳品

国家质检总局对出口乳品的生产企业实施备案制度，出口乳品应当来自备案的出口乳品生产企业。出口生乳的奶畜养殖场也应当获得检验检疫机构备案。

（四）出口非食用动物产品

输入国家或者地区如有要求中国对向其输出非食用动物产品的生产、加工、存放企业实行注册登记的，国家质检总局对出境生产加工企业实行注册登记，并对注册登记的出境生产加工企业实施年审。

二、出境动物的报检

如果我国与出境动物的输入国（地区）签订有双边检疫协定并明确动物隔离检疫要求的，或买卖双方的贸易合同中有隔离检疫要求条款的，报检地检验检疫机构应按照国家质检总局发布的相关规定指定出境动物的隔离检疫场，隔离检疫期参照双边协定或合同条款确定。

（一）报检时间和地点的规定

1. 需隔离检疫的出境动物，应在计划离境 60 天前向检疫隔离场所在地检验检疫机构预报检，隔离 7 天前正式报检。

2. 出境观赏动物（但不包括观赏鱼），应在动物出境 30 天前到出境口岸检验检疫机构报检。

3. 出境养殖水生动物（包括观赏鱼），应在出境 7 天前向注册登记养殖场、中转场所在地检验检疫机构报检。

这里的中转场，是指用于水生动物出境前短期集中、存放、分类、加工整理、包装等用途的场所。

4. 无隔离检疫要求的其他出境动物，至少在报关或装运 7 天前向口岸检验检疫机构报检，针对需进行实验室检验检疫且检疫周期较长的出境动物还需更为提前。

案例6-9　湖南局疫情监测不松懈

疫情监测已成为确保湖南供港澳活大猪安全健康的重要手段之一。从2001年开始，湖南检验检疫局对全省注册饲养场疫情进行动态监测，并在去年把监测点由16个增至24个，地域覆盖湘中、湘南、湘北。监测对象为种公猪、种母猪、保育猪、育肥猪等，监测疫病包括猪瘟、口蹄疫、高致病性蓝耳病、甲型H1N1流感等7种一、二类动物传染病。长年的疫情监控，使湖南检验检疫局对湖南出口猪注册饲养场动物疫情和免疫效果了如指掌，这个"第一手资料"为各注册饲养场有针对性地做好防疫、免疫工作提供了科学依据。

该局以"质量提升"活动为契机，组织宣传服务小分队，到规模化养殖集中的地方宣讲防疫工作的重要性、如何做好防疫工作以及一旦发生疫情应采取的处置措施等。由于工作到位，越来越多的养殖户遇到不明白的问题，就主动找检验检疫部门请教。近两年来，尽管全球动物疫病疫情形势复杂严峻，但湖南各注册饲养场却安然无恙，湖南供港澳生猪没有在港澳或其他口岸发生一起质量安全事故。

——节选自《中国国门时报》2010年4月8日讯，记者沈亚明等

（二）报检时应提供的单据

1. 预报检时，货主或其代理人应该提交该批输出动物的意向书、输入国的检疫要求等相关书面材料，经上级检验检疫机构审核认可后方可签约。
2. 出境供观赏的动物，应当提供贸易合同或展出合约、产地检疫证书。
3. 实行检疫监督的输出动物，生产企业须出示"输出动物检疫许可证"。
4. 输出国家规定保护的动物，应提供国家濒危物种进出口管理办公室出具的许可证。
5. 输出实验动物，应有中国生物工程开发中心的审批单。
6. 输出非供屠宰用的畜禽，应有农牧部门出具的品种审批单。
7. 出境养殖水生动物（包括观赏鱼）的，应当提供"注册登记证"（复印件），并交验原件。其中，养殖场应当具备"出境水生动物供货证明"，出境水生动物必须凭产地检验检疫机构出具的动物卫生证书或"出境货物换证凭单"、检验检疫封识、"出境水生动物供货证明"进入口岸中转场。在中转场内不得将不同来源的水生动物混合拼装，凡是在口岸中转场内改变包装的、出口前变更输入国家或地区的或超过规定有效期的，必须重新向口岸检验检疫机构报检。

三、出境动物产品及其他检疫物的报检

这里的"其他检疫物"，是指动物疫苗、血清、诊断液、动植物性废弃物等，但在此不作详细阐述。

（一）报检一般要求

生产出境动物产品的企业（包括加工厂、屠宰厂、冷库、仓库）实施卫生注册登记制度。报检的出境动物产品必须产自经注册登记的生产企业并存放于注册登记的冷库或仓库。

出境动物产品应在出境7天前报检；需要熏蒸消毒处理的，应在15天前报检。报检时应该提供的单据包括：

1. 出境货物报检单、合同（销售确认书）、发票、装箱单，以及出境动物产品生产企业（包括加工厂、屠宰厂、冷库、仓库）的卫生注册登记证书（复印件）。
2. 特殊单证。如果出境动物产品来源于国内属于国家保护的动物、濒危动物范围的，报

检时必须递交国家濒危物种进出口管理办公室出具的"允许出口证明书"。

案例6-10　新疆出入境检验检疫局加大出口蛋禽检疫

2008年10月30日,新疆检验检疫局工作人员来到石河子市,对兵团唯一禽蛋出口企业——新疆宏新生物科技有限公司——生产的鸡蛋质量进行了抽检。

宏新生物科技有限公司是新疆唯一拥有鸡蛋分拣打码设备的厂家。记者在车间生产流水线上看到,每一枚下线的鸡蛋,壳上都清晰地标有生产厂家和日期。鸡蛋在吉尔吉斯斯坦及其他中亚国家市场具有良好的信誉。

当日下午,新疆检验检疫局对该公司当天的产蛋进行了随机抽样和检测。之后检验检疫局对媒体公布:抽检的鸡蛋未检出三聚氰胺。据介绍,公司生产的鸡蛋从饲料源头开始便接受严格质量把关,公司同石河子市兽医站饲料检测部门签订协议,对该公司统一使用的饲料,每月进行两次抽检留样,以保证鸡蛋生产源头的安全。

——"新疆新闻网"2008年11月10日讯

(二)出口肉类产品要求

出口肉类产品(不包括含肉罐头产品)加工用动物备案饲养场或者屠宰场应当为其生产的每一批出口肉类产品原料出具供货证明;出口肉类产品生产企业应当建立原料进货查验记录制度和出厂检验记录制度。

发货人或者其代理人应当在出口肉类产品启运前,按照国家质检总局的报检规定,向出口肉类产品生产企业所在地检验检疫机构报检;出口肉类产品运抵中转冷库时,应当向其所在地检验检疫机构申报,中转冷库所在地检验检疫机构凭生产企业所在地检验检疫机构签发的检验检疫证单监督出口肉类产品入库。

出口冷冻肉类产品应当在生产加工后6个月内出口,冰鲜肉类产品应当在生产加工后72小时内出口。输入国家或者地区另有要求的,按照其要求办理。

(三)出口水产品要求

出口水产品备案养殖场应当为其生产的每一批出口水产品原料出具供货证明。出口水产品生产企业生产加工水产品应当以养殖场为单位实施生产批次管理,不同养殖场的水产品不得作为同一个生产批次的原料进行生产加工;出口水产品生产企业应当建立原料进货查验记录制度和出厂检验记录制度。

出口水产品生产企业或者其代理人应当按照国家质检总局的报检规定,凭贸易合同、生产企业检验报告(出厂合格证明)、出货清单等有关单证向产地检验检疫机构报检。水产品出口报检时,需提供所用原料中药物残留、重金属、微生物等有毒有害物质含量符合输入国家或者地区以及我国要求的书面证明。

出口水产品检验检疫有效期为:

1. 冷却(保鲜)水产品:7天。
2. 干冻、单冻水产品:4个月。
3. 其他水产品:6个月。

出口水产品超过检验检疫有效期的,应当重新报检,输入国家或者地区另有要求的,按照其要求办理。经产地检验检疫合格的出口水产品,口岸检验检疫机构在口岸查验时发现货证、单证不符的,不予放行。

资料卡6—4　小心水产品内的抗生素超标

我国虽然水产品总量占到世界的35%，但据测算，只有6%~8%的水产品进入国际贸易，大大低于国际水平。迄今为止，已有包括比利时、荷兰、卢森堡、日本和韩国等在内的许多国家和地区对我国出口水产品采取技术性保护措施，其中涉及对肠炎弧菌、重金属、农药残留和抗生素的检验检疫等。1995~2000年间，仅日本就已数次退回或销毁我国抗生素超标的鳗鱼及其制品；欧盟也曾一度禁止我国水产品进入其市场，令我国损失巨大。2002年1月，欧盟从中国进口的虾和对虾中发现强力抗生药物的残留，认为这会对人类健康构成潜在威胁，导致欧洲部分地区陷入食品恐慌。

据有关人士称，我国的水产品养殖中，抗生素的滥用问题较为严重。这主要是因为，我国的水产品养殖片面追求产量，每立方米的水体中，养殖的鱼类数量远远超过自然的水体，鱼类之间容易传染疾病。为了避免鱼病导致减产或者烂尾影响销售，养殖户大量使用抗生素，少数农技部门也以各种方式指导或鼓励他们用各种抗生素。而不少农民由于缺乏知识，常滥用各种抗生素，甚至包括低价收购的过期抗生素。

根据新规定，发现出口水产品备案养殖场存放或者使用中国、拟输入国家或者地区禁止使用的药物和其他有毒有害物质，使用的药物未标明有效成分或者使用含有禁用药物的药物添加剂，未按规定在休药期停药的，出入境检验检疫局将取消其备案。

（四）出口乳品要求

出口生乳奶畜养殖场不得使用我国及进口国家（地区）禁用的饲料、饲料添加剂、兽药以及其他对动物和人体具有直接或者潜在危害的物质，养殖场应当建立奶畜养殖档案，相关记录保存期不少于3年。

出口乳品生产企业应当符合良好生产规范，建立进货查验、出厂检验等企业制度，其中出口婴幼儿乳粉的生产企业应当建立完善的HACCP质量安全控制体系。

出口乳品生产企业应当建立产品追溯制度，建立相关档案，保证追溯有效性。档案保存期不得少于2年。

出口乳品的发货人或者其代理人应当按照国家质检总局的报检规定，向出口乳品生产企业所在地检验检疫机构报检。出口乳品经检验检疫符合相关要求的，检验检疫机构出具"出境货物通关单"或者"出境货物换证凭单"，并根据进口方的需要和出口方的报检申请出具检验检疫证书；经检验检疫不合格的，出具"出境货物不合格通知单"，不得出口。

（五）出口非食用动物产品要求

非食用动物产品出境前，货主或者其代理人应当向产地检验检疫部门报检；检验检疫合格后，出境口岸检验检疫部门按照出境货物换证查验的相关规定查验，重点核查货证是否相符。查验合格的，凭产地检验检疫部门出具的"出境货物换证凭单"或者电子转单换发"出境货物通关单"；查验不合格的，不予放行。

复习题

判断题

1. 有些动物产品进境前不用检疫审批，但进境时需要报检。（　　）
2. 有些活动物作为贸易性进口货物，进境前不用办理检疫审批手续。（　　）

3. 动物及动物产品出境也应事先向我国检验检疫机构办理检疫审批手续。（ ）
4. 经现场检疫合格的活动物，允许卸离运输工具，签发"入境货物通关单"和"入境货物检验检疫证明"，准许加工、销售和使用。（ ）

多项选择题

1. 报检入境动物时，除提供合同、发票、装箱单等贸易单证外，还应按要求提供（ ）。
   A. 进境动植物检疫许可证　　　　B. 输出国（地区）官方出具的检疫证书
   C. 原产地证书　　　　　　　　　D. 进口企业的卫生注册证书
2. 口岸动植物检疫机构一旦发现国家禁止的进境动物及动物产品，将作（ ）处理。
   A. 退运出境　　B. 销毁　　C. 卫生　　D. 除害
3. 下列选项属于报检意义上的水生动物范畴的是（ ）。
   A. 从法国引进的种用鸭
   B. 从马来西亚引进的金龙鱼活体（观赏用）
   C. 进口的冷冻带鱼
   D. 从墨西哥进口的鲍鱼活体（种用）

思考题

1. 对于入境后借道我国继续运往境外的过境动物及动物产品，是否也需要经国家质检总局批准？（可在网上搜寻答案，并谈谈你所认为的原因。）
2. 根据常识和本章所学知识，你认为动物隔离检疫场的地点选择方面应该有什么样的要求？为什么？
3. 根据你对本章的理解，谈谈为什么入境动物和动物产品报检要求提供原产地证书？

第七章 植物及植物产品的出入境报检

第一节 入境植物及植物产品的报检

入境植物及植物产品的报检要求规定相对来说较为复杂,要依据植物及植物产品的分类来确定报检的具体要求。

在本章,"植物"是指栽培植物、野生植物及其种子、种苗及其他繁殖材料等;"植物产品"是指来源于植物未经加工或者虽经加工但仍有可能传播病虫害的产品,如粮食、豆、棉花、油、麻、烟草、籽仁、干果、鲜果、蔬菜、生药材、木材、饲料等;"其他检疫物"包括植物废弃物、垫舱木、芦苇、草帘、竹篓、麻袋、纸等废旧植物性包装物、有机肥料等。

资料卡 7—1 历史上进入我国的植物和植物产品检疫风险

从明朝中后期开始,中国民间间接地开始从美洲等地区成规模引进并种植了玉米、马铃薯、红薯、花生等相对高产的农作物,这些外来经济作物的引入,在客观上为古代人民度过明末清初造成粮食大量减产的"小冰河期"气候作出了巨大贡献。但囿于历史的局限,当时的明朝不可能具备防控植物检疫风险的意识和有效手段,所以一些外来的害虫如某些种类的天牛等,也随着农作物的种子、苗株等繁殖材料一起进入我国。甚至在新中国成立初期,经由原木入境等渠道,原先我国所没有的美国白蛾开始进入我国境内并扩散繁衍,以至于今天针对美国白蛾的防控灭杀每年都要付出较大的成本和人力,这是一个值得深思的教训。

大致在1935年前后,加拿大一枝黄花作为观赏植物和插花配饰物传入我国长江三角洲地区,由于其强大的繁殖能力、竞争能力以及多种途径的传播方式,现已逐步蔓延发展成为华东地区重要的恶性外来杂草,并逐步向全国适宜地区辐射蔓延,严重威胁所到之地的生态平衡和农林生产,这是外来有害植物泛滥的一个典型例子。

我国对于植物及植物产品的出入境检验检疫工作主要针对以下几类风险:

1. 出入境的植物、植物产品、栽培介质本身属于病虫害、有害杂草的传媒或潜在传媒;
2. 尽管外来的植物本身不传播病虫害,但属于有害生物范畴,会造成我国局部生态平衡破坏;
3. 用作食品用途的植物产品的检疫风险,如农药残留超标等。

资料卡 7-2 《进境植物检疫性有害生物名录》的主要内容

2017年6月，国家质检总局等部委办更新了《中华人民共和国进境植物检疫性有害生物名录》内容，将相关防范外来生物的种类扩展到441种。其中包括白带长角天牛、美国白蛾、日本金龟子、稻水象甲、红火蚁等148种昆虫，非洲大蜗牛、地中海白蜗牛等7种软体动物，苹果果腐病菌、燕麦全蚀病菌等184种真菌和原核生物，番茄斑萎病毒、番茄黑环病毒等39种病毒，紫茎泽兰、臭千里光、美丽猪屎豆、毒麦等42种杂草，另外还包括少量线虫属有害生物。

名录主要侧重点在于防范我国目前境内尚未大量逸生繁衍的有害生物(称为植物检疫性有害生物)。而由于历史原因，有些随着外来农作物早在明朝(甚至更早)时期便传入我国的现有常见(危害性较一般的)害虫，由于在进境渠道投入人力、物力进行重点防范的意义显得不大，就没有列入名录中。另一方面，防止我国的现有常见害虫活体随集装箱、木质包装或农产品出境，同样也是我国检验检疫部门的工作重点。

案例 7-1 江阴检验检疫局截获大量进境有害杂草

2013年11月，一艘满载着美国大豆的船舶徐徐靠近江阴港，检验检疫人员发现，大豆中夹杂着杂草。经过实验室检疫，这些杂草是假高粱、豚草、刺蒴藜草，此外还有美丽猪屎豆种子。

"假高粱是一种危险性杂草。"检验检疫人员说，它会危害谷类、棉花、苜蓿、甘蔗和麻类等30多种作物，造成作物产量降低。其花粉也易与留种的高粱属作物杂交，根的分泌物或腐烂的叶子、地下茎、根等，能抑制作物和杂草籽苗生长。

刺蒴藜草的危害性也很严重，如果园、葡萄园、果树、谷物和蔬菜地都会受它的危害。刺蒴藜草的刺果能刺伤动物的皮肤和脚及人的手脚，混在饲料或牧草里能刺伤动物的眼、口和舌头等。

美丽猪屎豆目前仅在美国、澳大利亚与印度等国分布，其种子和全草含有生物碱，对家畜和家禽有毒，猪、羊、牛、鸡或者人一旦误食其茎、叶和种子，就会中毒甚至死亡，属于一种危险的有毒植物。

——《海峡都市报》2014年1月3日报道

一、报检范围规定

（一）禁止输入的植物及植物产品

根据境内外疫情的形势及特点，我国国家质检总局会同有关部门确定并适时调整禁止从境外部分国家和地区输入的植物及植物产品范围。

资料卡 7—3 部分禁止输入的植物及植物产品举例

例如,我国目前禁止产自印度、德国、法国、南非、美国、澳大利亚等国家的茄子、辣椒、番茄果实入境,禁止产自伊朗、意大利、俄罗斯、南非、墨西哥等国的新鲜水果入境,主要是因为这些国家多属地中海实蝇疫区。

详细清单可在国家质检总局网站上查阅《中华人民共和国进境植物检疫禁止进境物名录》。

此外,从 2011 年 3 月 24 日起,禁止进口日本福岛、千叶等地出产的蔬菜及其制品、水果,并且检验检疫机构将对来自日本的所有植物和植物产品加强放射性物质浓度的监测和风险分析。

(二)应当事前办理审批手续的植物及植物产品

1. 根据国家质检总局 2002 年第 2 号公告,被列入《进境动植物检疫审批名录》的进境植物及其产品的检疫审批均由国家质检总局办理。需要初审的,由进境口岸直属检验检疫局进行初审;加工、使用地不在进境口岸初审机构所辖地区内的货物,必要时还必须由使用地初审机构初审。

资料卡 7—4 需要由国家质检总局审批的植物及植物产品范围

1. 果蔬类:新鲜水果、番茄、茄子、辣椒果实。
2. 烟草类:烟叶及烟草薄片。
3. 粮谷类:小麦、玉米、稻谷、大麦、黑麦、燕麦、高粱等及其加工产品,如麦芽等。
4. 豆类:大豆、绿豆、豌豆、赤豆、蚕豆、鹰嘴豆等。
5. 薯类:马铃薯、木薯、甘薯等及其加工产品。
6. 饲料类:麦麸、豆饼、豆粕等。
7. 其他类:植物栽培介质、油菜籽。

但下列货物暂时无须办理检疫审批:粮食加工品(大米、面粉、米粉、淀粉等)、薯类加工品(马铃薯细粉、冷冻马铃薯条等)、植物源性饲料添加剂、乳酸菌、酵母菌、陶瓷土粉、植物生长营养液(不含动物成分、未经加工的植物成分和有毒有害物质)。

检疫审批手续应当在进口签约前办理。

对审批通过的,直属检验检疫局将签发"进境动植物检疫许可证",供将来到货报检时使用。

2. 引进非禁止进境的种子、种苗和其他植物繁殖材料的,货主或者代理人事先向农业部、国家林业局、各省级植物保护站、省级林业局等有关部门申请办理"国(境)外引进农业种苗检疫审批单"或"引进林木种苗和其他繁殖材料审批单"(见图 7—1),这两种审批单有效期都为 3 个月。

3. 所有涉及转基因的入境植物和植物产品,还需要另向农业部申领许可证。

引进林木种苗和其他繁殖材料审批单

审批编号

申请单位		法人代表	
地　　址			
联 系 人		联系电话	
植物中名		品种名称	
植物学名		引进数量	
原 产 地			
种植地点		引种用途	
有效期限	自　　年　　月　　日至　　年　　月　　日		

检疫要求：
1. 限定在　　　　　　　口岸入境；
2. 附有输出国家(地区)官方植物检疫证书,证明符合中国的检疫要求；
3. 禁止携带以下危险性病虫(填写危险性病虫时使用中文、拉丁文)。

（注：请在对外贸易合同或协议中订明以上检疫要求）

审批意见

检疫员：　　　　　　审批日期：

第三联　审批机关存查

备注：1. 引种单位(个人)凭引种试种计划方案填报此单；2. 本证无林木种苗检疫审批专用章和检疫员签字无效。

图7-1　"引进林木种苗和其他繁殖材料审批单"第三联空白实样

（三）特许审批范围

植物检疫特许审批名录按《中华人民共和国进境植物检疫禁止进境物名录》执行,因科学研究等特殊原因需要引进该名录所列禁止进境的物品,应当经国家质检总局批准。例如,入境植物因故必须带有土壤等的,或国内科研机构需进口植物病原体进行研究的,就需要办理特许审批。

资料卡7—5　植物不能带土入境

　　第二届中国—东盟博览会日益临近,记者从广西出入境检验检疫局获悉,为提高通关速度,参展商或其代理人可提前办理报检手续,参展物运抵入境口岸时,查验后凭通关单放行或转关。参展物一律免收检验、检疫、除害处理和监管费用。

　　根据有关规定,参展花卉盆景、苗木严禁带土入境,对带土的要把土壤去除洗净,将根部置于消毒液中浸洗8小时,然后换上经过消毒的栽培介质,对换下的土壤作严格的消毒处理。

　　据介绍,所有入馆参加展览的植物及其产品均属于检疫监管对象,展览期间,严禁出售植物及其产品,不得赠送或者私自带出展览馆。展览结束后,在现场检验检疫人员监督下,所有植物及其产品,包括种子、苗木、盆景、切花、水果等,对带土的参展植物作退回或者销毁处理;对不带土的植物及其产品,经检疫或处理合格,在参展商申请的情况下允许改作他用,如销售、赠送等,检验检疫不合格的,作除害或销毁处理。

　　据专家介绍,土壤是四类国家禁止进境物之一。100克土壤携带的微生物可能达到1 000多种。由于土壤中经常隐藏着多种危害农作物和动物的有害生物,特别是土传病害的病原微生物、线虫和休眠虫态,因此,世界上大多数国家禁止土壤入境,我国也不例外,一旦发现,作退回或者作无害化处理。

　　　　——根据《法治快报》2005年10月18日讯整理,记者黄世钊

二、进境水果检疫审批和报检

(一)适用范围

适用于从境外输入的新鲜水果及茄科蔬菜中的番茄、茄子、辣椒等。

(二)主管部门

国家质检总局统一管理全国进境水果的检疫审批工作。国家质检总局设在各地的出入境检验检疫机构负责所辖地区进境水果的检疫和监管工作。

(三)检疫审批手续

进口商应当先查阅国家质检总局网站上的最新《我国允许进境水果种类及输出国家/地区名录》,确定水果和输出国(地区)在此范围内的,再办理检疫审批手续为宜。

1. 货主、物主或其代理人输入水果前必须事先提出申请,并应当在贸易合同或者协议签订前办理检疫审批手续。

符合下列条件,方可办理进境水果检疫审批手续:

(1)输出国家或者地区无重大疫情;

(2)符合中国有关动植物检疫法律、法规的规定;

(3)符合中国与输出国家或者地区签订的有关双边检疫协定(含检疫协议、备忘录等)。

2. 进境水果检疫审批的程序如下:

(1)货主、物主或其代理人应登录网址 http://www.eciq.cn,点击"动植物检疫许可证V2.0"进入申请界面,向国家质检总局提出申请,申请材料由直属局负责初审。

(2)供展览用的进境水果,必须经展览会所在地检验检疫机构签署意见;供直通车船、关前免税店、涉外酒店等使用、销售的进境水果,必须经进境口岸检验检疫机构签署意见。

(3)检疫审批申请经直属检验检疫局初审后,上报国家质检总局。经国家质检总局审核,对符合审批要求的,签发"中华人民共和国进境动植物检疫许可证";不符合审批要求的,不予

签发,并告知申请人不予签发的理由。

3. 办理进境检疫审批手续后,有下列情况之一的,货主、物主或其代理人应重新办理审批手续:

(1)变更进口水果的品种或增加数量的;
(2)变更输出国家或地区的;
(3)变更进境口岸的;
(4)超过检疫许可证有效期的。

(四)报检手续

1. 货主、物主或其代理人应当在水果进境前或进境时向入境口岸所在地检验检疫机构报检,并提交"中华人民共和国进境动植物检疫许可证"、输出国家或地区政府动植物检疫机关签发的植物检疫证书及产地证书、贸易合同、发票等证单。

2. 进境水果无输出国家或者地区政府动植物检疫机关签发的植物检疫证书的,或者未依法办理检疫审批手续的,入境口岸所在地检验检疫机构可以根据具体情况,作退回或者销毁处理。

3. 经香港、澳门特别行政区中转进境的水果,应当以集装箱运输,按照原箱、原包装和原植物检疫证书(简称"三原")进境。在港澳地区中转入境的水果,如确实无法提供输出国家或地区官方植物检疫证书的,可凭国家质检总局授权的港澳中检公司预检结果证明文件和上述有关证单报检。

4. 供展览用的来自疫区的水果,必须事先向国家质检总局办理特许检疫审批手续。

5. 国家质检总局对向中国境内输出水果的境外果园、加工和存放单位实行注册登记制度。

资料卡 7—6 对来自部分特定国家水果的除害和包装要求

对来自智利的水果,要求承载水果包装箱的托盘及货物外表应加贴"输往中华人民共和国"英文标签;来自智利地中海实蝇疫区(管制区)的苹果、猕猴桃,应实施运输途中集装箱冷处理措施。冷处理指标为:0.5℃或以下连续处理15天或以上。对于空运进口的智利水果,托盘货物应用塑料膜或纸板箱等密封包装,且加施清楚的托盘编号。植物检疫证书上应标明对应的托盘编号。

对来自希腊的新鲜猕猴桃果实,每一个包装箱上应用英文标出产地、果园和包装厂的名称或注册号,并在每个载货托盘上标明"输往中华人民共和国"英文字样。在出口前或运输途中,需在希方监管下对输华猕猴桃进行冷处理以杀灭地中海实蝇。输华猕猴桃果园、包装厂、储存和冷处理设施需在希方注册登记,并由双方共同批准。果园、包装厂名单可在国家质检总局网站上查询。

对来自澳大利亚的芒果,应在澳方授权人员监管下采取针对实蝇的热处理措施,包括蒸热处理、高温高压热气处理或热水处理等方式,热处理设施应经过中方专家实地考核认可。热处理指标为:果肉温度47℃以上持续15分钟,或46℃以上持续20分钟。包装箱上应用英文标出产地、果园和包装厂的名称或相应的注册号。每个托盘货物需用中文标明"输往中华人民共和国";若没有使用托盘(如航空货物),则每个芒果包装箱上应用中文标明"输往中华人民共和国"。

此外,除荔枝、龙眼和葡萄外,所有进境水果不能随带有明显的枝、叶和土壤,否则将作退运或销毁处理。这一点对于我国的水果进口商在拟定签约条款时很重要。

（五）检疫处理

检验检疫局先进行现场抽样剖果检疫，优先剖检外观可疑果。例如，检查果心有无霉变、变色、包藏幼虫等迹象；发现有可疑疫情的，将适当增加剖果数量。现场检疫合格的，签发通关单供进口报关使用；然后约定检疫时间，进入实验室检验检疫阶段。

对于经实验室检验检疫合格的水果，签发"入境货物检验检疫证明"，准予放行。发现检疫性有害生物或其他有检疫意义的有害生物的，需实施除害处理，签发"检验检疫处理通知书"，经除害处理合格后准予放行。经检验检疫不合格又无有效除害处理方法的，签发"检验检疫处理通知书"，在检验检疫机构的监督下作退运或销毁处理。

三、进境植物繁殖材料检疫审批和报检

（一）适用范围

本部分的进境报检规定适用于通过各种方式进境的贸易性和非贸易性植物繁殖材料，包括贸易、生产、来料加工、代繁（代育）、科研、交换、展览、援助、赠送以及享有外交、领事特权与豁免权的外国机构和人员公用或自用的进境植物繁殖材料。

植物繁殖材料是植物种子、种苗及其他繁殖材料的统称，指栽培、野生的可供繁殖的植物全株或者部分，如植株、苗木、果实、种子、砧木、接穗、插条、叶片、芽体、块根、块茎、鳞茎、球茎、花粉、细胞培养材料（含转基因植物）等。

（二）主管部门

国家质检总局统一管理全国进境植物繁殖材料的检疫工作，国家质检总局设在各地的出入境检验检疫机构负责所辖地区的进境繁殖材料的检疫和监督管理工作。

资料卡 7—7　进口种苗指定入境口岸

由于国内各口岸现场查验、除害处理、隔离检疫设施及实验室检测手段与技术能力存在客观差距，而进口植物繁殖材料传带外来有害生物的检疫风险极高，自 2010 年 4 月 1 日起，国家质检总局对进口植物种苗采取指定入境口岸的措施。输入我国境内的植物种苗办理进境检疫审批后，只能从公布的指定口岸入境。目前这些口岸包括北京首都国际机场、上海洋山港、宁波北仑港、广州白云国际机场、南京禄口国际机场等，共计 43 个口岸。

（三）检疫审批

1. 输入植物繁殖材料的，必须事先办理检疫审批手续，并在贸易合同中列明检疫审批提出的检疫要求。进境植物繁殖材料的检疫审批，根据以下不同情况分别由相应部门负责：

（1）因科学研究、教学等特殊原因，需从国外引进禁止进境的植物繁殖材料的，引种单位、个人或其代理人需按照有关规定，向国家质检总局申请办理特许检疫审批手续。

（2）引进非禁止进境的植物繁殖材料的，引种单位、个人或其代理人需按照有关规定，向国务院农业或林业行政主管部门及各省、自治区、直辖市农业（林业）厅（局）申请办理国外引种检疫审批手续。

（3）携带或邮寄植物种子、种苗及其他繁殖材料进境的，因特殊原因无法事先办理检疫审批手续的，携带人或邮寄人应当向入境口岸所在地直属检验检疫局申请补办检疫审批手续。除此之外的需办理检疫审批手续的植物和植物产品，如进口方没有取得检疫许可证单就签订进口贸易合同，将货物直接运抵口岸，属于违反动植物检疫相关法律法规规定的行为。

(4)因特殊原因引进带有土壤的植物繁殖材料的,引种单位、个人或其代理人需向国家质检总局申请办理输入土壤的特许检疫审批手续。如系使用非禁止进境的砂、炉渣、珍珠岩等或经过高温灭菌处理的植物源性介质,如木屑、花生壳等栽培介质,事先也应当办理入境介质的检疫审批手续。

(5)高风险的进境植物繁殖材料必须在国家隔离检疫圃隔离检疫,隔离检疫苗圃可分为国家隔离检疫圃、专业隔离检疫圃和地方隔离检疫圃,需经检验检疫机构考核认可并获得"进境植物隔离检疫圃许可证"。

(6)转基因植物需要到农业部申领许可证。

2. 检疫审批通过后,引种单位、个人或其代理人应在植物繁殖材料进境前15个工作日内,将"进境动植物检疫许可证"或"国(境)外引进农业种苗检疫审批单"或"国外引进林木种子、苗木检疫审批单"送入境口岸直属检验检疫局办理备案手续。

案例7-2 南京机场局截获入境鲜花

2017年5月2日下午,江苏南京机场检验检疫局旅检科工作人员发现一名来自香港的旅客手中捧着一束鲜花,便立刻示意旅客将鲜花包装去除,发现内含6支玫瑰和6支凤梨花。根据《中华人民共和国禁止携带、邮寄进境的动植物及其产品和其他检疫物名录》规定,鲜花属于名录中第十条"种子(苗)、苗木及其他具有繁殖能力的植物材料",是禁止携带进境的物品,旅检科工作人员依法对其携带入境的花束作截留销毁处理。

江苏南京机场检验检疫局提醒广大入境旅客,鲜花属于植物繁殖材料,部分通过扦插可以繁殖,鲜花上所携带的有害生物极易在国内定植传播,造成有害生物的入侵,给我国的生态安全带来潜在的风险。例如,已被列入我国进境检疫性有害生物名录的玫瑰短喙象,其寄主广泛,是玫瑰和柑橘的重要害虫,分布几乎遍及世界,我国目前尚无分布,一旦传入我国,将给我国农业生产带来严重危害。

——"新华网"2017年5月4日讯,记者宗君

(四)报检手续

引种单位或代理进口单位需向所在地检验检疫机构办理登记备案手续,引进种苗的单位、个人或其代理人应在植物繁殖材料进境7日前,持经直属检验检疫局核查备案的"进境动植物检疫许可证"或"国(境)外引进农业种苗检疫审批单"或"国外引进林木种子、苗木检疫审批单"、输出国家(或地区)官方植物检疫部门出具的植物检疫证书、原产地证书、贸易合同或信用证、发票以及其他必要的证单向指定的检验检疫机构报检。

如系受引种单位委托引种的,报检时还需提供有关的委托协议。

进境植物繁殖材料经检疫后,属于低风险的、经检疫未发现危险性有害生物的、限定的非检疫性有害生物未超过有关规定的,给予放行。检疫发现危险性有害生物,或限定的非检疫性有害生物超过有关规定的,经有效的检疫处理后,给予放行;未经有效处理的,不准入境。

属于高、中风险的,经检疫未发现检疫性有害生物、限定的非检疫性有害生物未超过有关规定的,运往指定的隔离检疫圃隔离检疫一段时期。隔离检疫圃应当具备防止有害生物扩散的防疫隔离措施和条件。

(五)对来自特定国家植物繁殖材料的检疫要求

对来自荷兰的花卉种球,在种植过程中,荷方应采取各种预防和监测措施,防止感染有害

生物,确保不发生中方关注的检疫性有害生物,其他有害生物的田间发病率不得超过荷方有关规定。包装箱上的标签应用中文或英文标明出口商、种植地编码、品种、规格、数量等信息,承载花卉种球的木托盘上标注"输往中华人民共和国"的中文字样。荷兰检疫部门应根据种植期间疫情监测和中方进境疫情截获情况,进行出口前检验检疫。对检疫合格的花卉种球,签发植物检疫证书,并在附加声明中注明如"该批百合/郁金香种球符合中国植物检疫要求,不带中方关注的管制性有害生物"。

除上述进境植物和植物产品外,进境栽培介质的检疫审批和报检,入境原木、干果干菜、粮食和植物源性饲料等的报检以及转基因产品报检的内容篇幅较长,需要了解的读者请参阅中国标准出版社出版的最新报检水平测试教材。

第二节 出境植物及植物产品的报检

对出境植物和植物产品的检疫主要目的在于,防止我国境内的植物病虫害和有害植物传播到境外。这种风险在给我国出口商品形象带来不利的国际影响的同时,还会给部分国外政府机构实施贸易壁垒提供理由。

一、出境水果果园、包装厂注册登记制度

水果是国际农产品贸易中的重要敏感产品。随着我国种植技术和管理水平的不断提高,出口水果质量安全总体水平逐年提高,但也出现过因发现检验检疫问题而被退回或销毁,致使企业利益受损,并影响我国出口产品整体形象的情况。

本节所称的"果园",是指没有被障碍物(如道路、沟渠和高速公路)隔离开的单一水果的连续种植地;"包装厂"是指水果采收后,进行挑选、分级、加工、包装、储藏等一系列操作的固定场所,一般包括初选区、加工包装区、储藏库等。

自2007年11月起,所有出境水果的果园和包装厂都应当进行注册登记,检验检疫局不接受来自非注册果园和包装厂的水果以及市场采购水果的出口报检。

(一)注册条件

申请注册登记的出境水果果园应当具备相应的条件,如占地面积要求、配备专兼职植保员管理要求、近两年未发生重大植物疫情等。

申请注册登记的出境水果包装厂应当具备相应的条件,如管理水平和卫生状况,具备符合检疫要求的清洗、加工、防虫防病及除害处理措施,配备专兼职植保员管理要求等。

出境水果包装厂应当有与其加工能力相适应的提供水果货源的果园,或者两者之间建立相对固定的供货关系。

案例7-3 超市高档水果蜡衣揭秘

有读者向记者反映,他刚买的苹果外皮上有一层薄薄的蜡,也不知道这是普遍现象还是不法商贩做的手脚,食用这种水果对身体是否有害。

市农委果茶站相关人士昨晚告诉记者,和清洗、包装、防腐一样,打蜡也是水果采摘之后进行商品化处理的一个环节(该环节多由包装厂完成),在表皮上形成一层保护膜,可以保留水分,延长储存时间。

记者了解到，这种所谓的"蜡"被称为被膜剂或食用蜡，其成分为动物胶或植物胶，对人体无害。但根据我国《食品添加剂使用卫生标准》，要给食品披上"蜡衣"，必须使用《食品添加剂使用卫生标准》中规定的添加剂，用量也有严格限制。

但有专业人士向记者透露，个别不法商贩出于个人利益，也会给普通水果加上不合格的"外衣"，他们很可能会直接用喷壶往水果表面喷工业蜡，这种工业蜡含有大量汞、铅，频繁食用会对人体构成危害。虽然食用合理打蜡的水果不会影响健康，但蜡是非水溶性的，按照平时的水洗方式根本无法清除。为安全起见，市民在食用时最好除去果皮。

——根据《青岛晚报》2007年1月14日讯整理，记者李树海

（二）注册登记程序

申请注册登记的果园和水果包装厂，应当向所在地检验检疫机构提出书面申请，并按照检验检疫局要求提供相应材料，如果园和包装厂的平面图、营业执照、质量管理体系文件等。

如果提交的材料齐全且符合相关规定要求，检验检疫机构将受理申请，进入审批程序，由直属检验检疫局审批，审批重点环节是组织专家组进行现场考核。

自受理申请之日起20个工作日内，检验检疫机构作出准予注册登记或者不予注册登记的决定。准予注册登记的，颁发注册登记证书（式样见附录），证书有效期为3年。

案例7－4　韶关首家出口水果果园顺利取得出口注册登记证书

2010年3月，广东韶关检验检疫局在翁源县三华村，为翁源×××发展有限公司的三华李果园颁发了"出境水果果园注册登记证书"，为三华李的出口打开通行的大门。

翁源×××发展有限公司为港资企业，以种植韶关名优水果三华李和水产养殖为主。该公司自2001年起陆续承包了1 000多亩地用以种植三华李，并早在2007年就向韶关局申请注册为出口水果果园。但由于当时翁源县部分地区包括该果园发生了较严重的桔小实蝇病害，未达到出口注册登记条件而未获得批准。为使企业早日达到注册条件，韶关局会同地方农业主管部门，主动邀请国家级实蝇防治专家来韶关进行现场授课，指导果农和种植企业全面开展实蝇监测、防控，同时加强对专业知识的宣讲和培训。在地方农业部门的指导下，通过企业和广大果农长时间的共同努力，该地区桔小实蝇病害程度大大减轻。韶关局还多次派出专业技术人员到该企业就三华李的种植管理、病虫害防治和农用化学品使用等方面进行技术指导，帮助企业建立健全质量管理体系，顺利达到出口果园的注册要求。

——韶关出入境检验检疫局网站

根据《出境水果检验检疫监督管理办法》规定，注册登记的果园、包装厂出现以下情况之一的，应当向检验检疫机构重新申请注册登记：

1. 果园位置及种植水果种类发生变化的；
2. 包装厂改建、扩建、迁址的；
3. 其他重大变更情况。

有的输入国家或地区法律要求我国的水果果园和包装厂另需在输入国或地区注册登记的，出境水果果园、包装厂应当经国家质检总局集中组织推荐，获得输入国家或地区官方检验检疫机构认可后，方可向有关国家输出水果。

（三）日常监督

检验检疫机构对所辖地区出境水果果园、包装厂进行有害生物监测、有毒有害物质监控和

监督管理。监测结果及监管情况作为出境水果检验检疫分类管理的重要依据。

1. 责令整改的情形

出境果园和包装厂出现下列情况之一的,检验检疫机构应责令其限期整改,并暂停受理报检,直至整改符合要求:

(1)不按规定使用农用化学品的;

(2)周围有环境污染源的;

(3)包装厂的水果来源不明的;

(4)包装厂内来源不同的水果混放,没有隔离防疫措施,难以区分的;

(5)未按规定在包装上标明有关信息或者加施标识的;

(6)包装厂检疫处理设施出现较大技术问题的;

(7)检验检疫机构检出国外关注的有害生物或有毒有害物质超标的;

(8)输入国家或者地区检出检疫性有害生物或有毒有害物质超标的。

2. 取消注册登记资格的情形

已注册登记的出境水果果园、包装厂出现以下情况之一的,取消其注册登记资格:

(1)限期整改不符合要求的;

(2)隐瞒或瞒报质量和安全问题的;

(3)拒不接受检验检疫机构监督管理的;

(4)出现重大变更事项,没有按规定重新申请注册登记的。

3. 行政处罚的情形

有以下情况之一的,检验检疫机构处以3万元以下罚款:

(1)来自注册果园、包装厂的水果混有非注册果园、包装厂水果的;

(2)盗用果园、包装厂注册登记编号的;

(3)伪造或变造产地供货证明的;

(4)经检验检疫合格后的水果被调换的;

(5)其他违反规定导致严重安全、卫生质量事故的。

二、出境种苗花卉生产经营企业注册登记制度

种苗花卉是植物检验检疫风险极高的农产品,受到世界各国检验检疫部门的高度关注。根据国家质检总局《关于加强进出境种苗花卉检验检疫工作的通知》,对出境种苗花卉生产经营企业全面实施注册登记管理,自2007年12月1日起,未获得注册登记的企业,不得从事出境种苗花卉生产经营业务。

(一)注册条件

从事出境种苗花卉生产经营企业要建立种苗花卉种植、加工、包装、储运、出口等全过程质量安全保障体系,完善溯源记录,推行节能、节水、环保的生产方式,加强对有害生物的监测与控制,采取有效措施防止病虫害发生与传播扩散。

种苗花卉种植基地应当具备相应条件。例如,建立种植档案,对种苗花卉来源流向、种植收获时间、有害生物监测防治措施等日常管理情况进行详细记录;近两年未发生重大植物疫情,未出现重大质量安全事故;配备专兼职植保员管理要求等。

加工包装厂及储存库应当具备相应条件。例如,厂区整洁卫生,有满足种苗花卉贮存要求的原料场、成品库,有符合检疫要求的清洗、加工、防虫防病及必要的除害处理设施,配备专、兼

职植保员管理要求等。

案例 7-5　张家港鲜切菊花香飘东瀛

张家港某公司出口的 4.5 万枝鲜切菊花经张家港检验检疫局检疫合格后出口日本，2008 年 6 月在日本顺利通过其检疫部门的检查并一天内售罄。至此，张家港今年上半年已顺利出口鲜切菊花 40 万株，创汇 140 万美元，张家港市鲜切菊花生产基地初具规模，鲜切菊花香飘东瀛。

张家港××农业科技有限公司主要面向日本出口菊花。该公司现有菊花种植面积 300 多亩，年产菊花 500 万枝，预计年创汇 300 万美元。菊花是日本人敬神、祭祀之物，市场需求量巨大，日本年需求量超过 60 亿枝，但本国只能满足 50% 的需求量，其余的多从韩国、中国进口。张家港××农业科技有限公司花卉基地主要培育种植"神马"、"优香"等畅销品种，并于去年成功打入日本市场。

据悉，出口鲜花是检疫高风险品种，而日本对进口鲜花的检疫要求又近乎苛刻，《日本植物防疫法》规定只容许日本常见的 36 种有害生物进境，其余均在禁止进境之列。菊花在生长期易受多种病虫害的危害，如鲜花生长期间容易发生蚜虫等害虫，而开花期间对蓟马具有强烈的诱集作用，所以蚜虫、蓟马等害虫的防治成效成为制约鲜花出口的瓶颈因素，病虫害的防控是制约菊花出口的关键。

张家港出入境检验检疫局相关负责人告诉记者，检验检疫局从多方面给予企业帮助和指导：在硬件上，指导企业增设防虫网、粘虫板等防疫除虫设施；在软件上，指导企业建立质量管理体系，每道工序都严格按程序规定进行管理；加强现场检疫监管力度，从种植到发运进行全过程监控；为企业提供病虫害防治和出口检疫等方面的技术指导和服务。检验检疫人员还经常深入企业种植基地和生产加工车间，根据菊花生产加工的实际，通过一系列栽培和防治病虫害的措施，探索出一套运作高效的菊花检验检疫监管模式，经过采摘、隔离、清理、除害处理、堆放、冷藏等层层把关，确保鲜切菊花的顺利出口。由于措施得力，出口的鲜切菊花在日本均顺利通关，并成为日本市场的抢手货。

——根据"人民网"2008 年 6 月 19 日讯整理，通讯员陈正桥

（二）注册登记程序

从事出境种苗花卉生产经营企业应向所在地检验检疫机构申请注册登记，填写"出境种苗花卉生产经营企业注册登记申请表"及提交相关证明材料。检验检疫机构要对提交的申请材料进行审核，并组织考核。考核合格的，颁发"出境种苗花卉生产经营企业检疫注册登记证书"，注册登记证书有效期为 3 年。

（三）日常监督

出境种苗花卉生产经营企业应对产品质量安全负责。检验检疫机构要建立出境种苗花卉生产经营企业诚信管理制度，做好良好和不良记录，鼓励企业诚实守信、合法经营。对伪造单证、逃避检验检疫、弄虚作假的企业、报检人或代理人，将取消其注册登记资格和报检资格，并按有关规定予以处罚。检验检疫机构查获非法出口（无注册登记）种苗花卉的，一律作销毁处理，并依法严肃查处有关责任人。

除以上企业的注册登记规定外，国家质检总局还规定了出境竹木草制品生产企业注册登记制度、出口植物源性食品原料种植基地备案制度，以及供港澳蔬菜种植基地、蔬菜生产加工

企业备案管理制度,需要了解具体内容的读者请查阅中国标准出版社出版的最新报检员资格考试教材。

三、出境植物和植物产品报检程序

(一)报检范围

根据《动植物检疫法》规定,出境植物及植物产品的报检范围包括:

1. 贸易性出境植物、植物产品及其他检疫物;
2. 作为展出、援助、交换、赠送等用途的非贸易性出境植物、植物产品及其他检疫物;
3. 进口国家(或地区)有植物检疫要求的出境植物产品;
4. 以上出境植物、植物产品及其他检疫物的装载容器、包装物及铺垫材料。

(二)报检地点

出口水果应在包装厂所在地检验检疫机构报检,注册果园不在包装厂所在辖区的,要提供产地供货证明。出境水果来源不清楚的,不予受理报检。

出境种苗花卉实施产地检验检疫、口岸查验放行制度。

(三)报检应提供的单据

除按规定填写"出境货物报检单",并提供外贸合同或销售确认书或信用证(以信用证方式结汇时提供)、发票、装箱单等有关外贸单据外,还应提供如下相应单证:

1. 濒危和野生植物资源需出示国家濒危物种进出口管理办公室或其授权的办事机构签发的允许出境证明文件,如"物种证明"或"濒危物种允许出口证明书"。
2. 输往欧盟、美国、加拿大等国家或地区的出境盆景,应提供"出境盆景场/苗木种植场检疫注册证"。
3. 出口水果的,应当提供果园与包装厂的"注册登记证书"(复印件);来自报检地检验检疫局辖区以外其他注册果园的,还需由注册果园所在地检验检疫机构出具水果"产地供货证明"。
4. 出口供港澳的蔬菜,报检时应当提交"供港澳蔬菜加工原料证明文件"、出货清单以及出厂合格证明。

报检单"所需单证"栏应当要求检验检疫局出具"中华人民共和国出入境检验检疫植物检疫证书"以及相关的原产地证书。

(四)输入国对包装的特殊要求

1. 中智水果植物检疫要求

对输往智利的水果,所有水果包装箱应统一用英文标注水果种类、出口国家、产地(区或省)、果园名称或其注册号、包装厂及出口商名称等信息。承载水果包装箱的托盘及货物外表应加贴"输往智利共和国"英文标签。

2. 出口秘鲁柑橘检疫要求

输秘柑橘果园、包装厂除了需在我国出入境检验检疫机构注册外,还需由秘鲁国家动植物检疫局和中国国家质检总局共同批准。其中,葡萄柚、橘子、橙、柠檬应采取针对实蝇的随航集装箱冷处理,柚子不需要冷处理,但必须用塑料膜包裹。柑橘包装箱上应用英文标出产地(省份)、果园名称或注册号、包装厂名称或注册号、"中国输往秘鲁"的字样。

第七章　植物及植物产品的出入境报检

复习题

判断题

1. 所有植物和植物产品进境前报检，都适用"进境动植物检疫许可证"作为已办理检疫审批的凭证。（　　）

2. 进出境食品的检验与进出境植物产品的报检无关。（　　）

3. 为从境外输入我国的植物种苗办理进境检疫审批手续后，为了物流方便，种苗可以从任意口岸报检、报关入境。（　　）

4. 经过消毒药水浸种、上色处理过的植物种子，在报检意义上属于植物产品而非植物范畴。（　　）

5. 我国大陆某土产进出口公司可以从国内不确定的农户那里采购外皮正常无斑的新鲜水果，然后报检出口。（　　）

第八章 部分海关监管货物的报检

在海关监管意义上可以保税、免税、便捷通关的货物,在报检意义上却不能全部免除检验检疫。对于部分海关监管货物,检验检疫机构有着严格的监管规定。

第一节 入境展览品的报检

入境展览品是指参加国际展览的入境展览物品及其包装材料、运输工具等,工作重点在于其检疫。入境展览品不必进行品质检验,如果属于强制性认证范围的,可免于3C认证。

针对需进行检疫审批的动植物及其产品,同样应当事先办理相应的检疫审批手续。入境展览品为旧机电产品的,应按旧机电产品报检手续办理相关证明。

ATA单证册项下的展览品办理出入境报检手续时,持证人或其授权代表可以持ATA单证册作为证明文件报检。ATA单证册项下货物可免于3C认证和品质检验,但如果涉及动植物检疫的(检验检疫类别代码含P的),仍应当按涉及进境动植物的规定报检。

展览物品入境前或入境时,货主或其代理人应持有关证单向检验检疫机构报检。检验检疫机构根据有关规定出具"入境货物通关单"。通关后展览品应运往指定存放地,由检验检疫人员实施现场检疫。经现场检疫合格或检疫处理合格的展览物品,可以进入展馆展出;经检疫不合格又无有效处理方法的,作退运或销毁处理。

入境展览品仅供用于展览,未经许可不得改作他用。展览品如果在境内被赠送、出售等,报检人应在转让前另行办理有关检验检疫手续。复运出境的展览品,需出具官方检疫证书(给其他国家或地区政府部门验看)的,应在出境前向出入境检验检疫机构报检;经检疫或除害处理合格后,出具有关证书并准予出境。

案例8-1 上海浦江检验检疫局积极做好花博会检疫工作

2003年在上海举办的中国国际花卉园艺展览会所涉及的检疫工作,由上海浦江检验检疫局全权负责。参展的境外种苗花卉经浦江局检验检疫发现,其中来自荷兰、德国的货物中,有4箱蝴蝶兰与3盆凤梨(荷兰)、1箱盆穴苗(德国)未在所列清单中,属于未经报检,当场予以没收处理。对此,涉及的三家国外展商无一表示疑义。

——选自上海检验检疫局网站内容

案例 8-2　擅自销售未检展品受处罚

2016年4月,福建某公司从我国台北进口一批台湾食品到平潭,货物抵达后,因对台小额商品交易市场开业需要,该公司在办理报检手续期间向福建检验检疫局原平潭办事处出具保函,将该20批未经检验检疫合格的商品分拨给该公司代理的各个商户,让其准时上架(展示)。该公司向商户说明,该批货物未获得入境货物检验检疫合格证明之前,只能展示,不能销售,否则将承担责任。

然而在商家展示的过程中,部分商户擅自销售了一些食品。后来,虽然该批台湾食品经检验检疫合格,但根据《中华人民共和国进出口商品检验法实施条例》第43条的规定,该公司仍被处以没收违法所得并处擅自销售食品货值金额10%的罚款。

本案中,某公司为了满足其代理的商户业务经营的需要,向检验检疫部门出具保函,让商户将未获得入境货物检验检疫合格证明的进口食品上架展示。但是,其却未对商户进行有效监管,以致个别商户为了经济利益擅自销售了一些未经检验合格的食品,一定程度上给国民的生命健康造成隐患。该公司虽未具体实施擅自销售行为,但由于其是该批进口台湾食品的收货人,应当承担违反《中华人民共和国进出口商品检验法》的法律责任。

——《中国国门时报》2016年4月11日报道,记者翁斌

第二节　进出保税区货物的报检

保税区是经国务院批准的,在中国境内设立的,具有保税加工、储运、转口功能的海关特殊监管区域。保税区货物报检规定的主要依据是《保税区检验检疫监督管理办法》等法规、规章。

一、报检范围

保税区内出入境货物及运输工具、集装箱的报检要求与一般的报检要求类似,只是检验检疫机构接受报检后实施检验检疫的业务与一般的规定有所不同。货物范围如下:

1. 列入《出入境检验检疫机构实施检验检疫的进出境商品目录》的进出境货物;
2. 法律法规规定由检验检疫机构负责检验检疫的进出境货物;
3. 运输工具和集装箱;
4. 应实施检验检疫的包装物及铺垫材料。

保税区内的企业办理报检手续前,应在检验检疫机构办理备案或注册登记手续。如果是从事加工、储存出境食品的企业,还应办理出境食品生产企业卫生注册登记手续。

二、检验检疫要求

保税区企业大部分非自用的货物的品质(质量)检验要求,基本上沿用类似海关监管"一线放开、二线管住"的规定,这和海关保税的规定比较类似。但是,货物的卫生检疫、动植物检疫以及企业自用设备等的检验检疫监管要求就不同了。

(一)关于从境外进入保税区货物的规定

1. 检疫要求

法定检验检疫对象,属于卫生和动植物检疫范围的,实施卫生和动植物检疫。应当实施卫

生和动植物检疫除害处理的,由检验检疫机构进行卫生除害处理。

从境外进入保税区的应检转口贸易货物在保税区短暂仓储的,如果将来不改变原包装转口出境并且包装密封状况良好、无破损、撒漏的,入境时仅实施外包装检疫,必要时进行防疫消毒处理。如果由于包装不良以及在保税区内需要进行分级、挑选、刷贴标签、改换包装形式等简单加工后再转口出境的,检验检疫机构实施卫生检疫、动植物检疫以及食品卫生检验。

其中,动植物、动植物产品和其他检疫物,从境外进入保税区报检时应当提供输出国家或地区政府部门出具的官方检疫证书;转口动物还应另行提供国家质检总局签发的"动物过境许可证"和输入国家(地区)政府部门签发的允许进境的证明。

经保税区转口的应检物在离区离境时,除法律法规另有规定和输入国家或地区政府要求入境时出具我国检验检疫机构签发的检疫证书或检疫处理证书的,一般不再实施检疫和检疫处理。

2. 品质检验鉴定要求

检验检疫机构对从境外进入保税区可以用作原材料的固体废物、旧机电产品、成套设备实施检验和监管;对外商投资财产按照有关规定进行价值鉴定。在办理通关手续后,再对货物实施检验。

从境外进入保税区的保税区内企业仓储物流货物以及自用的办公用品,出口加工所需原材料、零部件,可免于实施强制性产品认证。

案例 8-3　宁波检验检疫局保税区办事处相关案例

随着经济全球化和贸易自由化进程的加快,一些对生态环境、人类健康造成巨大威胁的有害生物、有害物质和流行疾病也时刻觊觎着国门。宁波检验检疫局保税区办事处(下简称"保税办")的检验检疫人员清醒地认识到,严格把关,不让有害生物和有害物质流入国门,确保一方平安就是对国家和人民的高度负责,就是对区域经济发展的最好服务。

有一次在对区内某企业的一批由马来西亚进境的 4 个集装箱实施木质包装检疫时,保税办人员发现,该批货物申报的是进口新设备,实际上是未办理任何进口审批手续的旧机电设备。有关工作人员及时将有关情况向领导做了汇报,保税办立即组织专业人员进一步对该批货物实施检验,发现这批货物中还夹带有两个压力容器。压力容器属于特种设备,无证进口属严重违规情况。保税办请来了特种设备检测所的专业人员对该压力容器进行检测,发现其中一台压力容器的内部有明显裂纹,如果安装使用后,内部产生压力会使裂纹加大,甚至有产生爆炸的危险,后果不堪设想。保税办及时将有关情况向企业及保税区管委会负责安全生产的部门进行了通报,并在检验检疫人员的监督下对这两台压力容器做了销毁处理,同时还对该企业的违规行为进行了处罚。

——摘自"中国保税区文化网"2007 年 10 月相关信息

(二)关于从保税区输往境外货物的规定

从保税区输往境外的法定检验检疫对象,检验检疫机构依法实施检验检疫。从非保税区进入保税区后不经加工直接出境的,保税区检验检疫机构凭产地检验检疫机构签发的"出境货物换证凭单"或"换证凭条"换证放行,不再实施检验检疫。如需要重新报检的,应按规定重新报检。

（三）关于从境内非保税区输往保税区货物的规定

法定检验检疫对象从中华人民共和国境内非保税区（不含港、澳、台地区）进入保税区时，不需要办理海关通关手续的，检验检疫机构不实施检验检疫；需要办理海关通关手续的，检验检疫机构按规定实施检验检疫并签发出境通关单。

（四）关于从保税区输往境内非保税区货物的规定

入境时已经实施检验的保税区内的货物输往非保税区的，以及从非保税区进入保税区的货物又输往非保税区的，不实施检验。

从保税区输往非保税区的法定检验检疫对象，除法律法规另有规定的，不实施检疫。属于实施食品卫生监督检验和商品检验范围的，检验检疫机构实施检验。对于集中入境分批出区的货物，可以分批报检、分批检验。符合条件的，可以于入境时集中报检、集中检验；经检验合格的，出区时分批核销。

从保税区输往非保税区的法定检验检疫对象，列入《强制性产品认证目录》的，应当提供相应的认证证书，其产品上应当加贴强制性产品认证标志。

保税区内企业之间进行销售、转移的货物及其包装物、铺垫材料、运输工具、集装箱（下简称"法定检验检疫对象"），检验检疫机构免于实施检验检疫。

第三节　进出出口加工区货物的报检

我国的很多出口加工区位于内陆地区，因此，出口加工区报检对于进出境货物卫生检疫、动植物检疫的要求同样较为严格。出口加工区货物报检规定的主要依据是《出口加工区检验检疫监督管理办法》等法规。

出口加工区货物的报检范围以及企业的备案或注册登记手续基本同保税区的有关要求。

一、加工区货物进出境检验检疫要求

（一）关于从境外进入出口加工区货物的规定

加工区内的企业为加工出口产品所需的进口料件、半成品以及其在加工区内自用的进口办公和生活消费用品，免于实施品质检验。但以废料为原料的，按有关规定实施环保项目检验。

鉴于从口岸到出口加工区可能要经过长途运输，因此，法定检验检疫的货物、集装箱以及运输工具应当接受卫生检疫；来自检疫传染病疫区的、被检疫传染病污染的，以及可能传播检疫传染病或者发现与人类健康有关的啮齿类动物和病媒昆虫的集装箱、货物、废旧物等物品以及运输工具应实施卫生处理。具体做法是，在报检时向检验检疫报检受理部门领取"检验检疫查验联系凭单"，待货物入区时及时通知查验部门安排查验。

动植物及其产品和其他检疫物，装载动植物、动植物产品和其他检疫物的装载容器、集装箱、包装物、铺垫材料以及来自动植物疫区的运输工具，进境入区前，应实施动植物检疫及检疫监督管理。

入境检验检疫通过后，检验检疫机构签发"入境货物通关单"，海关凭以验放。

（二）关于从出口加工区输往境外货物的规定

加工区输往境外货物都应报检，从加工区出境的属商品检验和食品卫生检验范围的货物，有下列情况之一的，应实施品质检验或食品卫生检验：

1. 标明中国制造的；
2. 使用中国注册商标的；
3. 申领中国原产地证书的；
4. 需检验检疫机构出具品质证书的。

出境检验检疫通过后，检验检疫机构签发"出境货物通关单"，海关凭以验放。区内企业的加工产品出口，凡符合中华人民共和国出口货物原产地或普惠制给惠国原产地规则的，报检人均可向检验检疫局申请签发一般原产地证书或普惠制原产地证书。

二、加工区货物进出区检验检疫要求

(一)关于从境内区外输往加工区货物的规定

为提高效率，避免重复检验，区外运入加工区的任何货物，检验检疫机构不予检验检疫。"区外"系指加工区以外的中华人民共和国关境内其他地区。

(二)关于从加工区输往境内区外货物的规定

出口加工区运往区外的货物视同进口，加工区海关凭检验检疫机构签发的"入境货物通关单"办理报关手续。报检单位应及时与检验检疫部门联系检验检疫事宜。一般按如下要求实施检验检疫：

1. 属商品检验范围的，需实施品质检验；
2. 属食品卫生检验范围的，需实施食品卫生检验；
3. 属《中华人民共和国实施强制性产品认证的产品目录》内的，需按照规定办理强制性产品认证证书或相关的免办证明；
4. 属动植物检疫范围的，不再实施动植物检疫；
5. 属卫生检疫范围的，不再实施卫生检疫；
6. 从加工区运往区外的废料和旧机电产品，检验检疫机构按有关规定实施环保项目检验。

三、报检手续要求

针对进出加工区的货物应当报检，其中如果是加工区和境外之间的物流，报检单上"贸易方式"栏内填"出口加工区进出境货物"。如果是加工区和境内其他地区之间的物流，报检单上"贸易方式"栏内填"出口加工区进出区货物"。入境货物报检单上"启运国家(地区)"和"启运口岸"栏内均填"出口加工区"，出境货物报检单上"输往国家(地区)"栏亦同理填写。

第四节　自由贸易试验区检验检疫创新改革措施

一、自贸区概述

自由贸易区可分为两种。一种是广义的自贸区，是指两个或两个以上国家或地区通过签署协定，分阶段取消绝大部分货物的关税和非关税壁垒，改善服务业市场准入条件，实现商品、服务和资本、技术、人员等生产要素的自由流动。例如，2010年正式启动的中国—东盟自由贸易区(CAFTA)就属于这类。另一种是狭义的自贸区，1973年由国际海关理事会倡议并生效的《关于简化和协调海关业务制度的国际公约》(又称《京都公约》，中国于1988年加入该公约)

将其定义如下:"指一国的部分领土,在这部分领土内运入的任何货物就进口关税及其他各种税收而言,被认为在关境以外,并免于实施惯常的海关监管制度。"我国的中国(上海)自由贸易试验区较为接近于这种狭义的自贸区定义。

2013年9月29日中国(上海)自由贸易试验区正式成立,面积28.78平方公里,涵盖上海外高桥保税区、外高桥保税物流园区、洋山保税港区和上海浦东机场综合保税区这4个海关特殊监管区域。2014年12月28日,全国人大常务委员会授权国务院扩展中国(上海)自由贸易试验区区域,将面积扩展到120.72平方公里,后期被纳入上海自贸区的区域是金桥出口加工区、张江高科技园区和陆家嘴金融贸易区。

2015年以后,国务院陆续批复成立了中国(广东)自由贸易试验区、中国(天津)自由贸易试验区、中国(福建)自由贸易试验区、中国(辽宁)自由贸易试验区、中国(浙江)自由贸易试验区、中国(河南)自由贸易试验区、中国(湖北)自由贸易试验区、中国(重庆)自由贸易试验区、中国(四川)自由贸易试验区和中国(陕西)自由贸易试验区。至此,我国的自贸区数量增加到了11个。

二、上海自贸区检验检疫监管服务创新制度

根据国务院关于在自贸试验区开展制度创新,形成可复制、可推广制度的总体部署,国家质检总局深入研究自贸试验区的定位特点和政策需求,并指导上海检验检疫局开展了一系列检验检疫制度改革创新。上海局出台了23项检验检疫改革创新制度,努力探索可复制、可推广的试点经验,并对23项制度中的8项进行了重点提炼和完善,形成首批可复制、可推广的制度。这8项制度分别是进口货物预检验制度、第三方检验结果采信制度、全球维修产业监管制度、动植物及其产品检疫审批负面清单管理制度、出入境特殊物品风险管理制度、中转货物原产地签证制度、全程无纸化通关改革制度、分线监督管理制度。

资料卡8—1　检验检疫部门创新监管模式　推动自贸区全球维修产业快速发展

维修服务是产品售后服务的重要组成部分,也是制造业产业不可缺少的一环。据检验检疫部门有关人士介绍,传统的旧机电管理模式难以满足全球维修快进快出的通关需求,同时,维修生产过程中的"三废"存在环境保护风险,而且,电子类消费品也因政策限制无法入境。

以境外送修的电脑主板为例,在我国属于进口旧机电产品,在装运到我国之前,按常规需要先到国家质检总局直属的出入境检验检疫局备案,再凭备案凭证联系海外具有相关资质且被我国认可的检验机构进行预检验。正是这一道环节,曾让大多有志于发展入境维修业务的中国境内企业望而却步。这是因为,常规规定该环节耗时可能长达3~4个月,耗时太长会被客户认为我国的维修企业"不专业"、"不靠谱",商业机会将大量流失。

对此,上海出入境检验检疫局授予首批自贸区内企业开展入境维修业务资质,并免去了它们进行海外装运前检验的环节。不仅如此,检验检疫部门还简化了之前的备案手续,原本要跑市局的审批,改由在申请企业所在当地分支机构审批。后来,入境维修业务监管制度的便利化再度升级。自贸区内有资质企业通过前期风险评估的,其进口低风险的入境维修用旧机电产品无须每批次都备案,同一型号的只需备案一次;获得核准证明后,在有效期内,货物到达口岸后可直接报检报关。这样一来,不仅进一步节省了货物进口申报审批时间,也降低了货物在港口等待的仓储费用。

——节选自《浦东时报》2016年9月9日讯

检验检疫局在"一线"予以最大程度的便利，仅实施进出境检疫和重点敏感货物检验；在"二线"完善检验检疫便利化措施的基础上，做好进出口货物的检验检疫监管工作，对进出口产品实施前置备案注册、验证管理和后续监管措施。

检验检疫局按照进境检疫、适当放宽进出口检验、方便进出、严密防范质量安全风险的原则，在自贸试验区开展检验检疫监管制度创新。

以进境保税展示或保税展销（以下统称保税展示交易）货物为例，货物从境外首次经"一线"入区报检时，应在"入境货物报检单"上"特殊要求"栏内录入"保税展示"或"保税展销"字样。货物经"一线"入区时，检验检疫机构实施入区检疫。

保税展示交易货物首次经"二线"出区（来到我国境内普通地区）报检时，除一般报检资料外，企业还需提供登记账册和货物用于保税展示交易的相关证明材料，此时检验检疫机构对货物实施一次查验（此时货物尚未实施检验）。将来货物再次进出特殊监管区域时，凭登记、核销记录和企业承诺放行。保税展示货物需销售（进入我国市场）的，按照相关规定办理检验检疫手续。

检验检疫部门在自贸试验区运用信息化手段，建立出入境质量安全和疫病疫情风险管理机制，实施无纸化申报、签证、放行，实现风险信息的收集、分析、通报和运用，提供出入境货物检验检疫信息查询服务。

境外进入区内的货物属于检疫范围的，应当接受入境检疫；除重点敏感货物外，其他货物免于检验。对于一些低风险的进境动植物产品，如经过除害处理的木器家具、虫胶、脱脂羽毛制品等，进口进区报检时可免于提交输出国家或地区动植物检疫证书。

区内货物出区依企业申请，实行预检验制度，一次集中检验，分批核销放行。进出自贸试验区的保税展示商品免于检验。区内企业之间仓储物流货物，免于检验检疫。

在自贸试验区建立有利于第三方检验鉴定机构发展和规范的管理制度，检验检疫部门按照国际通行规则，采信第三方检测结果。

自贸试验区建立国际贸易单一窗口，形成区内跨部门的贸易、运输、加工、仓储等业务的综合管理服务平台，实现部门之间信息互换、监管互认、执法互助。企业可以通过单一窗口一次性递交各管理部门要求的标准化电子信息，处理结果通过单一窗口反馈。

复习题

判断题

1. 从境外运入我国保税区内的成套设备（新品，非食品加工用），由于不需要实施食品卫生检验和动植物检疫，所以质量检验也可以免于实施。（   ）

2. 从非保税区进入保税区后不经加工直接出境的货物，保税区检验检疫局凭产地局签发的检验检疫合格证明换证放行，不再实施检验检疫。（   ）

多项选择题

1. 以下说法错误的是（   ）。
  A. 出口加工区内企业从日本采购 20 台电脑显示器供自己企业办公使用，这些显示器必须通过 3C 认证才可入境
  B. 一批检验检疫类别为 P/Q 的货物从中国台湾运入我国某出口加工区，应当实施动植

物检疫；一个月后从加工区内运出，进入境内普通地区，还应再实施一次动植物检疫
C. 区外进入出口加工区的任何货物，检验检疫局并不检验检疫
D. 从保税区运入非保税区市场用于销售的一批3C认证范围内的日本产充电器，由于入境时按理应当已经实施了3C认证，所以现在就不用进行强制性产品认证了
2. 针对以下进入保税区的货物，应该实施相关检验检疫的是（　　）。
A. 来自菲律宾的一批转口贸易货物暂存于保税区，其货物运输包装外表的检疫消毒处理
B. 保税区内某企业从境外引进、打算企业自用的一套旧机电成套设备的法检项目安全质量检验
C. 来自境外的一批动物产品进入保税区计划存放5日后分别销往境内三个城市，这批动物产品的入保税区检疫工作
D. 来自中国香港的一批转口贸易货物（检验检疫类别为P/Q）在保税区内即将被分拆成小包装，然后和其他货物重新拼装成礼品组合促销装后出口，该转口货物的卫生与动植物检疫

第九章　出入境包装与集装箱的报检

很多进出境货物都使用运输包装来保护货物,同时便于搬运和清点。在报关领域,通常纸箱等运输包装作为货物的附属物,并不需要单独报关(部分重复使用的金属容器等例外);但是在报检领域,货物包装的报检是不可忽略的一个重要环节,如果货物合格但包装不合格,照样可能会严重影响货物的通关与交货时间。本章所指的包装如无特别说明,一般均指货物的运输包装(外包装),重点是出口货物的包装。

第一节　入境木质包装检疫的报检

《国际植物保护公约》(International Plant Protection Convention,IPPC)是1951年联合国粮食和农业组织(FAO)通过的一项有关植物保护的多边国际协议,旨在采取有效措施防止有害生物随植物和植物产品传播和扩散。2002年3月,国际植物保护公约组织发布了国际植物检疫措施标准第15号出版物《国际贸易中木质包装材料管理准则》,即为国际木质包装检疫措施标准。IPPC标识用以识别符合IPPC标准的木质包装,表示该木质包装已经经过IPPC检疫标准处理。我国已于2005年加入国际植物保护公约组织,所有进出境木质包装均应进行除害处理并加施IPPC标识。

案例9-1　来自泰国的进口货物木质包装检出1 000余只害虫

2008年10月28日,厦门检验检疫局在一批自东渡口岸进口的泰国食品木质包装中,截获1 000余只检疫性森林害虫,包括双钩异翅长蠹及其他长蠹科害虫。这也是今年在东渡口岸发现的检疫重要性高、截获数量最大的一次木质包装疫情,该局立即实施检疫除害处理。发现疫情的木质包装原产于泰国,共80只天然木托盘,分别装载在5个集装箱中进口。其中一个货柜的约20厘米长的木块中,检出双钩异翅长蠹40只,其余4个货柜木质包装物上也发现大量生活害虫。

双钩异翅长蠹除了危害木材、竹材、藤材及其制品,也可危害人造板以及木质建筑材料。这些"丛林杀手"会令寄主外表虫孔密布、内部蛀道交错,严重的几乎全部蛀成粉状,一触即破,完全丧失使用价值。故一旦双钩异翅长蠹在我国全面传播,将对我国的林业、生态环境、城市绿化等造成严重影响。

——"中国检验检疫服务网"2008年10月30日讯

一、检疫范围和 IPPC 标识

根据有关规定,这里的"木质包装"是指用于承载、包装、铺垫、支撑、加固货物的木质材料,如木板箱、木条箱、木托盘、木框、木桶(盛装酒类的橡木桶除外)、木轴、木楔、垫木、枕木、衬木等,但不包括经人工合成或者经加热、加压等深度加工(虫卵和活体已不可能存活)的包装用木质材料(如胶合板、刨花板、纤维板等)和薄板旋切芯、锯屑、木丝、刨花等以及厚度等于或者小于 6mm 的木质材料。

根据规定,进境货物使用木质包装的,应当在输出国家或者地区政府检疫主管部门监督下,按照《国际植物保护公约》(IPPC)的要求进行除害处理,并在木质包装侧面较明显的部位加施 IPPC 专用标识。除害方式包括热处理和溴甲烷熏蒸处理,标识加施方式包括烙印等。

二、报检规定

进境货物使用木质包装的,货主或者其代理人应当就木质包装本身向检验检疫机构报检。有 IPPC 标识的木质包装,进口报检时不再需要提供非针叶树木质包装声明或官方检疫证书(包括熏蒸证书、热处理证书、植检证书)。检验检疫机构按照以下情况处理:

1. 对已加施 IPPC 专用标识的木质包装,按规定抽查检疫,未发现活的有害生物的,立即予以放行;发现活的有害生物的,监督货主或者其代理人对木质包装进行除害处理。

2. 对未加施 IPPC 专用标识的木质包装,在检验检疫机构监督下对木质包装进行除害处理或者销毁处理。

3. 对报检时不能确定木质包装是否加施 IPPC 专用标识的,检验检疫机构按规定抽查检疫。经抽查确认,木质包装加施了 IPPC 专用标识,且未发现活的有害生物的,予以放行;发现活的有害生物的,监督货主或者其代理人对木质包装进行除害处理。经抽查发现,木质包装未加施 IPPC 专用标识的,对木质包装进行除害处理或销毁处理。

检验检疫机构对相关贸易单证上注明木质包装使用情况或出具"入境货物木质包装加施 IPPC 专用标识声明"的包装实施抽查;未注明或未声明的,实施批批查验。

案例 9-2　国外已加施 IPPC 木质包装被查出害虫活体

2011 年 2 月,外高桥保税区在对两批来自新加坡的自动柜员机和巧克力粉进行木质包装查验时,发现所有木质包装均按要求加施了 IPPC 专用标识,木质包装标记明确,木块新鲜。但查验人员经认真检查发现,木质包装有明显的蓝变症状,样品经送实验室鉴定,确认截获松材线虫。

2013 年 10 月 8 日,上海检验检疫局外高桥保税区办事处在物流园区的一批已加施 IPPC 标识的木质包装中检出活虫。检疫人员在查验过程中发现集装箱内有大量木屑,并且在木屑中发现了少量活虫,于是立即实施了掏箱,结果发现大量活虫及虫卵。经实验室鉴定,确认截获疫情包括天牛亚科幼虫、黑双棘长蠹和双钩异翅长蠹,其中双钩异翅长蠹为名录内检疫性害虫。

究其主要原因,在于各国对《国际植物保护公约》落实水平参差不齐。自加施 IPPC 专用标识的规定实施以来,各国虽然都有遵守,但其实各国进出境货物的数量和需求并不相同,一些进境货物相对较少的国家对检疫的概念并没有很重视，于是在出境环节很可能便会放松警惕，就造成了各个国家对该项规定具体细节的落实大相径庭。部分国家的企业甚至未严格按照有关程序和标准规范操作，且每个国家的除害处理方法并不完全相同。因此，有些木质包装虽然加施了 IPPC 标识，但其实"名不副实"，在检疫上仍然要提高警惕。

——国家质检总局网站"地方新闻"2013 年 12 月讯

检验检疫机构对未报检且按常理经常使用木质包装的进境货物，可以重点抽查其是否真的未使用木质包装。经抽查确认未使用木质包装的，立即放行；如经抽查发现使用木质包装的，按照前段所述规定处理，并依照有关规定予以行政处罚。

需要实施木质包装检疫的货物，除特殊情况外，未经检验检疫机构许可，不得擅自卸离运输工具和运递及拆除、遗弃木质包装。

为便利通关，对于经港澳地区中转进境未使用木质包装的货物，货主或者其代理人可以向国家质检总局认定的港澳地区检验机构申请对未使用木质包装情况进行确认并出具证明文件。入境时，检验检疫机构审核证明文件，通常不再检查木质包装，必要时可以进行抽查。

三、放行要求

列入《法检目录》的进境货物使用木质包装的，检验检疫机构签发"入境货物通关单"，并对木质包装实施检疫。

木质包装盛装的进境货物如果不属于《法检目录》内的，检验检疫机构检查包装的 IPPC 标识后，签发针对木质包装的"入境货物通关单"（备注栏内注明"仅用于外包装通关"），出入境检验检疫机构可在海关放行后实施检疫。

第二节　出境木质包装检疫的报检

自 2007 年 6 月 1 日起，我国对境内已加施 IPPC 标识，且采纳《国际植物检疫措施标准第 15 号》实施过熏蒸或热处理的木质，在出境木质包装报检时不再要求出具熏蒸/消毒证书或植物检疫证书。

案例 9-3　企业因使用木质包装不合格在澳大利亚通关遇阻

2009 年 3 月中旬，福建一家大型玻璃制造企业未按规定使用了未经检疫处理的木质包装，陆续运抵澳大利亚港口的玻璃产品因被澳检疫人员先后检出不符合进境检疫要求而被拒绝入境，后经企业多次与澳方沟通，最终允许进行检疫除害处理后入境。36 个集装箱无法如期通关，因滞港并作检疫处理等原因，给企业造成重大经济损失。

据调查，该企业使用的木质包装外表面包裹纤维板。企业误认为该种木质包装可不必进行检疫处理，离境前未向我国检验检疫机构申报。

——摘自国家质检总局网站

当然，如果输入国法律法规或信用证等有明确的证书要求的，我国检验检疫机构可按规定受理报检，视情况实施现场检疫核查并出具证书。对于要求出具证书的木质包装，应在证书有效期内出境;没有在有效期内出境的,按规定应重新除害处理并签发新证书。

使用木质包装的出口货物企业通常可以在制作或购买普通木质包装后,委托相关经认可的木质包装标识加施企业进行熏蒸,并加施IPPC标识,也可以向有相关资质的包装生产企业直接购买已经过无害处理的、有IPPC标识的木质包装。企业应尽量避免前期漏办手续而在口岸补熏蒸、补标识的事件发生。出境货物木质包装标识加施企业注册名单可在国家质检总局网站上查阅。

对木质包装实施除害处理并加施标识的企业应当向所在地检验检疫机构提出除害处理标识加施资格申请,考核合格后,检验检疫机构颁发给企业"出境货物木质包装除害处理标识加施资格证书"。

提供包装或除害服务的企业,应当提供给货主"出境货物木质包装除害处理合格凭证"。检验检疫部门在口岸对出境木质包装实施抽查制度,发现木质包装的,除查验是否有IPPC标识以外,还将核查标识是否与除害处理合格凭证上的信息一致。我国出境木质包装上加施的IPPC标识如图9-1所示。

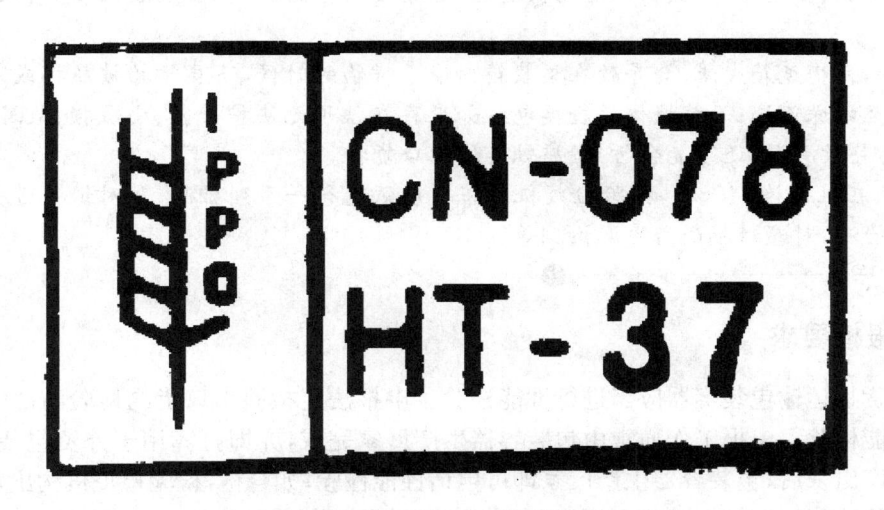

图9-1 我国出境木质包装上加施的IPPC标识

案例9-4 绍兴局查获一起伪造、冒用IPPC标识案

2008年6月28日下午,绍兴局接到某木包装处理企业的举报,发现绍兴一家出口企业仓库内有一批加施该公司处理标识的木托盘。接到报案后,绍兴局立即派员赶赴现场处理,执法人员从现场发现木质包装表面霉变潮湿,含水率严重超标,并查获假冒IPPC火烙印标志加施器一台,IPPC标识为假冒举报公司标识号。经初步调查,该批木质包装由绍兴县某纸品包装材料厂生产,检验检疫执法人员初步认定,绍兴县某纸品包装材料厂有伪造、冒用IPPC标识的嫌疑。目前,案件还在进一步审理中。

——绍兴出入境检验检疫局网站

第三节　出境货物运输包装的报检

本节所指的出境货物运输包装,是指列入《出入境检验检疫机构实施检验检疫的进出境商品目录》及其他法律、行政法规规定须经检验检疫机构检疫,并且检验检疫类别代码含"N"或"S"的出口货物的运输包装容器,如纸箱、钙塑瓦楞箱、麻袋、胶合板箱(桶)、纤维板箱(桶)、木板箱、塑料编织袋、塑料桶(罐)、钢桶、铝桶、镀锌桶等。

本节所述包装多是指用于盛装一般货物的运输包装;如系用于盛装危险货物的危险品运输包装容器,其出口报检另有规定。

资料卡 9—1　为什么出境货物运输包装要强制检验?

包装的合格与否非常重要。即使内装货物合格,但如果包装不合格,就很可能造成货物的破损、污损、变质等,导致出口货物被退运,运输公司索赔,甚至影响我国出口产品的整体形象。

例如,瓦楞纸箱太薄,会导致在集装箱内堆垛货物的时候,下层货物被压坏或内装货物散落,甚至堆垛倒塌;而装液体的桶类包装如果存在盖子无法拧严密、小破损、裂缝等缺陷,则很容易导致渗漏,还可能会污染、腐蚀其他出口货物。

因此在性能检验阶段,检验检疫机构将对包装进行一系列抽测,如对纸箱进行粘合检测、堆码检测,对塑料桶进行渗漏检测等。

一、报检要求

出口货物运输包装容器应当进行性能检验。申报法定检验出口货物检验前,需先申报包装容器性能检验。申报工作通常由包装容器生产厂家完成,亦即打算用于外贸包装的空的包装容器生产出来后,包装容器生产厂家即可申请性能检验;如合格,检验检疫机构出具"出境货物运输包装性能检验结果单"(下简称"性能检验结果单")。

出口货物生产企业或经营单位向生产单位购买包装容器时,生产包装容器单位应提供检验检疫机构签发的"性能检验结果单"(正本)给货物生产企业或经营单位。对于同一批号、不同单位使用的,或同一批号、多次发运出口货物的运输包装容器,在"性能检验结果单"有效期内,包装生产厂家可以凭此单向检验检疫机构报检,申请分单。

出口货物生产企业或经营单位向检验检疫机构申请出口货物检验检疫时,应提供"性能检验结果单"(正本),以便检验检疫机构核销。

出口危险货物运输包装容器在进行性能检验后,还要实施使用鉴定。使用鉴定的报检手续一般由危险货物(如易燃易爆、强腐蚀性的货物)的出口厂商或其代理人办理。

案例9-5　伪造性能检验结果单遭处罚

2001年4月23日上午,河北省雄县某厂在向保定出入境检验检疫局申报出口医用乳胶手套时,提供采用高科技彩色扫描技术制作的假出境货物运输包装性能检验结果单,企图逃避检验检疫部门对该批法定出口货物包装的监管。

受理人员在审查单据时,发现该单证虽然证面内容齐全,比如有证书正本的编号和加盖的检验检疫专用章,并且其用语及格式与检验检疫局签发的证书无别,但证书用纸和检验员签名有异样感,受理报检的人员用手仔细触摸,发现所用纸张有"坚硬厚实"的感觉,与平时所用的专业标准证书有所不同,检验员签字处的签名系非手签。受理报检的人员立即与包括主管出口货物包装检验鉴定工作的工检科在内的有关同志作进一步分析,通过对比证单用纸和证单签字,确认该份证书系伪造证书,遂当场查扣作进一步调查取证,并要求该报检员配合调查。

保定局的有关领导闻知后,立即组成了由主管局长负责、检务综合科同志参加的案件调查小组,对此事正式立案展开调查。调查小组通过询问该报检人,了解到其提供的包装性能检验结果单是该厂自己伪造的。原来,该份伪造的包装性能检验结果单是通过彩色扫描仪将原检验检疫局出具的真正的包装性能检验结果单转化成图片,然后处理去掉其中由检验检疫部门签字核销的内容,再通过高清晰度彩色激光打印机将其打印出来。该企业保证今后不再发生类似问题,同时交回了用于电子扫描用的包装性能检验结果单原件。

行政执法人员遂于同年4月28日,依法向河北省雄县某厂送达了"行政处罚决定书",对其处以人民币5 000元的行政处罚。

——摘自洪雷编:《进出口商品检验检疫》第八章案例

二、运输包装性能检验报检应提供的单据

1. 按规定填写并提供"出境货物运输包装检验申请单";
2. 生产单位的本批包装容器检验(企业自检)结果单;
3. 包装容器规格清单;
4. 客户(通常指出口货物生产企业或经营单位)订单及对包装容器的有关要求;
5. 该批包装容器之设计工艺、材料检验标准等技术资料。

三、"出境货物运输包装检验申请单"的填写

"出境货物运输包装检验申请单"样本如图9-2所示。

中华人民共和国出入境检验检疫
出境货物运输包装检验申请单

日期： 年 月 日　　　　　　　　　　　　　　　　　　　　＊编号＿＿＿＿＿＿＿＿

申请人（加盖公章）	（单位）		联系人	
	（地址）		电话	
包装使用人		包装容器标记及批号		
包装容器名称及规格				
包装容器生产厂				
原材料名称及产地		包装质量许可证号		
申请项目（划"√"）	□危包性能　　□危包使用　　□一般包装性能　　□			
数量		包装容器编号		
生产日期		存放地点		
危包性能检验结果单号				
运输方式（划"√"）	□海运　　□空运　　□铁路　　□公路　　□			
拟装货物名称及形态		密度		
拟装货物单件毛重		单件净重		联合国编号	
装运口岸		提供单据（划"√"）	□合同　□信用证　□厂检单　□	
装运日期		集装箱上箱次装货名称		
输往国家		合同、信用证等对包装的特殊要求	＊检验费	
分证单位及数量			总金额（人民币元）	
			计费人	
			收费人	
申请人郑重声明： 　上列填写内容正确属实，并承担法律责任。 　　　　　　　　　　　签名：			领取证单	
			时间	
			签名	

注：有"＊"号栏由出入境检验检疫机构填写　　　◆国家出入境检验检疫局制[1-3(2000.1.1)]

图9—2 "出境货物运输包装检验申请单"实样

1. 日期:检验检疫机构受理报检的日期。
2. 编号:由检验检疫机构受理报检人员填写。
3. 申请人(加盖公章):填写报检单位的全称,并加盖报检单位公章或已向检验检疫机构备案的"报检专用章"。如果是电子申报,只需录入报检单位的10位数备案登记号便可自动显现单位名称。
4. 联系人:填写报检人员姓名。
5. 包装使用人:根据实际情况填写包装的使用单位。
6. 包装容器名称及规格:填写所报检包装容器的名称和规格。如果是电子申报,名称需在申报系统中通过点击下拉框进行选择;对于无对应名称的,可在报检单中手填。
7. 包装容器生产厂:填写包装容器的生产单位。如果是电子申报,只需录入生产厂家的10位数备案登记号便可自动显现单位名称。
8. 原材料名称及产地:填写制造包装容器原材料的名称和产地。产地应具体到县市行政区域;从国外进口的,填写"境外"。
9. 包装容器标记及批号:根据实际情况填写包装容器的标记及批号。无标记的,填写"N/M"。
10. 包装质量许可证号:填写包装生产单位的质量许可证号码。只在办理危险品包装性能检验报检时填写,其他情况下填写"＊＊＊"。
11. 申请项目(划"√"):根据实际情况选择填报。电子申报中选项有"一般包装性能"、"危包性能"(指危险货物运输包装性能检验,下同)、"危包使用"(指使用鉴定)三种;显示在报检单上的结果是四种,即"一般包装性能"、"食品包装"、"危包性能"、"危包使用"这四种项目。
12. 数量:填写包装具体数量。
13. 包装容器编号:包装容器有编号的,填写相应的编号。
14. 生产日期:填写包装容器的生产完毕日期。
15. 存放地点:填写包装容器的具体存放地点。
16. 危包性能检验结果单号:此栏仅供办理危险货物包装使用鉴定时,填写该批包装的性能检验结果单的号码。其他情况下填写"＊＊＊"。
17. 运输方式(划"√"):根据实际情况选择"海运"、"空运"、"铁路"、"公路",或在此栏最后空白处手填。
18. 拟装货物名称及形态:填写包装容器拟装载的货物名称。形态根据实际情况选择"固态"、"液态"、"气态"。
19. 密度:填写拟装货物的密度。
20. 拟装货物单件毛重、净重:根据实际情况填写。
21. 联合国编号:拟装货物属于危险品的,填写危险货物的联合国编号。拟装货物不属于危险品的,填写"＊＊＊"。
22. 装运口岸:填写货物装运出境的口岸,一般为报关地口岸。
23. 装运日期:填写货物拟装运出境的日期。
24. 提供单据(划"√"):选择报检时所提供的单据种类,从"合同"、"信用证"、"厂检单"中选择,其他单据在此栏最后空白处手填。
25. 集装箱上箱次装货名称:对于重复使用的包装容器,填写其上次所装货物名称。其他情况下填写"＊＊＊"。

26. 输往国家：填写已知出境货物的最终运抵国家或地区。

27. 分证单位及数量：属于分证报检的，填写相关分证信息。

28. 合同、信用证等对包装的特殊要求：填写合同或信用证中对包装检验的特殊要求，以及报检人对包装检验及出证方面的特殊要求。无特殊要求的，填写"无"，不能填写为"＊＊＊"。

29. 检验费：由检验检疫机构人员填写。

30. 申请人郑重声明：由报检人员亲笔签名，不得打印。

31. 领取证单：由报检人员在领取证单时填写领证日期并签名。

第四节　出口食品包装的报检

资料卡 9—2　小知识——有毒塑料不可用于食品包装

大家都知道，用来包装盛放食品的塑料应是无毒的，可是人们常忽视有的塑料却是有毒的这样一个事实，随手抄起一个塑料袋就用来装食品，这样对人体健康是有害的。我们常用的塑料袋中就有有毒的品种，例如，聚氯乙烯塑料就是有毒的。聚氯乙烯树脂无毒性，但在制作塑料的过程中加入了增塑剂邻苯二甲酸二丁酯或邻苯二甲酸二辛酯，它们都有毒性。另外，有些塑料制品中加入了稳定剂，而这些添加的稳定剂主要是硬脂酸铅，它也有毒性，这种铅盐极易析出，一旦进入人体就会造成积蓄性铅中毒。所以包装食品时要用专用的食品袋，绝不可乱用。

一、报检范围

出口食品包装容器、包装材料（下简称"食品包装"）是指已经与食品接触或预期会与食品接触的出口食品内包装、销售包装、运输包装及包装材料。

二、报检时间和地点

食品包装及材料的生产企业在提供出口食品包装及材料给出口食品生产企业前，应到所在地检验检疫机构申请对该出口食品包装的检验检疫，填录"出入境包装及材料检验检疫申请单"。

三、包装报检要求

1. 包装生产企业在申报时应注明出口国别；

2. 经检验检疫合格的，由检验检疫机构出具"出入境食品包装及材料检验检疫结果单"，证单有效期为 1 年；

3. 未经检验检疫机构检验检疫或经检验检疫不合格的食品包装，不得用于包装、盛放出口食品；

4. 出口食品生产企业在生产出口食品时，应使用经检验检疫机构检验合格的食品包装及材料；

5. 出口食品报检时，需提供检验检疫机构出具的"出入境食品包装及材料检验检疫结果单"。

四、检验检疫监督管理

1. 国家质检总局对出口食品包装生产企业实施备案管理制度。各直属检验检疫局具体负责对辖区相关包装生产企业实施备案登记。出口食品包装生产企业实行企业代码制,企业代码应根据标准要求标注在包装容器上。

2. 出口食品包装原则上由生产企业所在地检验检疫机构负责实施检验和监督管理。

3. 出口食品包装检验监管的范围包括对出口食品包装的生产、加工、贮存、销售等生产经营活动的检验检疫和监管。

五、出口食品运输包装加施检验检疫标志

根据国家质检总局2009年第134号公告,自2010年1月1日起,凡进口国家(地区)没有要求的,各出入境检验检疫机构不再对出口食品加施检验检疫标志。本部分内容主要是针对进口国家(地区)要求我国出口食品有CIQ标志的出口业务。

(一)运输包装加施检验检疫标志的出口食品范围

经我国出入境检验检疫机构检验合格的出口食品,如进口国或进口商要求,运输包装上可以加施CIQ检验检疫标志。具体范围包括水产品及其制品、动物源性食品、大米、杂粮(豆类)、蔬菜及其制品、面粉及粮食制品、酱腌制品、花生、茶叶、可可、咖啡豆、麦芽、啤酒花、籽仁、干(坚)果和炒货类、植物油、油籽、调味品、乳及乳制品、保健食品、酒、罐头、饮料、糖与糖果巧克力类、糕点饼干类、蜜饯、蜂产品、速冻小食品、食品添加剂。

(二)加施检验检疫标志食品运输包装的要求

1. 运输包装上必须注明生产企业名称、卫生注册登记号、产品品名、生产批号和生产日期,并加施检验检疫标志。

2. 标志应牢固加施在运输包装上的正侧面左上角或右上角,加施标志规格应与运输包装的大小相适应。

3. 应将加施标志的时间、地点、规格、流水号区段等信息登记在产品检验合格报告上,报检时提交产地检验检疫机构。

4. 出入境检验检疫机构应在出具的证单中注明生产企业名称、企业备案登记号、产品品名、生产批号和生产日期等,以确保货证相符,便于追溯。

运输包装为筐、麻袋、塑编袋、网袋等无法加施标志的,不加施标志;供港澳蔬菜重复使用的运输包装按照有关规定执行,不加施标志;散装食品不加施标志。

考虑到一些由专业外贸公司经营的出口食品不便在包装上标注生产企业名称的实际情况,凡不便在包装上标注生产企业名称的,可由企业提出申请,说明理由,经检验检疫机构审查同意后,可免于标注生产企业名称,但相应的包装上必须标注生产企业的卫生注册(登记)号。

第五节 进出境集装箱的检验检疫

集装箱尽管不算作包装,但作为一种常见的运输重要辅助设备,很多进出口货物都用集装箱运输,集装箱本身的检验检疫自然也就纳入了检验检疫机构的工作范围。

集装箱具有可以重复使用、可同时或先后装载不同类货物以及在输出国堆放会和地面直接接触等特点,这就决定了其每次进出境均需认真检验检疫。当然,由于拼箱货的常见性,多数情况下,集装箱空箱本身的报检是由国际物流公司、船公司和货代公司完成的。本节仅对集装箱检验检疫作简短介绍。

一、集装箱检验检疫的项目介绍

（一）卫生检疫

所有的进境和出境集装箱，都应当实施卫生检疫。卫生检疫的重点是对集装箱的外表进行卫生消毒处理，对其内部进行熏蒸（如有需要），检查集装箱的内部和下部是否带有泥土、火蚁巢、非洲大蜗牛、老鼠、害虫和杂草种子等。

> **案例 9-6　天津东疆检验检疫局在进境空箱内截获大量霉变小麦**
>
> 2017 年 6 月，天津东疆检验检疫局工作人员在对一批来自阿曼的进境空箱实施检疫查验时发现，其中一个集装箱内残留大量小麦，且已经霉变板结。经称量，这些霉变小麦约重 9 吨。检验检疫人员第一时间对该集装箱进行了封箱及除害处理。
>
> 根据我国进境集装箱空箱检验检疫工作的有关规定，进境集装箱空箱不得携带啮齿动物、蚊蝇、蜱螨等医学媒介生物，植物危险性病、虫、杂草及其他有害生物，动植物残留物、土壤、动物尸体以及国家禁止入境的其他物品。这种霉变小麦极易携带植物危险性病、虫、杂草籽及其他有害生物，属于规定明确禁止携带入境物，一旦传入，将对我国生态安全构成严重威胁。
>
> ——国家质检总局网站"各地新闻"

对于在境外已经实施过熏蒸处理的进境集装箱（不论是否装载货物），查验前应当先将其移至安全地带，打开箱门进行通风散气，以免箱内留存的溴甲烷气体对查验人员构成危害。如果有需要，检验检疫局还将对集装箱实施放射性检测和化学污染检测。

（二）动植物检疫

装载动植物、动植物产品和其他检验检疫物的进出境集装箱，应当实施动植物检疫；此外，装载入境货物的集装箱如果来自动植物疫区以及箱内带有植物性包装或铺垫材料的，也必须实施动植物检疫。

（三）适载检验

出境集装箱适载检验包括两种性质。一种是应发货人或承运人要求进行的检验，即在国际贸易中收货人关心装载货物的集装箱是否具有良好的适载性，承运人或发货人为了证明自己提供的集装箱是合格的，于是他们主动申请第三方身份的鉴定人进行适载检验，这一类适载检验属于非强制性检验。另一种属于法定的强制性检验。我国相关法律法规规定：对装运出口易腐烂变质食品、冷冻品的集装箱，承运人或者装箱单位必须在装货前申请检验，由检验检疫部门实施清洁、卫生、冷藏、密固等适载检验；未经检验合格的，不准装运。本小节的适载检验主要是指后者。

2001 年，国家质检总局发布国质检检函[2001]314 号通知，明确了易腐烂变质食品、冷冻品的商品编码范围。

适载检验适用于装载出境货物的集装箱。其中，针对普通干货集装箱，要做风雨密封鉴定等检验，包括箱体是否存在严重变形、撞凹、破损迹象，箱体底部是否锈蚀严重，箱内地板是否存在露头铁钉（物流活动中会损坏纸箱）等；针对冷藏冷冻货柜，要做装箱鉴定，检查制冷效果、保温效果以及内部清洁状况等。

此外，对于输入国要求实施检验检疫的即将出境集装箱，我国出入境检验检疫部门将按要求实施检验检疫。

案例 9-7　集装箱未经适载检验装载大米出口遭退运

1998年10月，辽宁某外贸公司使用8只标准集装箱装载150吨优质大米出口日本之后被退运。经了解得知，1998年7月，发货人在装箱前，未按规定申请检验检疫机构对拟装大米之集装箱进行适载检验，自行挑选8只新出厂的集装箱，将大米装入集装箱中发往日本。

发货人以为新集装箱一定能够适合装载条件，结果不然。货物到达日本之后，经日方鉴定，上述货物被气味污染，严重影响大米在日本市场的销售，原因系新集装箱中固有油漆气味，再加上航行途中外界高温影响，导致箱内油漆气味加重，严重污染箱内货物，故遭到退运。

——国家质检总局网站

二、报检要求

集装箱进出境报检主要是通过填报"出/入境集装箱报检单"向进出境口岸检验检疫机构报检（其中集装箱计划装货出境的，报检可以在启运地检验检疫机构完成）。在时间要求上，进境集装箱报检应当在办理海关手续前完成，出境集装箱报检和检验检疫应当在装货前完成。

对于进境集装箱，如果检验检疫合格的，检验检疫局将出具"入境货物通关单"或"集装箱检验检疫结果单"（具体视所装货物是否属于法检货物以及是否属于空箱进境而定）；需要实施卫生除害处理的，签发"检验检疫处理通知书"后进行处理，完成处理后如果报检人要求，可另出具"熏蒸/消毒证书"。

对于出境集装箱，如果检验检疫合格且不需实施卫生除害处理的，检验检疫局将出具"集装箱检验检疫结果单"；需要实施卫生除害处理的，签发"检验检疫处理通知书"后进行处理，完成处理后出具"熏蒸/消毒证书"。出境口岸检验检疫机构凭启运地检验检疫机构出具的"集装箱检验检疫结果单"或"熏蒸/消毒证书"放行。

对于过境的应检集装箱，由进境口岸检验检疫机构实施查验和必要的外表卫生消毒处理，离境口岸检验检疫机构不再检验检疫。

集装箱检验检疫有效期限为21天，超过有效期限的出境集装箱需要重新检验检疫。

复习题

判断题

1. 经过热处理并加施IPPC标识的出境货物用木箱包装，不需要再实施性能检验。
（　　）
2. 境外除害处理机构可以在对木箱进行除害处理后，先把IPPC标识加施在胶合板表面，然后将带有标识的胶合板裁成小块再钉在出口到我国的货物所使用的木箱上。（　　）
3. 进境货物使用木质包装的，如果报检人报检时声称包装已经过除害处理并有IPPC烙印，检验检疫局将实地查验；如果确实有IPPC烙印标记的，将立即予以放行。（　　）
4. 出口食品包装的报检由食品生产厂家负责。（　　）
5. 所有进境集装箱都应实施适载检验。（　　）

第十章 报检单的填制

第一节 "入境货物报检单"填制要求

空白"入境货物报检单"的样本如图10-1所示。电子报检的录入界面与此不同,但是,电子报检后打印出的纸质报检单样式和内容要求与报检单填制要求是一致的。另外,有时货主委托货代公司等代理报检单位报检的时候,需要由货主单位经办人员填好报检单草稿交给代理报检单位。因此,掌握报检单的填制要求,即使对于非报检员的相关从业人员来说也是很重要的。

1. 编号

企业发送电子报检信息后,受理回执中自动生成尾号为"E"的预报检号。正式编号由检验检疫机构报检受理人员填写:前6位为申报地检验检疫局机关代码,第7位为报检类代码(入境是1,出境是2,货物包装是3),第8、9位为年度代码,第10至15位为流水号。

2. 报检单位(加盖公章)

本栏目填写报检单位(自理报检单位或代理报检企业)的中文全称,并加盖报检单位公章或已备案的"报检专用章"。如果是代理报检的,填报代理报检企业的单位名;如果是自理报检的,填报自理报检单位的单位名。

3. 报检单位登记号

本栏目填写报检单位在检验检疫机构备案或注册登记取得的10位数号码,该号码需与"报检单位"一栏相符。

4. 联系人、电话

"联系人"是指报检本批货物的报检员姓名;"电话"栏目填报检人员的联系电话。如果填写错误,将直接影响联系施检工作。

5. 报检日期

本栏目填写检验检疫机构实际接受报检的日期,而不是指电子报检数据发送的日期。

6. 收货人

本栏目填写外贸合同中的收货方,应中英文对照填写(英文名称应当和外贸合同中的企业名称一致)。如果收货方不是入境货物的最终生产加工单位,依然应填收货方企业名称。另外,在录入电子报检数据的时候,必须同时录入收货人在检验检疫机构的备案登记号。

7. 发货人

本栏目按合同/信用证的卖方填写。大部分情况下,入境货物发货人是境外企业;对于无对应的中文名称的境外企业,发货人中文名称一栏可录入"＊＊＊"(此符号含义代表该栏目不

图 10—1 "入境货物报检单"空白实样

是漏填,而是没有内容)。

8. 货物名称(中/外文)

本栏目填写进口货物的中外文对照品名,其外文名称应与进口合同、发票品名一致;合同具体品名和我国海关税则编码对应的商品名称不一致的,以合同具体品名为准。如为废旧货物,应注明"旧品"或"废品"。多种货物录入次序应按"含检验检疫类别的货物、无检验检疫类别的废旧货物、无检验检疫类别的普通货物"的顺序列明。一份报检单最多只能申报 20 个品名,多于 20 个品名的需分单申报。

9. HS 编码

本栏目填写进口货物的商品编码,以当年海关公布的商品税则编码分类为准,目前为 10 位。若填报错误,将可能导致通关单上编码错误而无法通关。例如,金属研磨机床应填"8460402000"。

10. 原产国(地区)

本栏目填报该进口货物的原产国家或地区,有原产地证书的,以原产地证书标注的国家或地区为准,原产地认定规则与海关规定同。

特殊情况下,退运入境的货物原产国填报"中国"。在我国境内的出口加工区等海关特殊监管区域进行过实质性加工的货物出区运往我国境内时,原产国填报为"中国"。

11. 数/重量

本栏目填写本批货物的数/重量并注明数/重量单位。

海关税则对应的第一计量单位必须输入,第一计量单位输入后存在合同上约定的其他计量单位的,则输入其他计量单位。例如,合同成交 28.795 吨无缝钢管,但是税则上第一计量单位是千克,所以必须填 28 795 千克,下面再填 28.795 吨。有些商品法定第一计量单位是重量,而贸易成交计量单位是面积、长度、个数等,此时要注意准确换算。

本栏目内容应与合同、发票或报关单上所列的货物数/重量一致,重量一般以净重为准。

12. 货物总值

本栏目填报本报检批货物的总值及币种,应与发票、合同上的货物总值及币种一致。同一批次多品名货物,应分别列明各自的货值及币种。非贸易性货物进境的,以海关估价(报关单上的总价)为准。(如申报货物总值和国际、国内市场价格有较大差异,检验检疫机构保留核价的权利。)

13. 包装种类及数量

本栏目填写申报货物实际运输包装的种类及数量,应注明包装的材质。有的同种货物包装不止一种,有内包装、外包装,还有的是和托盘暂时固定在一起的,而 CIQ 系统只能选择录入一种包装,此时应当以外包装为准(如"木箱")或者填"其他"并手工加填具体包装种类。货物的包装必须按最终运输包装填报,尤应注意,有托盘包装的应该填报托盘,不能报成小件纸箱包装。

14. 运输工具名称号码

本栏目填写入境运输工具的名称及号码,如船舶填写船名、航次,飞机填写航班号等。海运货物报检时录入运输工具号码,格式为:交通工具名称/航次。如有转运,应填写入境航程的运输工具的名称、号码。空运进境如有分运单号的,应填报在"运输工具名称号码"栏运输工具之后(无分运单的可不填)。若报检时未能确定运输工具编号的,可只填写运输工具类别。

15. 合同号

本栏目填写对外贸易合同、订单或形式发票的号码。特殊情况无合同的,应注明"长期客户无合同"或"入境展览无合同"等原因。

16. 贸易方式

本栏目填写申报货物的贸易方式,根据实际情况选填一般贸易、来料加工、进料加工、易货贸易、补偿贸易、边境贸易、无偿援助、外商投资、对外承包工程进出口货物、出口加工区进出境货物、出口加工区进出区货物、退运货物、过境货物、保税区进出境仓储和转口货物、保税区进出区货物、暂时进出口货物、暂时进出口留购货物、展览品、样品、其他非贸易性物品、其他贸易性货物等。

贸易方式选择的正确与否,关系到某些进境货物可以免认证、某些项目免验以及检验检疫费用的计收等事宜。

17. 贸易国别(地区)

本栏目填写申报货物的贸易国别(地区),即合同卖方所属国家(地区)。未签订合同的,按发票卖方所属国家(地区)填写。

18. 提单/运单号

本栏目填报进境货物海运提单号、空运总运单号、铁路运单号。有转运的,填报最终入境运输工具的提运单号。如系汽车陆路运输的,填报运输车辆的国内行驶车牌号;系邮政运输的,填报邮政包裹单号。

19. 到货日期

本栏目填写装载货物进境的运输工具到达进境口岸的日期,格式为 8 位数字,包括年份 4 位和月、日 4 位。

20. 启运国家(地区)

本栏目填写装运本批货物的交通工具启运的国家或地区。如果发生中转,并在中转地发生过商业交易,则以中转国作为启运国家(地区);如果在中转地未发生任何商业交易,则该栏目依然填原启运国家或地区。从我国的保税区等海关特殊监管区域入境报检的,填"保税区"或"出口加工区"等。

21. 许可证/审批号

申报涉及需许可/审批的进境货物,应填写相应的许可证/审批号。例如,规定需有"进境动植物检疫许可证"以及其他进口证书(如"进口旧机电产品免装运前预检验证明书"、"固体废物进口许可证"等)报检的货物,应填写相应的证书号。若涉及多个许可证/审批号、证书号无法填写完整的,在报检单的"合同订立的特殊条款以及其他要求"栏备注或以附页的形式申报。

22. 卸毕日期

本栏目填写本批货物在口岸卸毕的日期。

23. 启运口岸

本栏目填写装运申报货物的运输工具的启运口岸。

转船一般不影响启运口岸的填报,但货物如果从内陆国家经陆路运输至他国海港口岸后装船出运的,按第一海港口岸来填。从我国的保税区等海关特殊监管区域入境报检的,填"保税区"或"出口加工区"等。

24. 入境口岸

本栏目填报本批货物从运输工具卸离的首个境内口岸的检验检疫局的名称和代码。

25. 索赔有效期至

本栏目按贸易合同签订的索赔有效期(主要针对进口货物不合格)的天数填写,未签订索赔有效期的,应当注明"无索赔期"。该栏目内容直接关系到检验检疫机构的施检和出证时间长短。

26. 经停口岸

本栏目填写所申报货物在启运后、到达我国进境口岸前,中途运输工具停靠时货物(含集装箱)发生过装卸的境外口岸名称。未经停有关口岸的,此栏可填"＊＊＊"。

27. 目的地

本栏目填写货物在我国境内销售、使用或最终运抵的地点,一般应当具体到县市行政区名称。该栏目直接涉及入境流向报检和异地施检报检的顺利进行。

28. 集装箱规格、数量及号码

进境货物若以集装箱运输,本栏目应填写集装箱的具体规格(20英尺、40英尺等)、数量及集装箱号。

29. 合同订立的特殊条款以及其他要求

合同对检验检疫有相关要求的,或收货人对质量、卫生或出具证书等有特殊要求的,应在此栏注明。其他检验检疫机构要求特别备注的情况也应注明。例如,入境参展物品备注"入境非销售展览物品,展毕退运出境"。进口旧机电产品,需输入装运前预检验证书编号或免装运前预检验证书编号。进口货物的监管条件中包含有"L"的,若需要3C认证的,需输入3C证书号;若免于办理的,需输入"免于办理中国强制性认证证明"号码;若无须办理的,则输入中文"无须3C认证"。进口废物原料,备注"国内收货人注册号:***;国外供货企业注册号:***"。进口食品、化妆品收货人实施备案管理,备注"备案编号"。

30. 货物存放地点

本栏目填写本批货物进境后拟存放的地点(具体地址),以便检验检疫机构顺利检验。

31. 用途

本栏目填写本批货物的实际应用范围。根据实际情况,选填种用或繁殖、食用、奶用、观赏或演艺、伴侣动物、实验、药用、饲用、介质土、食品包装材料、食品加工设备、食品添加剂、食品容器、食品洗涤剂、食品消毒剂、其他。如选择"其他"的,应当在报检单中手工填写具体用途。

32. 随附单据(划"√"或补填)

本栏目选择或补填报检员向检验检疫机构提供的报检单据,在对应的"□"内打"√"或补填。

33. 标记及号码

本栏目填写本批进境货物的运输标志(唛头),除了图形外的所有字符、数字,应与合同、发票等有关外贸单据和货物实际外包装保持一致。若没有唛头,填"N/M",不可填"***"。

34. 外商投资财产(划"√")

本栏目旨在确认进口的设备是否属于外商投资财产、是否要做价值鉴定。

我国检验检疫机构已不再进行强制性的外商投资财产价值鉴定工作。因此,企业在填制报检单的时候均应当选择"否",然后由检验检疫机构的工作人员来选择并填写。

35. 报检人郑重声明

本栏目是报检单打印出来后由报检员亲笔签名,不得打印。

36. 检验检疫费

本栏目报检时无须填写,仅供检验检疫机构计收费用时填写或打印。

37. 领取证单

本栏目报检时无须填写,在领取证单时,供报检员填写领证日期并签名。

第二节 "出境货物报检单"填制要求

空白"出境货物报检单"的样本如图 10-2 所示。

图 10-2 "出境货物报检单"空白实样

1. 编号

本栏目填写要求同"入境货物报检单"中"编号"栏目。

2. 报检单位（加盖公章）

本栏目填写要求同"入境货物报检单"中"报检单位"栏目。

3. 报检单位登记号

本栏目填写要求同"入境货物报检单"中"报检单位登记号"栏目。

4. 联系人、电话

本栏目填写要求同"入境货物报检单"中"联系人、电话"栏目。

5. 报检日期

本栏目填写要求同"入境货物报检单"中"报检日期"栏目。当然对于直通式电子报检而言，数据发送的日期一般情况下就是受理报检的日期。

6. 发货人

本栏目填写外贸合同中的卖方，应中英文对照填写（英文名称应当和外贸合同中的企业名称一致）。如果发货方（贸易商）不是出境货物的生产加工单位的，依然应填发货贸易商名称。另外，在录入电子报检数据的时候，必须同时录入发货人在检验检疫机构的备案登记号。

7. 收货人

本栏目填写外贸合同中的收货方。大部分情况下，出境货物收货人是境外企业；对于无对应中文名称的境外企业，收货人中文名称一栏可录入"＊＊＊"。

8. 货物名称（中/外文）

本栏目填写要求基本同"入境货物报检单"中"货物名称"栏目。

9. HS 编码

本栏目填写要求基本同"入境货物报检单"中"HS 编码"栏目。

案例 10-1　企业蓄意混淆零部件归类逃检被查处

2009 年 4 月，宁波一企业向宁海检验检疫局申请签发一批出口法检商品灯座和灯管的中国—东盟自由贸易区优惠原产地证书，灯座 1 000 个，放电灯管 2 900 个。签证人员审核单证时发现，企业申报的商品税则号列为 94059900（其他未列明发光物件的零件），是非法定检验的编码。而实际上灯座和放电灯管正确的商品税则号列分别应为 85366100 和 85393199，属于法定检验的出口商品。这一线索引起了签证人员的警觉，该企业有逃避出口商品检验之嫌，遂展开调查。

经进一步调查发现，2009 年 3 月，该企业申请的原产地证书所涉灯座和灯管产品已以 HS 编码为"94059900"、产品名称为"灯具配件"的名义向海关报关出口。当事人将法定检验商品未报经检验合格，以伪报 HS 编码的方式报关出口，违反了《中华人民共和国进出口商品检验法》第 5 条、第 15 条的规定，构成了逃避检验违法行为。最后，宁海检验检疫局依据《商检法》第 33 条的规定，对该公司实施了行政处罚。

——根据《中国检验检疫》2009 年第 10 期内容整理，作者王金利等

10. 产地

产地是指本批出口货物在我国境内的生产（加工）地，要求具体到县市行政区名。对于经过几个地区加工制造的货物，应当以最后一个对货物进行实质性加工的地区作为该货物

的产地。

转口贸易货物、暂时进境货物复出境的,产地填制"境外"。

11. 数/重量

本栏目填写要求基本同"入境货物报检单"中"数/重量"栏目。

12. 货物总值

本栏目填写要求基本同"入境货物报检单"中"货物总值"栏目。

13. 包装种类及数量

本栏目填写要求基本同"入境货物报检单"中"包装种类及数量"栏目。

14. 运输工具名称号码

本栏目填写装载货物出境的运输工具的名称及号码,如船舶填写船名、航次,飞机填写航班号等。

由于出境货物在报检时,一般只能确定是海运还是空运等,对于船名、航班等细节通常还无法确定,此时可以只填运输工具类别,如填"船舶＊＊＊"。

15. 贸易方式

本栏目填写要求基本同"入境货物报检单"中"贸易方式"栏目。

16. 货物存放地点

本栏目填写本批出口货物存放的具体地点、工厂仓库地址等,以便检验检疫机构顺利检验。

17. 合同号

本栏目填写要求基本同"入境货物报检单"中"合同号"栏目。

18. 信用证号

本栏目填写本批货物对应的信用证编号。对于不使用信用证结算的,应注明具体结算方式,如"T/T"等。

19. 用途

本栏目填写要求基本同"入境货物报检单"中"用途"栏目。

20. 发货日期

本栏目填写出境货物预定装运发货的日期。

21. 输往国家(地区)

本栏目填写出口货物离开我国关境直接运抵的国家或地区。途中发生运输中转的,只要未发生任何商业交易,仍然以最后运抵的国家(地区)为准;如发生商业交易,则填中转地所在的国家(地区)名。

本栏目内容应当与报关单上的"运抵国(地区)"栏目一致。

运到中国境内保税区、出口加工区的,填写"保税区"、"出口加工区"。

22. 许可证/审批号

本栏目填写需要办理加工单位注册登记、备案登记等登记类手续的出境货物(如玩具、食品、木制家具等)生产企业取得的相关许可证或审批的号码。

23. 启运地

本栏目填写出境货物的报关地。

24. 到达口岸

本栏目填写出境货物的境外运抵口岸。最终收货地点在内陆的,以货物最终卸离船舶的口岸为到达口岸。转船一般不影响到达口岸的填报。

25. 生产单位注册号

本栏目填写本批货物加工、生产单位在检验检疫机构备案登记的10位数代码。

26. 集装箱规格、数量及号码

本栏目填写要求基本同"入境货物报检单"中"集装箱规格、数量及号码"栏目。

27. 合同、信用证订立的检验检疫条款或特殊要求

本栏目填写要求基本同"入境货物报检单"中"合同订立的特殊条款以及其他要求"栏目。

28. 标记及号码

本栏目填写要求基本同"入境货物报检单"中"标记及号码"栏目。

29. 随附单据（划"√"或补填）

本栏目填写要求基本同"入境货物报检单"中"随附单据"栏目。

30. 需要证单名称（划"√"或补填）

本栏目根据需申请检验检疫机构出具的商检证书、卫生证书等证单，在对应的"□"内打"√"或补填，并注明所需证单的正、副本数量。

31. 报检人郑重声明

本栏目填写要求同"入境货物报检单"中"报检人郑重声明"栏目。

32. 检验检疫费

本栏目填写要求同"入境货物报检单"中"检验检疫费"栏目。

33. 领取证单

本栏目填写要求同"入境货物报检单"中"领取证单"栏目。

复习题

判断题

1. 出口家用双门电冰箱，报检单上的货物中文名称应该填"容积不超过××立升的各自装有单独外门的冷藏冷冻组合机"，因为税则上就是这样表示的，而不是填"某某牌BCD-268WBCS家用电冰箱"。（　　）

2. "入境货物报检单"中也有"需要证单名称"一栏。（　　）

3. "入境货物报检单"中"随附单据"一栏里面的"兽医卫生证书"、"动物检疫证书"等，通常是指境外（主要是官方的）机构为出口来华的货物签发的证书。（　　）

4. "出境货物报检单"中"随附单据"一栏里的供选择外贸单证有发票、提/运单、原产地证书等。（　　）

5. "入境货物报检单"中"货物总值"一栏，应当一律填写换算成人民币后的货值。（　　）

6. "入境货物报检单"中"随附单据"一栏，由检验检疫局工作人员根据报检员提供的单据种类填录。（　　）

7. 实施国家强制性认证制度的产品进境报检时，"入境货物报检单"中"许可证/审批号"一栏应当填录的信息包括3C证书或3C免办证明的证明编号。（　　）

单项选择题

1. 下列选项中,(　　)不能被填在报检单"贸易方式"一栏中。
A. 展览品　　　　B. 来料加工　　　　C. 无偿援助　　　　D. 观赏或演艺

2. 我国某出口商申请检验检疫局签发一般原产地证书,应当将相应的原产地证书签发申请填录在报检单的(　　)栏目中。
A. "随附单据"一栏的"原产地证"　　　　B. "启运地"
C. 需要证单名称　　　　D. "领取证单"

第十一章 电子检验检疫

国家质检总局以"提速、减负、增效、严密监管"为目标,以信息化为手段,开发建设了中国电子检验检疫的系统工程。

国家质检总局推出的"三电工程"是指企业与检验检疫局之间的电子申报、电子监管和检验检疫系统与海关之间的电子放行。

第一节 电子申报

电子报检是指报检人通过中国电子口岸或电子报检软件,通过检验检疫电子业务服务平台,将报检数据以电子方式传输给检验检疫机构,经 e-CIQ 电子检验检疫主干系统和检务人员处理后,将受理报检信息反馈给报检人,实现远程办理出入境检验检疫报检的行为。

目前能够进行电子报检的业务包括出入境货物的报检、进出境运输包装和进出境包装食品的报检,以及进出境木质包装、集装箱的报检等。此外,申请签发出口货物原产地证书及申请免于办理强制性产品认证等业务也可使用电子申报。

一、申请开通电子报检

符合相关条件并有意向开通电子报检的报检单位应当先在国家质检总局指定的机构办理电子业务开户手续,然后再向当地出入境检验检疫机构申请开通电子报检业务。

检验检疫机构批准开通电子报检的报检企业应使用经国家质检总局评测合格并认可的电子报检软件,或通过中国电子口岸关检一体化申报界面进行电子报检。国家质检总局评测认可的电子报检软件有企业端安装版和浏览器版两种。

如使用企业端安装版软件,只要将软件安装在报检企业的工作电脑上即可;如使用浏览器版软件,需要登录到专门的电子平台,通过网页方式进行电子报检。企业可自主作出选择。

二、电子申报基本环节

报检的电子申报和报关基本程序有些相似,检验检疫机构对报检数据的审核也是采取"先机审,后人审"的程序进行。这样安排有助于在入门环节利用计算机将大量不合格的以及有明显缺项的报检数据自动退回,减轻审单工作人员的劳动量,提高审单效率。

（一）审核程序

企业发送电子报检数据,电子审单中心按计算机系统数据规范和有关要求对数据进行自动审核。对不符合要求的,反馈错误信息;对符合要求的,将报检信息传输给检验检疫工作人员。工作人员进行人工审核,对于不符合规定的,在电子回执中注明原因,连同电子报检信息退回报检企业；对于符合规定的，将成功受理报检的回执反馈报检企业，提示报检企业与检验检疫机构联系检验检疫事宜。

（二）交单要求

受理出境货物电子报检后，报检人应按受理报检电子回执的要求，在检验检疫机构施检时，提交报检单和随附单据。

报检企业接到报检成功的电子回执后，与检验检疫机构联系检验检疫事宜。在现场检验检疫时，将由电子报检软件打印的报检单和全套随附单据交检验检疫工作人员审核；不符合要求的，检验检疫工作人员通知报检企业立即更改。

受理入境货物电子报检后，报检人应按受理报检电子回执的要求，在领取"入境货物通关单"时，提交报检单和随附单据。

电子报检申请人对已发送的报检申请需更改或撤销报检时，应发送更改或撤销报检申请。检验检疫机构按有关规定办理。

（三）无纸化报检

无纸化报检是指根据企业信用状况和货物风险分析，企业可通过简化纸质报检随附单证、通过检验检疫电子业务平台提交报检单及随附单证电子数据等进行报检的方式。

对企业来说，无纸化报检的最大便利是单证自存，即合同、发票、提单、装箱单等贸易单证由企业自行建档保存，报检时提交电子数据，免于提交纸质单证。但如果检验检疫机构需要审核纸质单证或调阅报检档案的，企业应积极配合。

企业应当登录全国检验检疫无纸化系统进行申报，网址是 http://cnwzh.nbciq.gov.cn。出入境检验检疫信用B级及以上的企业（包括进出口货物收发货人和代理报检企业等）可以使用无纸化申报。代理报检企业选择无纸化报检的，委托人与被委托人都应符合无纸化报检的要求。

对于符合性声明、第三方检测报告、加工贸易合同等多次使用的随附单证，首次报检时应提交检验检疫机构备案，在单证有效期内再次报检时可免于提交。对于涉及许可证件、国外官方证书，但未实现信息联网核查的进出口货物，暂不实施无纸化报检。

（四）收费与放行

报检单位应持报检单办理计费手续并及时缴纳检验检疫费。对电子报检的出口货物，检验检疫机构在实施检验检疫后，将按规定办理签证放行手续。

三、电子报检应注意的问题

1. 电子报检人发送的电子报检信息应与提供的报检单及随附单据有关内容保持一致，确保电子报检信息真实、准确。

2. 电子报检人需在规定的报检时限内，将相关出入境货物的报检数据发送至受理报检的检验检疫机构。

3. 对于合同或信用证中涉及检验检疫特殊条款和特殊要求的，电子报检人须在电子报检申请中同时提出。

4. 实行电子报检的报检企业的名称、法定代表人、经营范围、经营地址等发生变更时，应当及时向当地检验检疫机构办理变更手续。

第二节　电子申报的填录要求

　　电子报检界面不少栏目与纸质报检单存在不同之处,在此先以"榕基易贸"软件为例,讲述进出口货物电子报检的部分栏目特殊要求。榕基外贸服务平台主界面如图11-1所示。

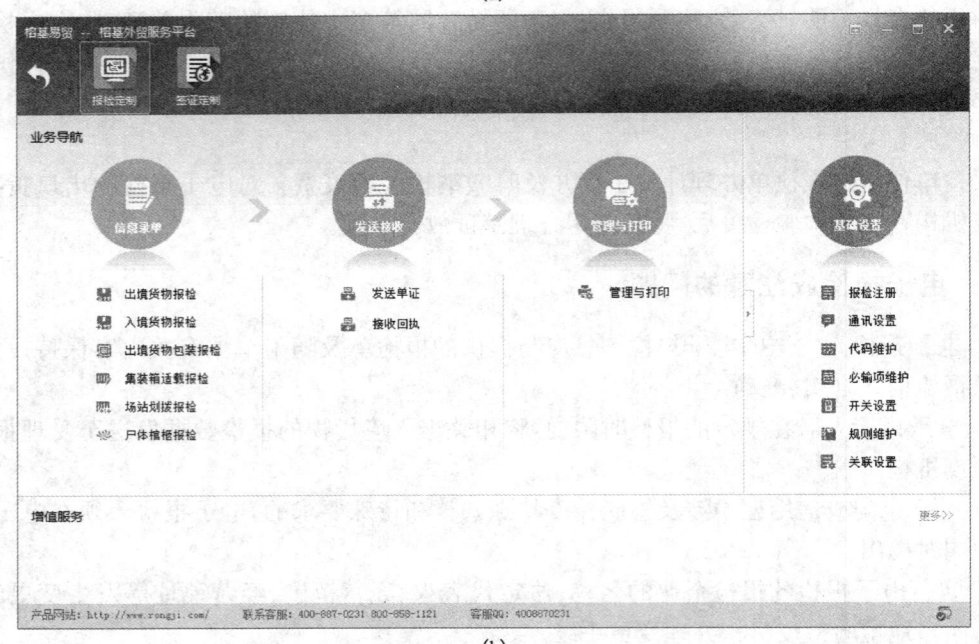

图 11-1　榕基外贸服务平台主界面

一、出境货物报检数据录入

出境货物报检的确定原则是：同一合同、同一品名、同一运输工具、运往同一地点、同一收货人的出境货物为一批，填写一份报检单。同一援外工程以及同一合同各种货物混装在一个包装箱内的出境货物，可以根据报检单位提供的出境货物清单按一批申报。法检货物和非法检货物属于同一报检批的，不必分开申报（下简称"混报"）。混报的报检单识别为法检报检单。货物顺序为：法检货物在前，非法检货物在后。

e-CIQ 出境货物报检界面如图 11-2 所示。

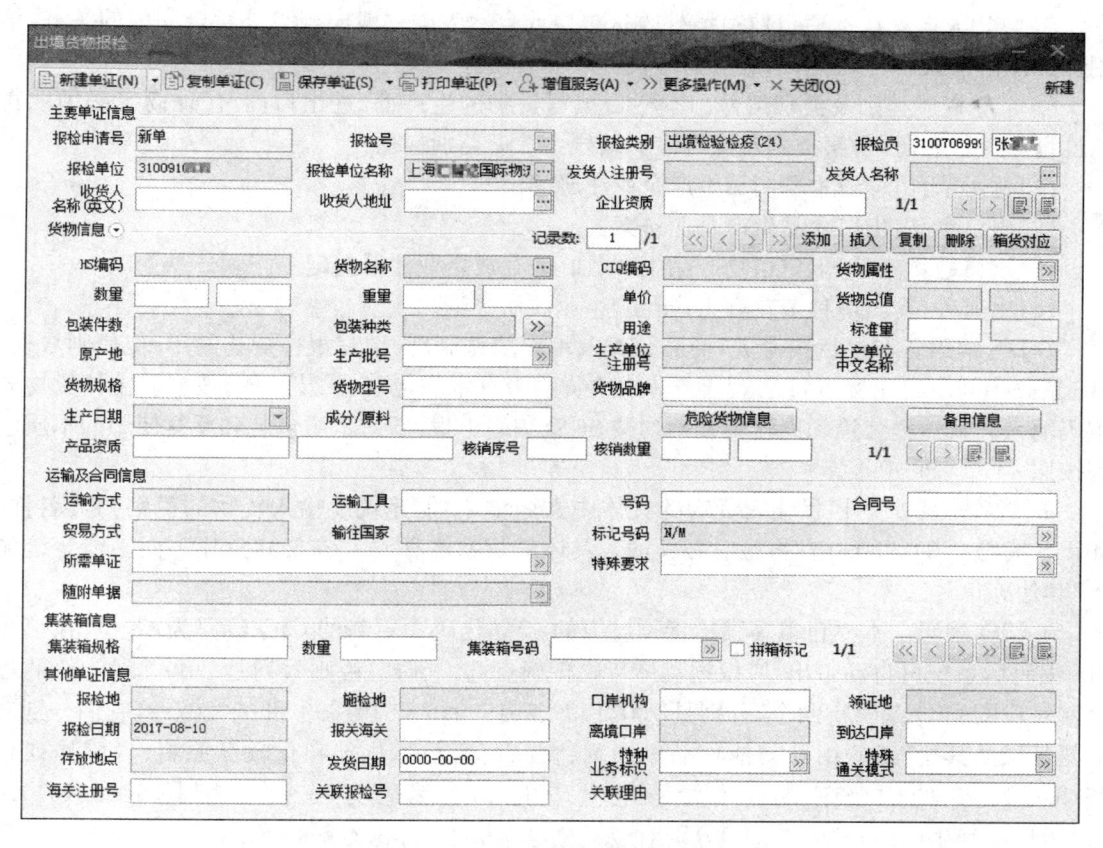

图 11-2　e-CIQ 出境货物报检界面

1. e-CIQ 系统内报检号实行全国统一编号管理，每批次编号唯一。报检号为 15 位阿拉伯数字：报检类别（1 位）＋年份（2 位）＋流水号（12 位）。第一位数字 1 表示入境，2 表示出境；第 2、3 位为受理报检年度的后两位；第 4～15 位为全国流水号。

2. 报检类别是必填项。出境报检的类别包括出境检验检疫、预检、核查货证和验证。出境货物在产地申报时通常选择"出境检验检疫"。

(1) 出口货物尚未确定收货人、装运日期或者运输方式等，需要申请提前实施检验检疫时，选择"预检"类别。

(2) "核查货证"是指凭"出境货物换证凭单"申报，需经口岸检验检疫机构进行查验货物的报检行为。"核查货证"由计算机系统自动设置，无须申请人员填写。

(3)"验证"是指凭"出境货物换证凭单"申报,需经口岸检验检疫机构审核证单放行的报检行为。一般情况下,系统根据预设的核查货证比例(一般货物为0.5%,重点敏感货物为5%)自动选择"核查货证"或"验证"。

3. 报检单位栏左边部分填写报检单位在检验检疫局的备案编号,右边部分会自动跳出报检单位的中文全称。

4. 发货人注册号和名称。本栏目填写在检验检疫机构备案登记的境内发货单位(生产企业)或自然人及其自理报检企业备案登记代码。出境预检的,可以填写生产单位名称。发货人通常是指外贸合同中的卖方或信用证的受益人。

5. 收货人名称。本栏目填写境外收货单位或自然人。一般应当与外贸合同中的买方、信用证开证申请人或合同/信用证指定的收货人英文名称一致。

6. 企业资质类别及类别编号。本栏目填写货物的生产商/进出口商/代理商等必须取得的许可/审批/注册/备案类别及许可注册编号。常见类别包括:

(1)竹木草:出境竹木草制品生产企业注册登记。
(2)出口食品:出口食品生产企业备案。
(3)出口植物产品:出口植物产品生产、加工、存放企业注册登记。
(4)出口种苗:出境种苗花卉生产经营企业注册登记。

7. HS编码。本栏目按海关《商品分类及编码协调制度》填写报检货物的10位税则号列,HS编码中间不得用标点符号隔开。非法检货物带有木质包装、集装箱的,按内装主体货物的编码输入。新造集装箱和周转集装箱均按86章编码申报,新造木质包装和反复使用的木质包装按照44章编码申报。

8. 货物名称。本栏目输入货物的具体中文名称,不能笼统地输入货物的税则归类名称。如HS编码0304299090在报检时必须输入具体的货物名称,如"冻狭鳕鱼片",而不能笼统输入"其他冻鱼片"。

9. CIQ编码。本栏目填写报检货物对应的CIQ代码。更新的CIQ编码为13位,在填写HS编码后系统可自动带出,应根据具体货物正确点选。例如,税则号列是2922.4210.00的谷氨酸对应的CIQ编码有四个,分别是10021199、05159999、05151699和05220799,它们分别对应氨基酸及其盐(工业用)、其他食品添加剂、食品用营养强化剂和化妆品原料;税则号列是8528.1221.00的阴极射线显像管彩电对应的CIQ编码有三个,分别是1125040101、1125040102和1125040103,它们分别对应彩色电视机Ⅰ类、Ⅱ类和Ⅲ类设备。

10. 货物属性。本栏目是系统新设的一个重要的栏目,填写出境报检货物的相关属性,请对不同货物选择相应项目。货物属性及代码包括食品及食品包装(14 预包装、15 非预包装)、转基因(16 转基因产品、17 非转基因产品)、货物(18 首次进出口、19 正常、20 废品、21 旧品、22 成套设备)、是否带皮木材/板材(23 带皮木材/板材、24 不带皮木材/板材)、特殊物品(25~28A、B、C、D级特殊物品,29V/W 非特殊物品)等。

11. 数量及数量计量单位。本栏目填写报检货物的数量,计量单位应该按照《计量单位代码表》填写,法定第一计量单位对应的数量或重量必须录入,并且不得改动法定第一计量单位。例如,法定第一计量单位是"米",不得输入"码"。

12. 重量及重量计量单位。本栏目填写报检货物的重量,重量一般以净重填写。如填写毛重或以毛重作净重则需注明,计量单位应该按照《计量单位代码表》填写。

13. 单价和货物总值。单价栏目按照发票、合同的货物单价输入,单价计量单位应以第一法定计量单位来计算。货物总值按照发票、合同的货物总值输入；加工贸易方式的，不得只申报工缴费。币种应按《世界各国和地区名称代码》(GB2659-2008)填写。

14. 包装件数和种类。本栏目填写出境货物的实际运输包装的件数及种类，包装种类应按照《出入境检验检疫运输包装种类代码表》填写。如一单货物有两种以上包装的，应添加辅助包装。同时有木质包装和其他包装的，应将非木质包装输入为辅助包装。

15. 用途。本栏目填写出境货物的使用范围或目的，如种用、食用、奶用、观赏或演艺、伴侣、实验、药用、饲用、加工等。货物用途应按照《出入境检验检疫货物用途代码表》填写。

16. 标准量。由系统按照后台维护好的换算率，自动将货物的法定计量单位与申报单位进行换算转换后会生成数值。

17. 原产地。本栏目填写出境货物的生产、开采、加工制造或者种养殖的地区。对经过几个地区加工制造的货物，以最后一个对货物进行实质性加工的地区作为该货物的产地；异地货物口岸拼装的，以货值最大的货物产地作为整批货物的产地；难以判定具体区县级行政区名称的货物，如海洋资源，则可以输入"中国"；退运货物、过境货物、进口货物复出口的情况，产地填"境外"。货物原产地通常应按照中国行政区划规范填写，具体到区县级行政名称，主要目的是能够明确区分不同的检验检疫机构辖区。例如，青岛市黄岛区或青岛市平度市，本栏不能输入山东省青岛市。

18. 生产批号。本栏目填写生产企业在货物生产过程中所编排的生产批号。多个生产批次号码的，以分号分隔。

19. 生产单位注册号和中文名称。注册号一栏输入生产单位在检验检疫机构备案登记的10位数代码。如发货人和生产单位不一致时，不得输入发货人的登记代码。对特殊情况确实无法输入生产单位备案登记代码的，如市场采购、伴侣动物、个人携带物等，应输入特殊单位代码(4位局机构代码+000000)，并在申请单上注明原因。

20. 货物规格和型号。本栏目填写报检货物的规格，如大小、轻重、精密度、性能等。型号栏填写本项报检货物的所有型号。有多个型号的，以分号分隔。

21. 生产日期。本栏目填写出境货物生产加工制造完毕的日期。分批制造的，指货物对应的最早一个批次完成的日期。

22. 危险货物信息。本栏目点击按钮进去后填写危险货物和包装信息。列入国家质检总局32号公告的危险品税号应填写此栏目内容。如为危险品，则填写UN编码、危险货物名称、危包类别及包装规格；如为非危险品，则勾选"非危险化学品"项。

23. 产品资质和核销数量。对国家实施出口许可/审批/备案等管理的出境货物，本栏目填写本项货物必须取得的许可/审批/备案名称、产品许可/审批/备案文件编号、产品许可/审批/备案文件项下本次核销货物序号、产品许可/审批/备案文件项下本次核销货物数重量等内容。

24. 运输方式。本栏目填写出境货物离境时使用的运输方式。运输方式包括水路运输、铁路运输、公路运输、航空运输、其他运输。填写"其他运输"时，还应另行说明。

25. 运输工具及号码。本栏目填写运输货物入/出境的有独立动力装置的交通工具名称及号码。运输工具名称是指运输工具的冠名或标牌名称；运输工具号码是指运输工具的航次、班次、车次或(车)牌号。出境货物报检时未能确定运输工具号码的，可只填写运输工具名称。

26. 贸易方式。本栏目填写出境货物的贸易方式，每一份报检单只允许填报一种贸易方式，贸易方式应按照《出入境检验检疫贸易方式代码表》填写。

27. 输往国家(地区)。本栏目填写贸易合同中买方所在国家或地区,或合同注明的最终输往国家或地区。输往我国境内特殊监管区域的,本栏目填写"中国"。对于发生运输中转的货物,如中转地未发生任何商业性交易,则输往国家(地区)不变;如中转地发生商业性交易,则以中转地作为输往国家(地区)。

28. 标记号码。本栏目填写货物运输包装上的标记(唛头),此项不能空缺,没有标记(唛头)或散(裸)装货物填"N/M"。标记(唛头)填写不下时可用附页填报,同时在本栏注明"详见附页"。

29. 所需单证和特殊要求。本栏目填写需要向检验检疫机构申请出具的证单(如装运前检验证书)类型,并应注明所需证单的正、副本数量。特殊要求栏填写贸易双方对本批货物特别约定的质量、卫生等条款,或检验检疫签证的特殊要求。货物输往国对检验检疫、签证有特殊要求的,需在此栏详细列明。

30. 随附单据。本栏目填写报检时除报检单外,随附的各类证明、凭单和其他证明文件。

31. 报检地。报检地栏目填写报检地检验检疫机构,企业在报检地申报并提交报检单和随附单据。

32. 口岸机构和领证地。口岸机构栏填写出境货物出境口岸的检验检疫机构。报检类别为"出境预检"时,口岸机构尚不明确,口岸机构为选填。领证地栏目填写领证地检验检疫机构,企业可在领证地领取检验检疫证单及通关单。

33. 报检日期。本栏目填写检验检疫机构受理报检单位报检的日期。以电子数据方式报检的,为检验检疫机构计算机系统接受电子数据并正式受理报检的日期;以纸质报检单方式报检的,为检验检疫机构接受纸质报检资料正式受理报检的日期。

34. 离境口岸。本栏目填写货物随运输工具离开的第一个离境口岸,填写具体出口口岸。

35. 到达口岸。本栏目填写出境货物随报检单上所填的运输工具最终抵达目的地停靠的(境外)口岸名称。

36. 海关注册号。本栏目填写发货人在海关备案注册取得的编号。

二、入境货物报检数据录入

入境货物报检的确定原则是:同一合同、同一发票、同一提单的入境货物为一批,填写一份报检单。如果同一提单中既有动物产品,又有植物产品,需要把动物类和植物类分开报检。部分栏目和出境报检有重复的,此处不再赘述。

e-CIQ 入境货物报检界面如图 11-3 所示。

1. 报检类别是必填项。入境报检的类别包括入境检验检疫、入境验证。

(1)需实施检验检疫工作的,选择"入境检验检疫"报检。

(2)仅需单证审核或货证核查、无须实施检验的,选择"入境验证"报检,包括:

①124 种人类食品和动物饲料添加剂产品,仅为工业用途、监管条件仅为 R 的货物,按照验证报检;

②贸易方式为样品、来料加工、暂时进出口货物的,不涉及食品安全环保卫生的工业品,按照验证报检;

③入境 3C 认证范围产品、监管条件仅为 L 的货物,按照验证报检;

④"出境维修复进口"、"暂时出口复进口"、"出口退货复进口"、"国内转移复进口"4 种特殊贸易方式的进口旧机电产品,按照验证报检;

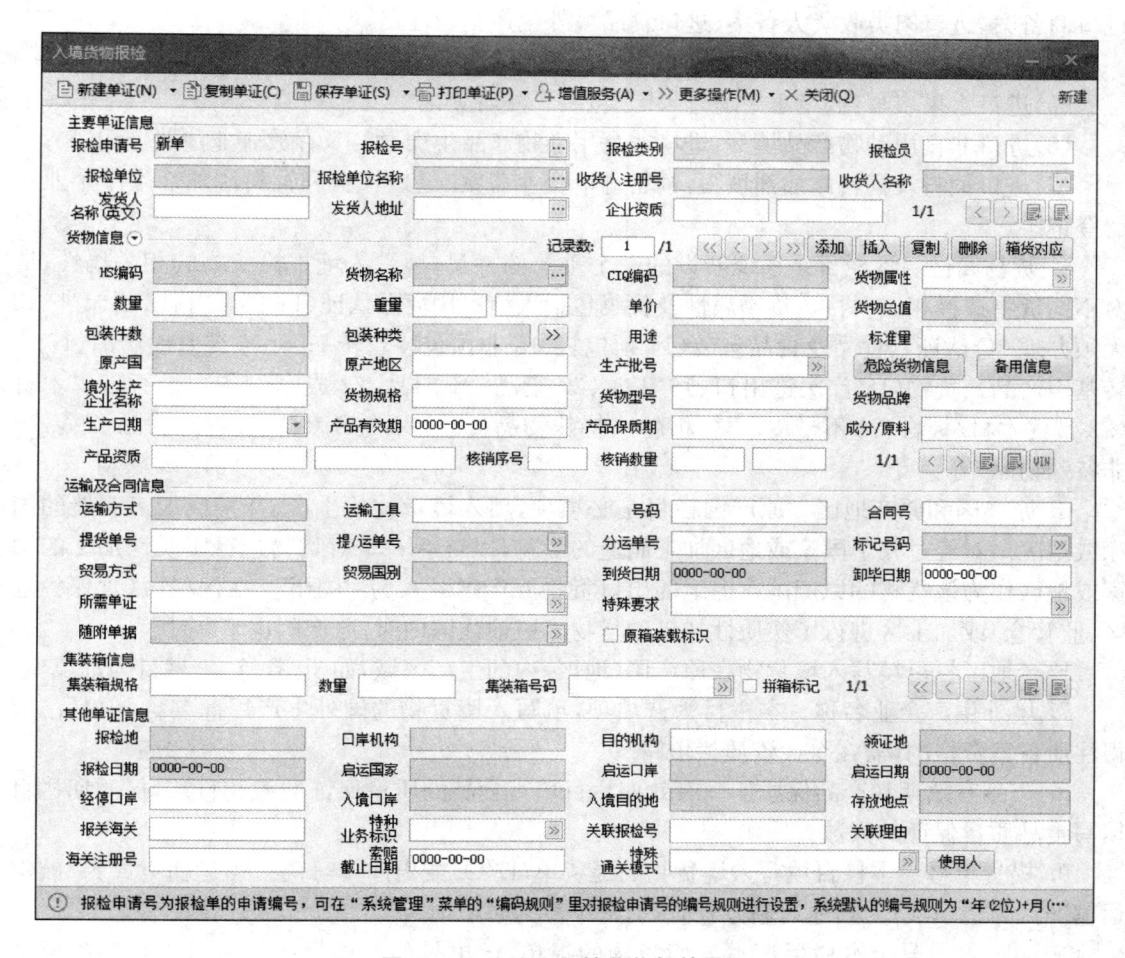

图 11-3　e-CIQ 入境货物报检界面

⑤非法检无代价抵偿货物，按照验证报检；

⑥首次进口、入境参展的工业品，按照验证报检。

2. 收货人注册号及名称。本栏目填写在检验检疫机构备案登记的境内收货单位或自然人（及单位备案号），收货人通常指外贸合同中的买方、信用证开证申请人或合同/信用证指定的收货人。

3. 发货人名称和地址。本栏目填写境外发货单位或自然人，发货人通常是指外贸合同中的卖方或信用证的受益人。除了我国的港、澳、台地区发货人外，一般是填写英文名称，发货人地址可以填写与合同一致的英文地址。

4. 企业资质。本栏目填写货物的生产商/进出口商/代理商等必须取得的许可/审批/注册/备案类别及类别名称、备案编号等信息。具体包括：

(1) 进口食品、食品原料类填写：进口食品境外出口商/代理商备案、进口食品进口商备案、进口食品境外生产企业备案、进口食品境外生产企业注册。

(2) 进口水产品填写：进口食品境外出口商/代理商备案、进口食品进口商备案、进口食品境外生产企业注册、进口水产品储存冷库备案。

(3) 进口肉类填写：进口肉类储存冷库备案、进口食品境外出口商/代理商备案、进口食品进口商备案、进口肉类收货人备案、进口食品境外生产企业注册。

(4)进口化妆品填写:进口化妆品收货人备案。

(5)进口水果填写:进境水果境外果园/包装厂注册登记。

(6)进口非食用动物产品填写:进境非食用动物产品生产、加工、存放企业注册登记。

(7)进口饲料及饲料添加剂填写:饲料进口企业备案、进口饲料和饲料添加剂生产企业注册登记。

5. 货物属性。本栏目是系统新设的一个重要的栏目,填写入境报检货物的相关属性,针对不同货物选择相应项目。货物属性及代码包括入境民用商品认证(11 目录内、12 目录外、13 无须办理 3C 认证)、食品及食品包装(14 预包装、15 非预包装)、转基因(16 转基因产品、17 非转基因产品)、货物(18 首次进出口、19 正常、20 废品、21 旧品、22 成套设备)、是否带皮木材(23 带皮木材/板材、24 不带皮木材/板材)、特殊物品(25~28A、B、C、D 级特殊物品,29V/W 非特殊物品)等。

6. 原产国和原产地区。原产国栏目是必填项,填入境货物的生产、开采或加工制造的国家或地区。对经过几个国家或地区加工制造的货物,以最后一个对货物进行实质性加工的国家或地区作为该货物的原产国。退运的出口货物原产国录入为"中国"。在保税区(含保税港区、监管仓)或加工区进行了实质性加工的货物出区输往国内时,原产国也填"中国"。

原产地区栏目填写入境货物在原产国(地区)内的生产区域,如州、省等,本栏目为选填项。

7. 境外生产企业名称。本栏目为选填项,填写入境货物的国外生产厂商名称,但是已取得注册备案资格的,需在企业资质栏填写。

8. 产品有效期和产品保质期。有效期栏目填写食品的质量保证的截止日期,保质期栏目填写食品质量保证的天数。

9. 提货单号。本栏目填写入境货物的提货单(D/O)或出库单号码。当运输方式为"航空运输"时,为选填项;为其他运输方式时,提货单号为必填项。

10. 提/运单号。本栏目填写入境货物的提单/运单号的总单号或直单号。有多程提单的,应同时填写;多个提单/运单号间用分号分隔。

11. 分运单号。本栏目填写入境货物的提单/运单的货代提单号或分运单号。

12. 贸易国别。本栏目填写签订进口贸易成交协议的缔约方所属的国家(地区)。

13. 到货日期。本栏目填写装载入境货物的运输工具抵达卸货口岸的日期。

14. 原箱装载标识。本栏目勾选是否原集装箱原箱运输。

15. 口岸机构。本栏目填写对报检货物实施检验检疫的机构。

16. 目的机构。本栏目填写目的地检验检疫机构;当目的地为非口岸的内地时,为必填项。

17. 启运国家和口岸。启运国家栏目填写入境货物起始发出直接运抵我国或者在运输中转国家(地区)未发生任何商业性交易的情况下运抵我国的国家(地区);对在运输中转国家(地区)发生商业性交易的,则以该运输中转国家(地区)为"启运国家(地区)"。货物来自境内特殊监管区域(含保税港区、监管仓等)的,本栏目填写"中国"等。

启运口岸栏目填写货物随运输工具离开的第一个离境口岸。启运口岸是启运国家(地区)所辖的口岸,不论是否发生中转贸易。启运口岸为境内特殊监管区(含保税港区、监管仓等)时,本栏目填写保税区对应口岸。

18. 经停口岸。本栏目为非必填项,填写入境货物随运输工具离开第一个境外口岸后,在抵达中国入境口岸之前所抵靠的所有发生货物(含集装箱)装卸的境外口岸。

19. 入境口岸。本栏目填写入境货物从运输工具卸离的第一个境内口岸。入境口岸为特殊监管区的,以特殊监管区所在城市为入境口岸;旅客进境携带物报检的,入境口岸为旅客进境的口岸名称。

20. 入境目的地和存放地点。入境目的地栏填写本批入境货物预定最终抵达的交货地,具体到县级行政区名称;存放地点填货物进境后的存放地点。

21. 索赔截止日期。本栏目填写外贸合同、信用证等外贸单证所规定的如遇入境货物不合格对外索赔要求的截止日期。

三、包装报检数据录入

出境货物包装电子报检在此以"榕基易贸"的 e-CIQ 客户端软件界面(见图 11-4)为例作简单介绍。

图 11-4　e-CIQ 出境货物包装报检软件界面

出境货物以同一包装容器生产企业、同一拟装货物、同一包装容器编号的包装容器为一批,填写一份报检单。

按照《运输包装检验规程》的有关要求,以下包装容器的性能报检每批最大报检量分别为:纸箱 25 000 只,木箱 1 000 只,钙塑箱 25 000 只,编织袋 100 000 条(危险品编织袋 10 000条),柔性集装袋 3 000 条,开口/闭口钢桶 5 000 只。超过最大报检量的,应当分批报检。

1. 报检类别。本栏目选择要求是:

(1)出境普通货物运输包装性能检验的报检,选择"普包性能"类别;

(2)出口危险货物运输包装性能检验的报检,选择"危包性能"类别;

(3)危险货物生产企业凭有效的"危险货物包装性能检验合格单"申请危包使用鉴定的报检,选择"危包使用"类别;

(4)出口食品包装的报检,选择"食品包装"类别。

2. 包装使用。本栏目填写在检验检疫机构备案并获得统一代码的出境包装使用单位的代码和企业名称。

3. 包装生产厂。本栏目填写在检验检疫机构备案并获得统一代码的出境包装的生产、加工和制造单位的代码和企业名称。

4. 生产工艺。本栏目只需要在食品包装情况下填写,填写制造包装容器的生产工艺。

5. 包装容器名称。本栏目填写包装容器的种类代码或包装中文名称,其中需注意,代码填写有一定专业性。

6. 分证标志。本栏目勾选并填写是否需要分证的标志位。需要分证时,一并在软件界面下方录入"分证单位代码"、"分证单位名称"和"分证数量"。

(1)分证单位代码是包装使用单位的检验检疫备案登记编号,单位名称同理。

(2)分证数量填写每个分证单位分到的证书数量。

7. 包装容器规格。本栏目填写包装容器的规格,如长、宽、高(以毫米为单位),直径乘以高度等。

8. 综合大小。本栏目由系统自动生成包装容器的综合大小。

9. 数量。本栏目填写包装容器的数量。

10. 标记及批号。本栏目填写包装上的标记和包装生产的批号;没有标记的,录入"N/M"。

11. 质量许可证号。本栏目只在"危包性能"类别下输入。填写包装生产单位的质量许可证号码。

12. 包装容器编号。本栏目填写包装容器上标识的编号。

13. 包装性能检验结果单号。本栏目只在"危包使用"类别下输入。填写出境危险货物的包装性能检验结果单的编号。

14. 内包装容器名称。本栏目为非必填项。填写拟装货物的内层包装,与外包装区别。例如,油漆装在开口(有盖)钢罐内,外面包装为双瓦楞纸箱,开口钢罐即为内包装容器。

15. 内衬方法。本栏目填写内外包装间具有固定、防漏功能的包装材料。例如,在油漆罐和外包装纸箱间放入泡沫,用于固定油漆罐,降低油漆泄漏的风险。

16. 拟装货物名称。本栏目为非必填项,填写要装载的货物名称。

17. 形态和密度。形态分为固态、液态、气态三种。密度栏填报货物比重。

18. 单件毛重。本栏目是必填项,填写每件拟装货物加上对应包装容器的重量。

19. 重量单位。本栏目填写报检货物的重量计量单位。法定计量单位为重量时,重量计量单位应与法定计量单位一致。计量单位应该按照《计量单位代码表》填写。

20. 联合国编号。本栏目在"危包使用"及"危包性能"类别下输入。联合国危险货物编号是一组 4 位数字(从 0001 到 3500),它们可以被用来识别有商业价值的危险物质和货物(如爆炸物或有毒物质)。

21. 检测报告号。本栏目填写实验室出具的关于申报包装的鉴定报告号码。

22. 装运口岸。本栏目填写报关地的口岸；录入时使用总局编制的国内口岸代码，以中文为准。

23. 提供单据和特殊要求。本栏目填写出境包装报检时，除报检单外，随附的各类证明、凭单和其他证据文件，如合同、信用证、厂检单、入境货物检验检疫证明等。特殊要求栏填写贸易双方对本批货物特别约定的质量、卫生等条款，或对检验检疫签证的特殊要求。货物输往国对检验检疫、签证有特殊要求的，在此栏详细列明。

24. 上箱次装货名。本栏目填写重复使用的包装容器上次所装货物的规范中文名称。

第三节 电子监管

中国检验检疫出境电子监管系统根据检验检疫现行的法律法规，运用现代质量管理理论和信息技术，把检验检疫工作前推到出口产品的生产过程的各个环节，以过程监督、项目检测、风险分析、关键控制、系统保证与符合性验证为基础，通过对产品生产过程的监督管理和数据监控，实施对企业产品质量控制、资源共享与数据及情况的采集，实现对产品质量的超前控制与闭环反馈控制，在此过程中进行质量跟踪、质量检测、质量预警、质量修正、质量评定和质量判断活动。

九城电子监管（企业端）生产批次数据管理界面如图11－5所示。

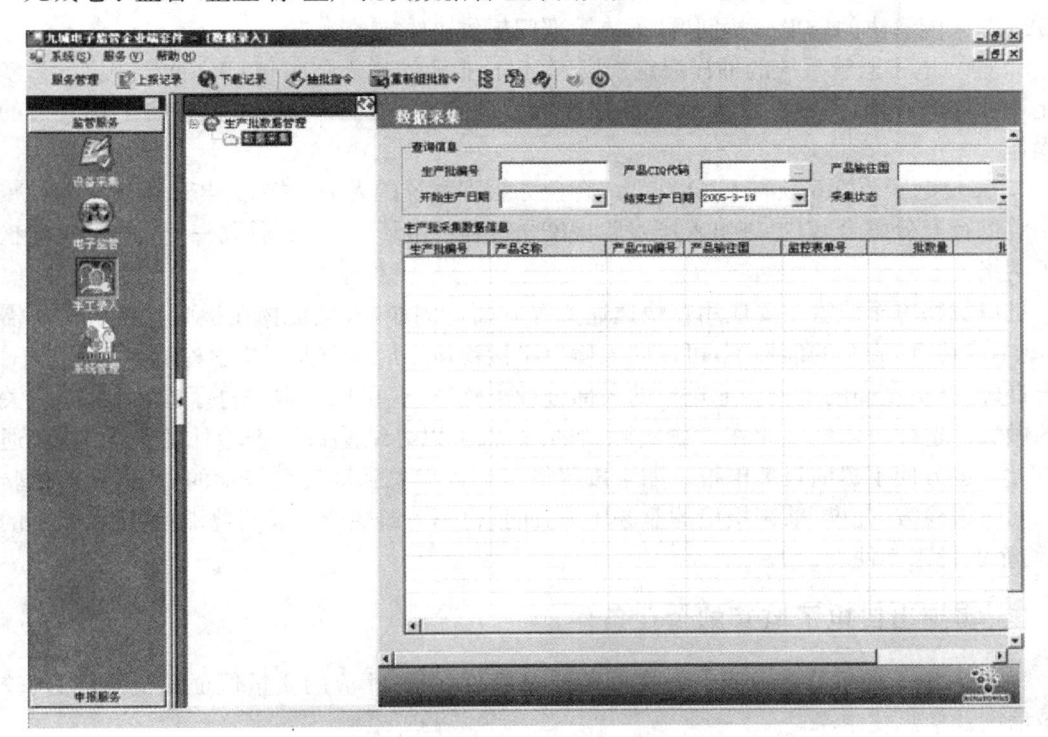

图11－5 九城电子监管（企业端）生产批次数据管理界面

一、电子监管的内容

出口产品电子监管是指在改革原有检验检疫监管模式的基础上建立企业电子档案，实行企业产品质量分类管理制度和风险评估机制,应用信息化管理产品的生产加工全过程(而非只检验最终产品),以提高工作效率。

1. 建立检验检疫法律、法规、标准和风险预警管理信息系统,为检验检疫活动提供支持,为企业提供帮助和指导。

2. 建立企业及产品管理系统,实现许可、注册、备案、登记等的电子化管理。

3. 结合企业分类管理等活动,对影响出口产品质量的生产企业管理体系进行评估,帮助企业提高自身管理的水平,从而提高企业出口产品的质量。

4. 完善监督管理系统,让检验检疫监督管理工作深入控制出口产品质量的关键环节,从源头抓产品的质量,推进出口产品监管工作。

5. 建立企业出口产品生产批的监督管理系统,合理选择过程监控项目和参数,规范企业端数据采集,通过数据监控和关键环节的监控,对在线数据、实验室数据等影响出口产品质量的关键数据进行采集,通过数据关联实现对不合格产品的可追溯,并实时调用所采集的信息,完成生产批合格预评定。

6. 建立出口产品合格评定系统,在出口产品风险分析的基础上,综合各方面信息,完成产品合格判定工作。对于生产过程监控系统范围内的出口产品,实现报检批与生产批的综合批次管理,将企业出口报检信息与企业生产监控信息有机关联。

7. 建立出口产品质量分析系统,实现对出口产品质量的全面分析和快速反应机制,解决CIQ2000未能解决的质量分析问题,为决策部门提供决策支持。

8. 建立电子监管系统的抽样评定规则库(包括企业抽样规则库和CIQ抽样规则库),实现对企业抽样的管理、评定以及CIQ验证抽样的管理和自动提示;支持检验检疫工作人员的业务操作。

9. 实现电子监管系统与CIQ2000综合业务管理系统的无缝衔接,并与出入境检验检疫其他系统进行充分整合,以推进出入境检验检疫全过程的电子化进程,形成一个完整的检验检疫电子网络。

进口货物电子监管主要应用在快速通关等方面。例如,入境货物在检验检疫机构所需单证(副本或传真)齐全的前提下,可以向入境口岸检验检疫局提前办理检验检疫申报手续;对于信誉良好、诚信度高的大型企业进口的大部分种类货物,还可以采取先办手续、后补交有关单证的做法。这样可以使企业在货物实际到港前,就可以办结除口岸查验外的检验检疫(通关前)手续,也方便了提前报关申报。如果按照传统的货物先到港后再报检的做法,不仅检验检疫局面临报检方"扎堆"前来报检的业务压力,而且也不可避免会延长货物滞留港区、机场的时间,给企业带来不便。

二、实施出口电子监管的企业条件

1. 进入电子监管的企业应具有良好的质量管理水平、相应的质量保证和检测能力、较高的诚信度及信息化水平。

2. 企业应具有检验检疫机构登记号,其产品属于实施电子监管的产品范围(如食品、玩具等)。

三、企业实施电子监管的步骤

1. 向当地检验检疫机构提出实施电子监管申请。

2. 申请单位经检验检疫机构确认后,申请企业电子密钥和个人电子密钥,并在中国电子检验检疫平台注册。

3. 检验检疫机构指定的集成商免费给企业安装电子监管企业端软件,并对企业相关操作人员进行培训。

4. 企业通过电子监管企业端软件向检验检疫机构进行生产批相关信息申报,在出口电子报检时实现信息关联和共享。

第四节 电子放行

电子放行包括电子转单和电子通关等内容,本节将逐一介绍。

一、电子转单

电子转单是指通过系统网络,将产地检验检疫机构和口岸检验检疫机构的相关信息相互连通,出境货物经产地检验检疫机构将检验检疫合格后的相关电子信息传输到出境口岸检验检疫机构,入境货物经入境口岸检验检疫机构签发"入境货物通关单"后,将相关电子信息传输到目的地检验检疫机构,实施检验检疫的监管模式。电子转单管理有助于遏制伪造、变造通关单、换证凭单内容以及进口货物通关后逃检的行为。

(一)出境电子转单

1. 产地检验检疫机构检验检疫合格后,通过网络将相关信息传输到电子转单中心。出境货物电子转单传输内容包括报检信息、签证信息及其他相关信息。

2. 产地检验检疫机构以书面方式向出境货物的货主或其代理人提供报检单号、转单号及密码等。

3. 出境货物的货主或其代理人凭报检单号、转单号及密码等,到出境口岸检验检疫机构申请"出境货物通关单"。

4. 出境口岸检验检疫机构根据出境货物的货主或其代理人的申请,提取电子转单信息,签发"出境货物通关单"。

5. 按《口岸查验管理规定》需核查货证的,出境货物的货主或其代理人应配合出境口岸检验检疫机构完成检验检疫工作。

(二)入境电子转单

1. 对经入境口岸办理通关手续,需到目的地实施检验检疫的货物,口岸检验检疫机构通过网络,将报检及相关其他信息传输到目的地检验检疫机构。

2. 入境货物的货主或其代理人持口岸检验检疫机构签发的"入境货物通关单"(第2联)向目的地检验检疫机构申请检验检疫并缴纳相应的检验检疫费。

3. 目的地检验检疫机构根据电子转单信息,对入境货物的货主或其代理人未在规定期限内办理报检的,将有关信息反馈给入境口岸检验检疫机构。入境口岸检验检疫机构接收电子转单中心转发的上述信息,采取相关处理措施。

资料卡 11-1 暂不实施电子转单的情况

1. 出境货物在产地预检的;
2. 出境货物出境口岸不明确的;
3. 出境货物需到口岸并批的;

4. 出境货物按规定需在口岸检验检疫并出证的(如活动物);
5. 其他按有关规定不适用电子转单的情形。

(三) 出境货物电子转单后的查验和更改

1. 查验:按照有关规定,口岸查验分为验证和核查货证。对于一般出境货物,检验检疫实行抽查检验;对于出口活动物,检验检疫必须逐批核查货证。

2. 更改:产地检验检疫机构签发完"换证凭条"后需进行更改的,按《出入境检验检疫报检规定》的有关规定办理。根据下列情况对电子转单有关信息予以更改:

(1) 对运输造成包装破损或短装等原因需要减少数重量的;
(2) 需要在出境口岸更改运输工具名称、发货日期、集装箱规格及数量等有关内容的;
(3) 申报总值按有关比重换算的,或变更申报总值幅度不超过10%的;
(4) 经口岸检验检疫机构和产地检验检疫机构协商同意更改有关内容的。

案例 11-1 进口电子转单逃检案积案两年终告破

2004年10月至11月间,江门检验检疫局收到广州机场检验检疫局转来的5份入境货物电子转单,号码分别为 442310104000241T、442310104000215T、442310104000234T、442310104000225T、442310104000205T,货物目的地为江门,收货人为江门市大×洋经贸有限公司(下简称"甲方")。检务科按有关规定多次敦促甲方办理报检手续,但其均无回应。2005年6月,广东检验检疫局执法稽查大队在对电子转单落实检验的专项稽查行动中,发现这起逃检案涉案货值大,而且又是旧机电产品(属敏感商品),建议江门检验检疫局对甲方立案调查。该局于同年6月29日对甲方立案查处。

执法人员调查发现,甲方与西藏自治区某进出口公司(下简称"乙方")签订了代理进口协议。在协议生效期间,乙方共向香港丙公司购买了5批旧机电设备,货值共55 191.05美元,折合人民币4 540 631元。乙方委托甲方以甲方的名义向江门检验检疫局办理报检手续,甲方向乙方收取每票货值千分之五的手续费。当甲方收到江门检验检疫局要求报检的通知后,才发现货物已被转卖到南海区,货物根本未到江门口岸。甲方称,他们从2005年1月1日起,已经停止代理乙方的一切进口旧机电产品报关报检业务,并称乙方擅自私刻他们的公章办理报关报检业务。而乙方在调查中也承认,他们在办理本案所涉进口旧机电产品的报关等手续时,均系使用私刻的甲方公司印章。至此,本案已有定论,即乙方公司是报检义务主体,可以对乙方公司进行处罚。

当江门检验检疫局准备向乙方公司发出处罚告知书时,该公司却杳无音信,其法人资格已注销。该局通过西藏检验检疫局了解到,乙方公司的债权债务主体是西藏某矿业有限公司。经多方努力,该局终于与西藏某矿业有限公司取得联系,该公司最后承认乙方的行为违反了检验检疫的相关法律,同意接受处罚。根据有关规定,江门检验检疫局决定对乙方公司处以罚款5万元整,并派出2名身体强壮、办案经验丰富的执法人员远赴西藏拉萨执行处罚决定。

——根据《中国检验检疫》2007年第2期有关内容整理,作者叶海明等

二、电子通关

电子通关包括进出口货物直通放行、绿色通道制度和通关单联网核查等工作。

（一）绿色通道制度

绿色通道制度是指对于诚信度高、产品质量保障体系健全、质量稳定、具有较大出口规模的生产和经营企业（含高新技术企业、加工贸易企业），经国家质量监督检验检疫总局审查核准，对其符合条件的出口货物实行产地检验检疫合格、口岸检验检疫机构免于查验的放行管理模式。

与出口直通放行制度不同的是，绿色通道制度下签发通关单的机构是口岸检验检疫机构；与普通的出境换证报检不同的是，绿色通道制度下口岸检验检疫机构审查电子转单数据相关信息如果无误，通常将不再像换证报检那样查验货证及批次号，而是直接签发"出境货物通关单"。

检验检疫机构如发现实施绿色通道制度企业不履行自律承诺的，或者有其他违规行为的，经核实后，国家质检总局将取消企业适用绿色通道制度的资格。

（二）通关单联网核查

检验检疫机构和海关对法定检验检疫进出口商品，实行出/入境货物通关电子数据与出/进口货物报关单电子数据的联网核查。具体做法是：检验检疫机构根据规定对法检商品签发通关单，实时将通关单电子数据通过质检电子业务平台、经电子口岸信息平台传输给海关，海关凭以验放法检商品，办结海关手续后将通关单使用情况反馈给国家质检总局。这项制度是自 2008 年元旦起正式实施的。

收发货人或其代理人应当保证通关单与报关单 5 项内容的一致，即：

1. 通关单的收/发货人与报关单的经营单位一致；
2. 入境货物通关单的输出国或地区与报关单的启运国或地区一致，出境货物通关单的输往国或地区与报关单的运抵国或地区一致；
3. 通关单上货物的项数和次序与报关单上法检商品的项数和次序一致；
4. 通关单上商品 10 位税则号列与报关单上对应法检商品的税则号列一致；
5. 通关单上货物数量/重量计量单位与报关单上法检商品的第一计量单位一致。

此外，系统还要求报关单上每项法检货物的法定第一数量不超过通关单上对应的数量/质量，出口货物报关单上"申报日期"在出境货物通关单有效期内。

海关系统可以通过 H2000 平台查看联网核查结果（见图 11-6），而企业则可以通过中国电子检验检疫业务网（www.eciq.cn）查询通关单状态信息。

通关单联网核查的目的是为了进一步提高口岸通关效率，推进无纸通关改革，方便合法进出口货物，有效防范和打击逃漏检行为，实现对法检商品的严密监管。

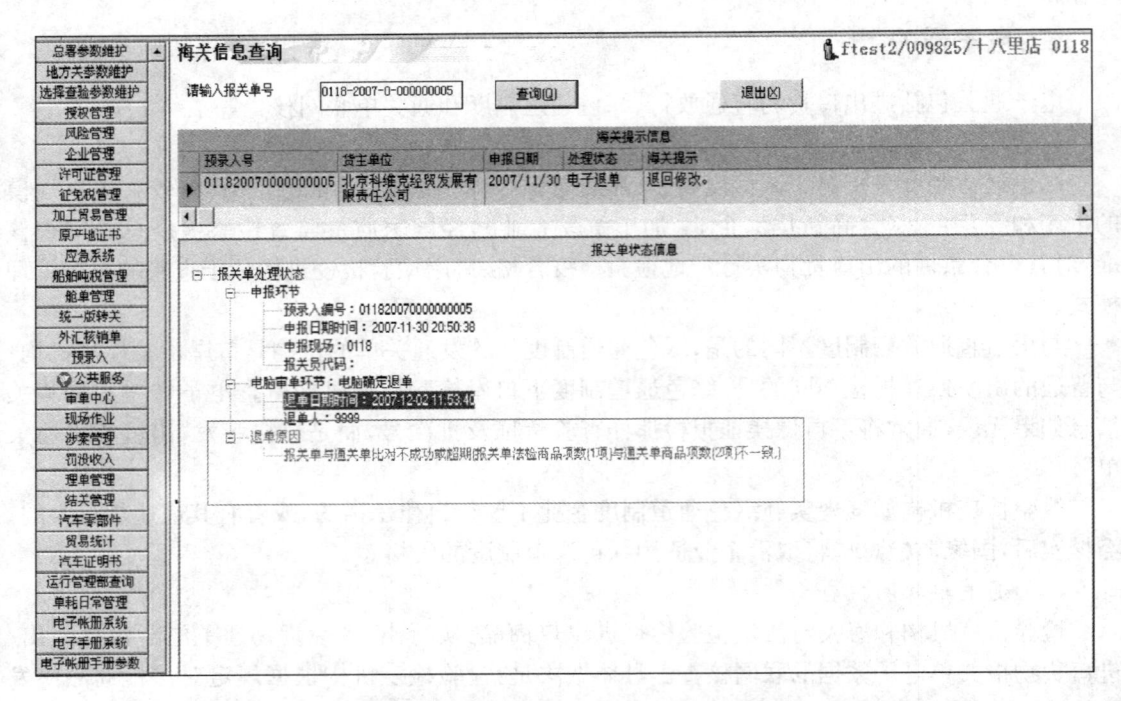

图 11—6　海关 H2000 管理平台中显示的报关单与通关单比对失败退单界面示例截图

复习题

判断题

1. 出口直通放行是指对符合条件的出口货物实行产地检验检疫合格、口岸检验检疫机构免于查验的放行管理模式。　　　　　　　　　　　　　　　　　　　　　　　　（　　）
2. 电子报检软件界面里的"用途"栏目,如果用途不明的,可以空着,无须填写。（　　）

单项选择题

1. 下列选项不属于通关单联网核查比对要求一致的内容是(　　)。
   A. 通关单和报关单上的商品中文品名要求一致
   B. 通关单和报关单上的商品税则编码要求一致
   C. 入境货物通关单的输出国或地区与报关单的启运国或地区一致
   D. 通关单上货物的项数和次序与报关单上法检商品的项数和次序一致

2. 硫酸厂出口硫酸时,要为装硫酸的桶专门作报检。在出境包装电子报检系统里,硫酸厂的报检员应该在"报检类别"栏目中选(　　)。
   A. 普包性能　　　　B. 危包性能　　　　C. 危包使用　　　　D. 以上都不对

案例分析题

1. C 公司是位于 A 地保税区内、以进料对口加工贸易方式、将国外进口部件生产加工为成品复出口的进料加工型企业,而 B 报关公司是代理报检企业。经查,2004 年 B 公司在代理报检 C 公司共 17 批出口变压器的过程中,将贸易方式为"进料加工"伪报成"保税区仓储转口"方式向检验检疫局申报,从而逃避商品检验,骗取出境货物通关单,随后在报关单上以"进料对口"的真实贸易方式向海关申报出境。该行为后被 A 检验检疫局查实,于是依法对 B 公司作出共计 12 万元人民币罚款的处罚决定。(案例引自洪雷编:《进出口商品检验检疫》,第73 页。)

问题:

(1)根据所学的报关、报检知识,你认为"保税区仓储转口"方式下的货物属于保税加工货物吗?

(2)根据这个案例,谈谈实施通关单联网核查的必要性(譬如当时若实施联网核查,这种行为是否能得逞)。

2. 甲企业进口工业用电气设备一台,检验检疫类别代码中有 L 字样,其代理报检乙企业——国际物流有限公司——要求甲企业先把设备的电压、具体用途等数据信息发来,随后乙企业告知甲企业报检可以不用提交 3C 证书复印件。甲企业疑惑原因,乙企业 Z 经理说:"现在你知道为什么要在电子报检界面里设置货物规格、型号以及用途栏目了吧?"

问题:Z 经理针对本业务不用办理 3C 认证所指的具体原因是什么?

附 录

附录一　报检企业登记证书实样

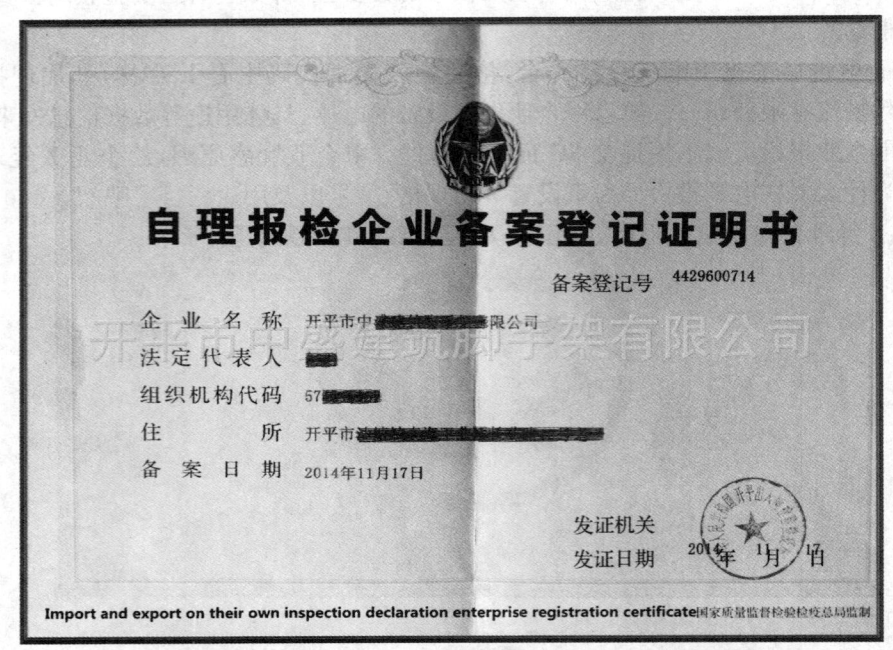

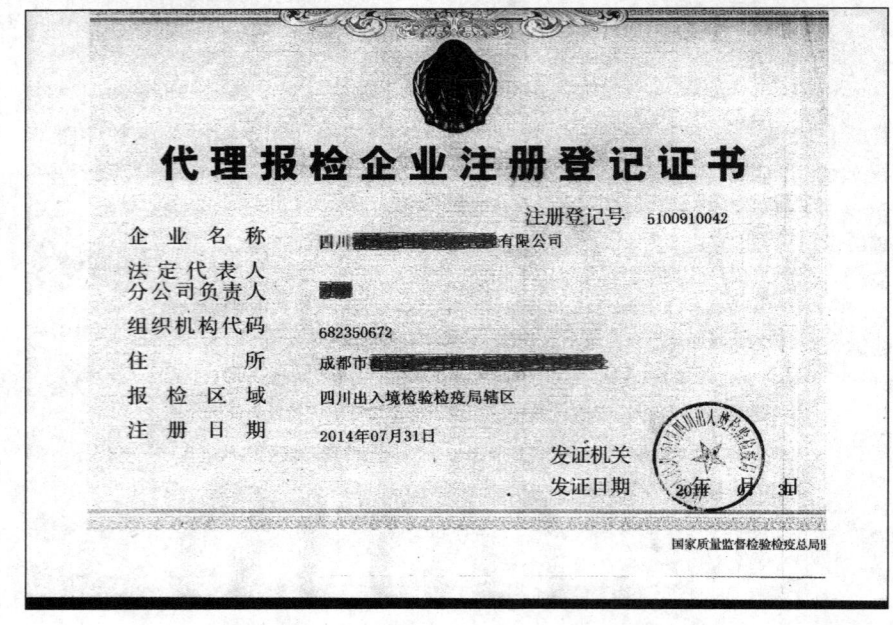

附录二 报检员记分方法

一、检验检疫局对报检员在辖区内办理报检业务过程中出现的差错或违规行为实行记分管理。

二、一次记分的分值,依据差错或违规行为的严重程度,分为12分、4分、2分和1分四种(记分事项与分值见附表)。

三、记分周期为一年度,满分12分,从"报检员证"初次发证之日起计算。一个记分周期期满后,记分分值累计未达到12分的,该周期内的记分分值予以消除,不转入下一个记分周期。

四、报检员在同一批次报检业务中出现两处或以上记分事项的,应分别计算、累加分值。

五、报检员经注销后重新注册或变更个人注册信息换发"报检员证"的,原记分分值继续有效。

六、各分支检验检疫局检务部门进行记分时,应出具"报检员差错/违规行为记录单",并要求报检员签字确认。

七、报检员对记分有异议的,允许当场或在3日内向检务部门提出书面申诉,有关部门应充分听取意见并进行复核。如果报检员提出的事实、理由或者证据成立的,申诉受理部门负责人应根据实际情况在"报检员差错/违规行为记录单"备注栏注明申诉理由并加注"不予记分"或"按××××(记分事项代码)事项记××分"。如果报检员提出的事实、理由或者证据不成立的,申诉受理部门负责人在"报检员差错/违规行为记录单"备注栏加注"申诉理由不成立,按原记分值记分"。

八、报检员拒绝在"报检员差错/违规行为记录单"上签字,也不在规定的期限内提出申诉的,经办人员应注明情况,交部门负责人审核签字后进行记分。

个人记分情况可登录注册网站(www.eciq.cn)查询,记分后,报检员应立即纠正差错或违规行为。异地报检同样实施差错记分管理,分值正常累加。

附表:记分事项与分值

代码	事项	分值	备注
0101	因报检员的责任造成报检单中所列项目申报错误的	1	按报检批次计,每批累计不超过2分
0102	因报检员的责任造成提交的报检单与所发送的电子数据内容不一致的	1	
0103	报检所附单据之间或所附单据与报检单内容不相符的	1	
0104	未按规定签名或加盖公章的	1	
0105	报检随附单据模糊不清或为传真纸的	1	
0106	报检随附单据超过有效期的	1	按报检批次计,一次记1分
0107	未提供代理报检委托书或所提供的委托书不符合要求的	1	
0108	对同一批货物重复报检的	1	
0109	经通知或督促仍不按时领取单证的	1	
0110	已领取的检验检疫单证、证书或证件遗失或损毁的	1	
0111	对已报检的出境货物在一个月内不联系检验检疫也不办理撤销报检手续的	1	
0112	未在要求时间内上交应由检验检疫机构收回的"报检员证"或"报检员资格证"的	1	
0113	错误宣传检验检疫法律、法规及有关政策或散布谣言的	1	
0199	其他应记1分的行为或差错	1	

续表

代 码	事 项	分 值	备 注
0201	对已报检的入境货物,经检验检疫机构督促仍不及时联系检验检疫事宜,尚未造成严重后果的	2	按报检批次计,一次记2分
0202	对未受理报检的单据不按检验检疫机构的要求进行更改或补充而再次申报的	2	
0203	未按规定时间及时缴纳检验检疫费的	2	
0204	扰乱检验检疫工作秩序,情节严重的	2	
0299	其他应记2分的行为或差错	2	
0401	代理报检单位报检员假借检验检疫机构名义刁难委托人,被投诉且经查属实的	4	
0402	办理不属于所属企业报检业务的	4	
0403	经通知拒不上交应由检验检疫机构收回的"报检员证"或"报检员资格证"的	4	
0404	提供虚假材料申请办理"报检员证"的注册、变更、补发和注销手续的	4	
0405	未经同意不参加检验检疫机构举办的有关报检业务培训的	4	
0406	入境流向货物申报时未提供最终收货人的有关信息或所提供的信息有误,尚未造成严重后果的	4	
0407	被检验检疫机构发现漏报、瞒报法定检验检疫的货物或木质包装,尚未造成严重后果的	4	
0408	擅自取走报检单据或证单的	4	
0409	擅自涂改已受理报检的报检单上的内容或撤换有关随附单据的	4	
0499	其他应记4分的行为或差错	4	
1201	转借或涂改"报检员证"的	12	
1202	被暂停报检资格期间持他人"报检员证"办理报检及相关业务的	12	
1203	涂改、伪造检验检疫收费收据的	12	
1204	对入境货物不及时联系检验检疫或所提供的信息有误,致使检验检疫工作延误或无法实施检验检疫,造成严重后果的	12	
1205	不如实报检,未造成严重后果,尚未达到吊销"报检员证"条件的	12	
1299	其他应记12分的行为或差错	12	

附录三 "出/入境货物通关单"实样

中华人民共和国出入境检验检疫

入境货物通关单

编号：442100112001819000

1. 收货人 （上海）有限公司 ***	5. 标记及号码 N/M
2. 发货人 *** SOJITZ CORPORATION	

3. 合同/提(运)单号 H1292 /RHKHP120064	4. 输出国家或地区 日本	
6. 运输工具名称及号码 东运728 520201201040	7. 目的地 广东省广州市	8. 集装箱规格及数量 海运20尺普通1个

9. 货物名称及规格	10. H.S.编码	11. 申报总值	12. 数/重量、包装数量及种类
旧钢瓶 *** *** （以下空白）	7311009000 *** *** （以下空白）	*12500美元 *** *** （以下空白）	*5个, *1750千克, *1其他 （以下空白）

13. 内容

　　上述货物办完海关手续后，请及时联系落实检验检疫事宜。未经检验检疫，不得销售、使用。对未经检验检疫而擅自销售或者使用的，检验检疫机构将按照法律法规规定予以处罚。

签字：　　　　　　　　　　日期：2012 年 01 月 05 日

14. 备注

[2-1-1(2002.1.1)・1]　　　② 货主须知　　　AA3141485

中华人民共和国出入境检验检疫出境货物通关单

编号：471500214005585000

1. 发货人 深圳市***国际货运代理有限公司 ***	5. 标记及号码 N/M
2. 收货人 天信行 ***	
3. 合同/信用证号 A1306/***	4. 输往国家或地区 中国
6. 运输工具名称及号码 汽车 ***	7. 发货日期 2014.06.12	8. 集装箱规格及数量 ***
9. 货物名称及规格 木架沙发 *** （以下空白）	10. H.S.编码 9401619000 *** （以下空白）	11. 申报总值 *150美元 *** （以下空白）	12. 数/重量、包装数量及种类 *1个 *2纸箱 （以下空白）

13. 证明

上述货物业经检验检疫，请海关予以放行。

本通关单有效期至 二〇一四年〇六月一三日

签字： 日期：2014 年 06 月 13 日

（检验检疫专用章 19）

14. 备注

① 货物通关

印刷流水号：AC1257841

附录四 "出境货物换证凭单"实样

注：上图为我国新疆出入境检验检疫局 2006 年针对一批番茄罐头签发的"出境货物换证凭单"第 1 联实样。

附录五 "入境货物检验检疫证明"实样

注：上图为北京检验检疫局为一批来自意大利的家用热水锅炉签发的合格证明。

附录六 出口货物"检验证书——装运前检验"实样

中华人民共和国出入境检验检疫
ENTRY-EXIT INSPECTION AND QUARANTINE OF THE PEOPLE'S REPUBLIC OF CHINA

ORIGINAL

编号 No.: 440600206058100

检验证书——装运前检验
INSPECTION CERTIFICATE FOR PRE-SHIPMENT INSPECTION

申报金额 Declared value	8491.75 美元 USD 8491.75		
出口商名称及地址 the Name and Address of the Exporter	佛山市　　经贸有限公司/佛山市禅城区　　　　二楼 FOSHAN　　TRADE CORP.,LTD.2/FLOOR JINQIAO BUILDING NO.12 HUA YUAN DONG ROAD FOSHAN GUANGDONG CHINA		
进口商名称及地址 the Name and Address of the Importer	M/S. P.O.BOX		
检验地点 Site of Inspection	佛山市　　　　公司仓库 THE WAREHOUSE OF FOSHAN JUNLANG CERAMICS CO., LTD.		
产品标准 Product Standard: GB/T 4100-2006		检测标准 Inspection Method Standard: GB/T4100-2006	GB/T 4100-2006
检验结果 Result of Inspection:	合格 QUALIFIED	价格核实结果 Result of Price Verification: USD 8491.75	8491.75 美元

数量及包装检验情况
Findings on Quality and Package Inspection
1624 纸箱/2842 平方米/37 托；货物用纸箱包装，包装完好。
-1624-CARTONS/-2842-SQM/-37-PALLETS; THE ABOVE GOODS ARE PACKED IN CARTONS, THE PACKING IS INTACT

质量检验情况
Findings on Quality Inspection
上述货物经检验，质量符合 GB/T4100-2006 标准的规定。
UPON INSPECTION, THE QUALITY OF THE ABOVE GOODS ARE IN CONFORMITY WITH THE REQUIREMENTS OF STANDARD GB/T4100-2006

随附单据 Documents Attached
None

检验机构盖章 The Seal of Inspection Bureau

检验员签名 The Signature of the Inspector: LI GAN CHI

附件 attachment

序列号 Serial Number	商品描述 Description	原产地 Place of Origin	数量 Quantity	单位 Unit	包装方式和件数 Packing style/pieces	单价 Unit Price	估价结果 Result of Evaluation
1	抛光砖 POLISHED PORCELAIN TILES	6907900090	中国 CHINA	2842	平方米 M²	1624 纸箱 -1624-CARTON	2.99 美元/平方米 USD 2.99/M²	2.99 美元/平方米 USD 2.99/M²

合计数量 Total in Quantity	2842 平方米 2842-SQM	合计估价结果 Total in Evaluation	8491.75 美元 USD 8491.75

A 1450954

注：上图为我国佛山出入境检验检疫局针对一批出口瓷砖出具的检验合格证书正本。

附录七 "熏蒸/消毒证书"实样

中华人民共和国出入境检验检疫
ENTRY-EXIT INSPECTION AND QUARANTINE OF THE PEOPLE'S REPUBLIC OF CHINA

熏蒸/消毒证书
FUMIGATION/DISINFECTION CERTIFICATE

编号 No. 4225A200608171022

发货人名称及地址 Name and Address of Consignor	××× MOLD MANUFACTURE CO.,LTD ××× DEVELOPMENT DISTRICE TOWN, DONGGUAN CITY GUANGDONG PROVINCE, CHINA TEL:
收货人名称及地址 Name and Address of Consignee	A BP ××× FRANCE TEL:038
品名 Description of Goods	PLASTIC MOLD, PLASTIC PRODUCT
产地 Place of Origin	CHINA
报检数量 Quantity Declared	6 CTNS
标记及号码 Mark & No.	N/M
启运地 Place of Despatch	CHINA
到达口岸 Port of Destination	FRANCE
运输工具 Means of Conveyance	BY SEA

杀虫和/或灭菌处理 DISINFESTATION AND/OR DISINFECTION TREATMENT

日期 Date	AUG.14,2006	药剂及浓度 Chemical and Concentration	METHYL BROMIDE 48g/m3
处理方法 Treatment	FUMIGATION	持续时间及温度 Duration and Temperature	24hr /31℃

附加声明
ADDITIONAL DECLARATION
1#3174-PUCHON+BUT COPPER ELECTRODE-22PCS
2#3177-PRISE-1PC
3#3179-PROTECTION POTENCE-1PC
4#3181-EMBOUT PIED-1PC
5#3177+3179-PLASTIC SAMPLES FOR-200PCS
6#3181+3174-PLASTIC SAMPLES FOR-350PCS
6CTNS /814.6KGS/0.715CBM

印章 Official Stamp	签证地点 Place of Issue	SHENZHEN	签证日期 Date of Issue	16-AUG-2006
	授权签字人 Authorized Officer	XIAO HUA	签名 Signature	

A 2233675

注：上图为深圳检验检疫局 2006 年签发的"熏蒸/消毒证书"，该批货物将发往法国。

附录八 我国签发的普惠制原产地证书(FORM A)空白实样

ORIGINAL

1. Goods consigned from (Exporter's business name, address, country)	Reference No.
	GENERALIZED SYSTEM OF PREFERENCES **CERTIFICATE OF ORIGIN** (Combined declaration and certificate) **FORM A**
2. Goods consigned to (Consignee's name, address, country)	Issued in THE PEOPLE'S REPUBLIC OF CHINA (country) See Notes overleaf
3. Means of transport and route (as far as known)	4. For official use

5. Item number	6. Marks and numbers of packages	7. Number and kind of packages; description of goods	8. Origin criterion (see Notes overleaf)	9. Gross weight or other quantity	10. Number and date of invoices

11. Certification It is hereby certified, on the basis of control carried out, that the declaration by the exporter is correct.	12. Declaration by the exporter The undersigned hereby declares that the above details and statements are correct; that all the goods were produced in ....CHINA........ (country) and that they comply with the origin requirements specified for those goods in the Generalized System of Preferences for goods exported to .... (importing country)
Place and date, signature and stamp of certifying authority	Place and date, signature of authorized signatory

S 065640695

附录九 "强制性产品认证证书"实样

中国国家强制性产品认证证书

证书编号：20050103011██4

申请人名称及地址
泰州市██████
泰州市██████659号

商标：

制造商名称及地址
泰州市██████
泰州市██████659号

生产企业名称及地址
泰州市██████
泰州市██████659号

产品名称和系列、规格、型号
低压抽出式开关柜（低压成套开关设备）
GCS 主母线：In=2500A～1000A, Icw=50kA；配电母线：In=1000A～
600A, Icw=50kA；Ue=380V；Ui=660V；50Hz；IP40

产品标准和技术要求
GB7251.1—2005

上述产品符合强制性产品认证实施规则的要求，特发此证。

发证日期：2008年01月07日

本证书的有效性依据发证机构的定期监督获得保持。

（本证书为变更证书，证书首次颁发日期：2005年08月24日）

主 任：李怀林

中国质量认证中心
中国·北京·南四环西路188号9区 100070
网址：www.cqc.com.cn

A 0372639

附录十 "出口食品生产企业备案证明"实样

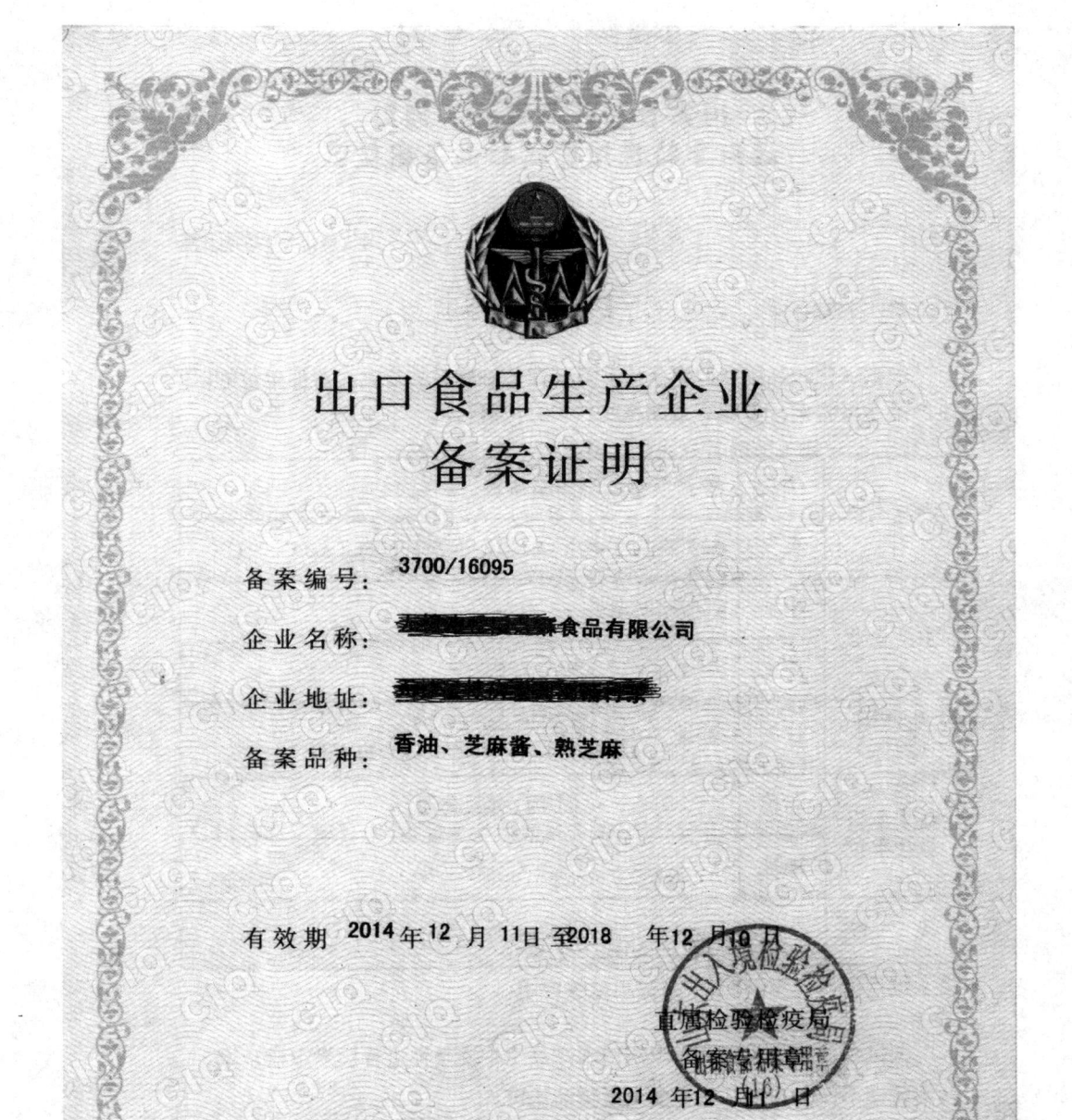

出口食品生产企业备案证明

备案编号： 3700/16095

企业名称： ▆▆▆▆▆▆▆▆食品有限公司

企业地址： ▆▆▆▆▆▆▆▆▆▆▆▆

备案品种： 香油、芝麻酱、熟芝麻

有效期 2014 年 12 月 11 日至 2018 年 12 月 10 日

2014 年 12 月 11 日

国家认证认可监督管理委员会监制

附录十一 "进口非特殊用途化妆品备案凭证"实样

国家食品药品监督管理局
进口非特殊用途化妆品备案凭证

国妆备进字J20▓▓▓▓

伊立信实验室：

　　根据《化妆品卫生监督条例》及其实施细则有关规定，对你单位的以下产品予以备案，备案有效期至2017年3月26日。

产品名称	中文	▓▓▓▓滋养精华液	
	英文	▓▓▓▓ CLINIC NUTRI FORCE C34	
生产企业	中文	▓▓▓实验室	
	英文	▓▓▓ LABORATOIRE	
生产国（地区）	法国	地址	▓▓▓▓▓▓▓ LECLERC ▓▓▓▓ BOBIGNY, FRANCE
在华申报责任单位	名称	（上海）有限公司	
	地址		
备注			

请于批件有效期届满前4个月提出延续申请

国家食品药品监督局未组织对本产品卫生安全性进行技术审核，本备案凭证不作为对产品卫生安全质量的认可。

二〇一三年▓月▓七日
化妆品许可专用章NO. 130▓▓▓

附录十二 "出境水果果园注册登记证书"实样

出境水果果园注册登记证书

果 园 名 称：广东省████有限公司
果 园 地 址：汕尾市████
注册登记编号：████
注册登记水果种类：番木瓜

　　经审查，你单位符合出境水果果园检验检疫条件，予以注册登记。

发证日期：2009 年 4 月 10 日
有效期至：2012 年 4 月 10 日

发证机关（印章）

广东出入境检验检疫局制

附录十三 外国官方机构签发的植物检疫证书实样

THE GOVERNMENT OF THE REPUBLIC OF THE UNION OF MYANMAR
MINISTRY OF AGRICULTURE AND IRRIGATION
DEPARTMENT OF AGRICULTURE
PLANT PROTECTION DIVISION

PHYTOSANITARY CERTIFICATE   No. 000000

From: Plant Protection Organization of THE REPUBLIC OF THE UNION OF MYANMAR	To: Plant Protection Organization(s) of PEOPLE'S REPUBLIC OF CHINA

I. DESCRIPTION OF CONSIGNMENT

Name and address of exporter	Declared name and address of consignee
MYANMAR AGRIBUSINESS PUBLIC CORPORATION(MAPCO) LTD. NO.(100),WARDAN STREET AND KANNAR STREET,BESIDE THE CONCRETE EXPRESS WAY,WARDAN PORT AREA,SEIK KAN (PORT) TOWNSHIP,YANGON REGION MYANMAR.	FORTUNE PLAZ□□, CHAO YANG MEN SOUTH ST., CHAO YANG, BEIJING 100020 CHINA TEL: +86 10□□□□□, FAX: +86 1□

Number and description of packages	Distinguishing marks
400 BAGS, EACH BAG 50 KGS NETT, 50.12 KGS GROSS , PACKED IN NEW PP BAGS	"TO THE P.R.CHINA", XXXXXXX RICE , XXXXXXXXX MILL, MYANMAR AGRIBUSINESS PUBLIC CORPORATION (MAPCO), CODE NO. XXXX

Production Region	Declared means of conveyance	Declared point of entry
MYANMAR	BY SEA	YUNNAN

Name of produce and quantity	Botanical name of plants
RICE GROSS WEIGHT: 200.48 MT(S) NET WEIGHT : 200.00 MT(S)	Oryza sativa

This is to certify that the plant and plant products or other regulated articles described herein have been inspected and /or tested according to appropriate official procedures and are considered to be free from the quarantine pests specified by the importing contracting party and to conform with the current phytosanitary requirements of the importing contracting party, including those for regulated non-quarantine pests.

II. ADDITIONAL DECLARATION

THIS BATCH OF RICE MEETS THE REQUIREMENTS OF THE PROTOCOL ON PLANT INSPECTION AND QUARANTINE REQUIREMENTS FOR EXPORTING RICE FROM MYANMAR TO CHINA AND IS FREE OF QUARANTINE PESTS OF CONCERN TO CHINA.

III. DISINFESTATION AND / OR DISINFECTION TREATMENT

Treatment Date : 19 MAY 2015	Treatment : FUMIGATION
Chemical (Active ingredients) : PHOSPHINE	Duration & Temperature : 120 HRS AT 25 °C AND ABOVE
Concentration : 4 GM (AI)/M3	Additional Information : NIL
Date Inspected : 24 MAY 2015	Name and Signature of Authorized Officer
Date Issued : 28 MAY 2015	
Place of Issue : YANGON	DR. PYONE PYONE KYI

No financial liability with respect to this certificate shall attach to Department of Agriculture or to any of its officers or representatives.
Tel: +95 1 644 214 Fax: +95 1 644 019 Email: ppmas.moai@mptmail.net.mm

注：上图为缅甸官方机构为一批出口到我国的大米签发的植物检疫证书。

附录十四 "出境货物运输包装性能检验结果单"实样

中华人民共和国出入境检验检疫
出境货物运输包装性能检验结果单

编号 470100308000202

申请人	××××贸易有限公司		
包装容器名称及规格	塑料瓶配喷雾泵 25ml	包装容器标记及批号	N/M
包装容器数量	-900000-套(玖拾万套)	生产日期	自 2008年 01月 02日 至 2008年 04月 20日
拟装货物名称	液体糖果	状态	***	比重	-38.33-克
检验依据	检验标准:GB9688-1988、GB9687-1988、GB9684-1988 及美国公示法案《包装中的毒物》	拟装货物类别(划"×")	□危险货物 ☒一般货物
		联合国编号	***
		运输方式	汽车运输
检验结果	经检验本批食品包装及材料符合检验标准 GB9688-1988、GB9687-1988、GB9684-1988 及美国公示法案《包装中的毒物》的要求。******** 签字: 日期: 2008年 04月 28日		
包装使用人	××××贸易有限公司		
本单有效期	截止于 2009年 04月 27日		

分批使用核销栏	日期	使用数量	结余数量	核销人	日期	使用数量	结余数量	核销人

说明:1. 当合同或信用证要求包装检验证书时,可凭本结果单向出境所在地检验检疫机关申请检验证书。
2. 包装容器使用人向检验检疫机关申请包装使用鉴定时,须将本结果单交检验检疫机关核实。

[3-2(2000.1.1)]

B 0674475

附录十五　九城电子报检申报系统界面示例

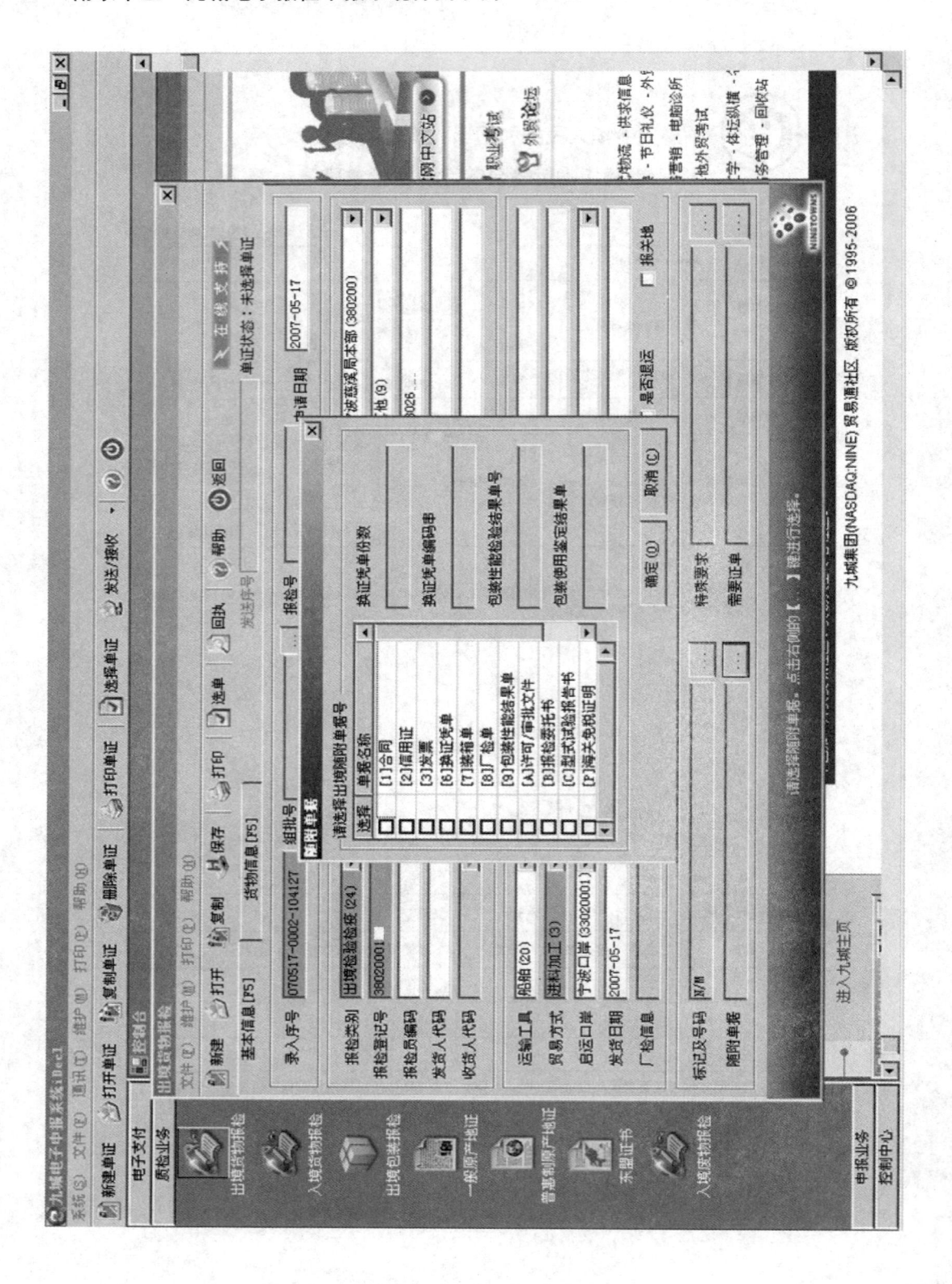

附录十六 "出境货物木质包装除害处理标识加施资格证书"实样

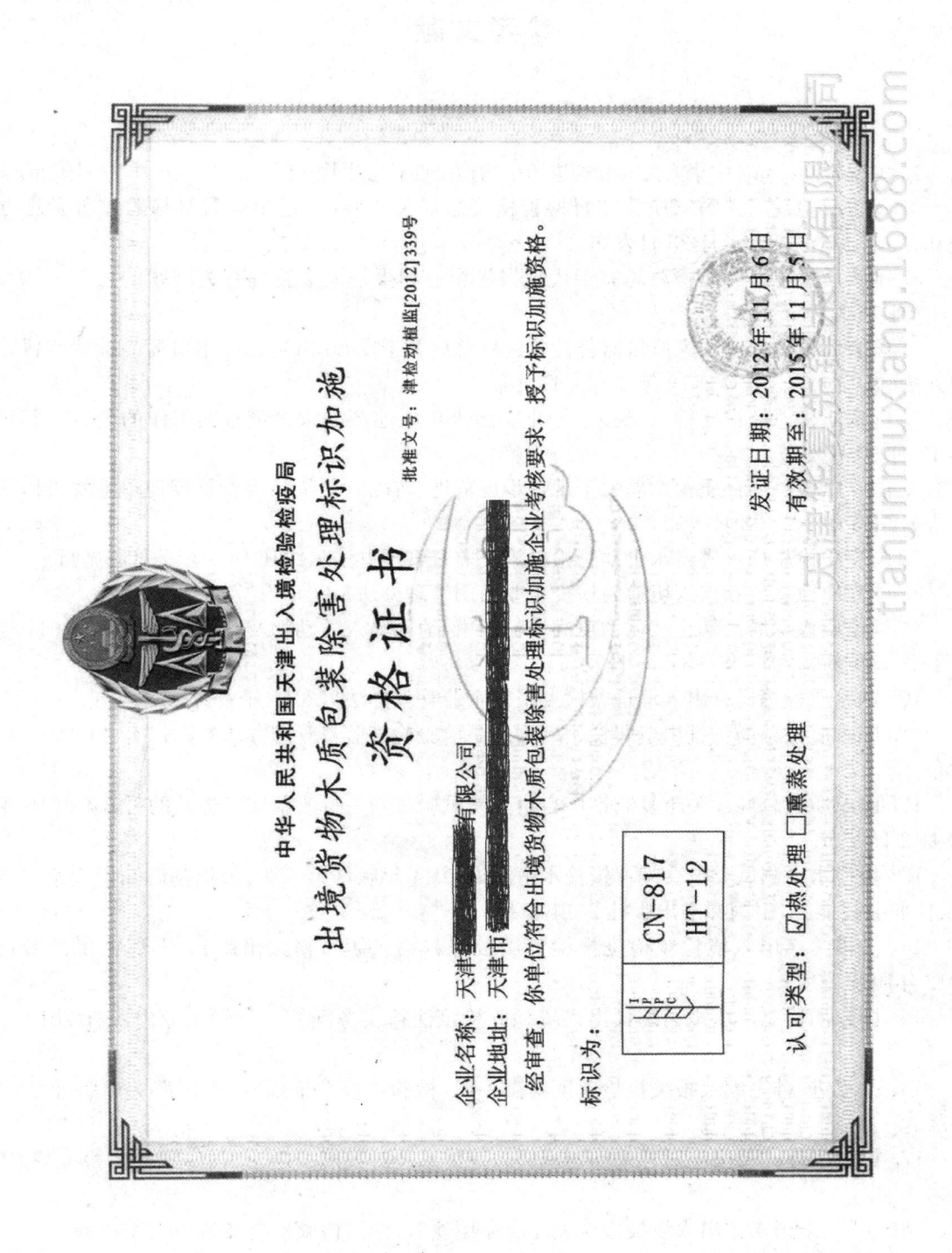

参考文献

1. 国家质检总局:《中华人民共和国进境植物检疫性有害生物名录》,2017 年 6 月 14 日发布。
2. 国家质检总局:《国家质量监督检验检疫总局关于修改〈进出口玩具检验监督管理办法〉的决定》,2015 年 11 月 23 日发布。
3. 国家质检总局:《质检总局关于代理报检企业和报检人员管理有关问题的公告》,2013 年 10 月 16 日发布。
4. 国家质检总局:《国家质量监督检验检疫总局关于发布〈市场采购出口商品检验监督管理办法(试行)〉的公告》,2012 年 3 月 2 日发布。
5. 国家质检总局:《质检总局关于停止实施进口电池产品汞含量备案工作的公告》,2015 年 12 月 30 日发布。
6. 国家质检总局:《质检总局关于进一步规范进口食品、化妆品检验检疫证单签发工作的公告》,2015 年 7 月 28 日发布。
7. 国家质检总局:《进境水生动物检验检疫监督管理办法》,2016 年 9 月 1 日起施行。
8. 国家质检总局:《出入境检验检疫企业信用管理办法》,2013 年 7 月 16 日发布。
9. 国家质检总局:《禁止从动物疫病流行国家/地区输入的动物及其产品一览表》(2017 年 1 月 13 日更新),2017 年 1 月 13 日发布。
10. 国家质检总局:《出入境检验检疫报检企业管理办法》,2015 年 2 月 15 日发布。
11. 国家质检总局:《进出境非食用动物产品检验检疫监督管理办法》,2014 年 11 月 13 日发布。
12. 国家质检总局:《关于复制推广自由贸易试验区新一批改革试点经验的公告》,2016 年 12 月 2 日发布。
13. 报检水平测试委员会编:《报检水平测试 2014 年版》(第一册《报检基础知识》、第二册《报检职业技能》),中国标准出版社 2014 年版。
14. 洪雷编:《出入境检验检疫报检实用教程》(第二版),格致出版社、上海人民出版社 2012 年版。
15. 国家质检总局法规司编:《出入境检验检疫法律实务问答》,化学工业出版社 2010 年版。
16. 孙双进、孙宪编:《报关报检单证实操手册(检验检疫单证篇)》,中国海关出版社 2013 年版。
17. 白泉阳等:"美国应对外来动物疫病防控体系及对我国的启示",《中国检验检疫》2010 年第 4 期。
18. 丁凯、朱彬彬:"出入境报检应关注商品用途",《中国检验检疫》2010 年第 10 期。
19. 六集电视纪录片《国门蓝盾》,中央电视台、国家出入境检验检疫局 1999 年联合摄制。
20. 六集电视纪录片《一带一路》,中宣部、国务院新闻办、中央电视台 2016 年联合摄制。